CHE GUEVARA

CHE ★ GUEVARA

格瓦拉 格瓦拉

陶 竦 著

团结出版社

图书在版编目（ＣＩＰ）数据

格瓦拉 格瓦拉 / 陶竦著. —— 北京 : 团结出版社,
2019.3
ISBN 978-7-5126-6697-9

Ⅰ. ①格… Ⅱ. ①陶… Ⅲ. ①格瓦拉(Guevara,
Ernesto 1928-1967)—生平事迹 Ⅳ. ①K837.517=5

中国版本图书馆CIP数据核字(2018)第234918号

出　版：团结出版社
　　　　（北京市东城区东皇城根南街 84 号　邮编：100006）
电　话：（010）65228880　65244790　（出版社）
　　　　（010）65238766　85113874　65133603（发行部）
　　　　（010）65133603（邮购）
网　址：http://www.tjpress.com
E-mail：zb65244790@vip.163.com
　　　　fx65133603@163.com（发行部邮购）
经　销：全国新华书店
印　装：三河市东方印刷有限公司

开　本：170mm×240mm　　16 开
印　张：21
字　数：312 千字
印　数：5045
版　次：2019 年 3 月　第 1 版
印　次：2019 年 3 月　第 1 次印刷

书　号：978-7-5126-6697-9
定　价：58.00 元

目 录

前　言

第一章　阿根廷岁月

第二章　上路吧

第三章　情　种

第九章　血色星空

第十章　从英雄到符号

前　言

人类未来之命运，取决于其过去与当下的信念与作为。

播善恶之种，收苦乐之果。这在佛界叫作结缘。人类当下的一切俱是结缘。

结善缘的过程艰苦而缓慢，绝难立竿见影；结恶缘的过程同样艰苦而缓慢，恶果兑现却往往急速而暴戾。人类史上多少辉煌文明就这样毁于一旦。

当下的作为如何确保善缘的累积和恶缘的消弭？恐怕要从过去求解。这便是历史的价值。人类当下所经历的一切千奇百怪，历史上皆有不同形式的发生；人类当下遭遇的一切难题，历史上皆有隐喻的答案存在。这便是历史研究的价值。

真正的历史研究，绝不是为当下的一切恶行提供强词夺理的阐释。历史是一面明镜，为人类照彻当下的真实。因而，历史是无情的。但从更高的层次看，历史又是善意的。

活跃于20世纪60年代的阿根廷裔古巴革命者埃内斯托·切·格瓦拉是历史赠予当下人类的一面明镜。通过这面镜子，崇高与卑下、勇毅与怯懦、正义与邪恶，无不立现。有意思的是，这位明镜式的人物本身绝非萨特所谓的"我们时代最完美的人"。他是不完美的，因而是真实的。但如果将真实当作完美的标准，则他又确是完美的。

切·格瓦拉是席卷世界的红色风暴中的一位超级偶像。他之所以能跨越信仰、意识形态、种族、文化等鸿沟，在全世界人民，尤其是青年人中间赢得普遍而恒久的崇拜，乃是因为他性格中有一种特殊的过滤机能，滤尽一切世俗杂念，纯一地秉持着理想与善愿：他纯粹地善良，一生耿耿于世间的不公；他纯粹地行走，从不停歇疲惫的步伐；他纯粹地战斗，困顿牺牲决不退缩……

他纯粹地帅气，是公认的有史以来最俊朗的政治英雄。面对邪恶与不公，他永远金刚怒目；面对苍生，他绽放迷人的微笑。

崇拜者喜欢将切·格瓦拉比作耶稣基督。虽然年少轻狂的格瓦拉曾经草率地谈论过耶稣基督，但他与耶稣基督却有着深刻的一致性：他们一生的努力，都不是在为自身结小的善缘，而是为人类结大的善缘；结缘的方式都是牺牲自己的生命，为人类"赎罪"。耶稣的原型与格瓦拉一样，是热血的凡人青年，但最终都定格为永恒。

本书对格瓦拉的定位是理想主义、英雄主义和浪漫主义三位一体的英雄。对于后两个主义，恐怕没有多少人反对。而对于第一个主义，即"理想主义"，却有人提出异议。按照他们的理解，理想主义是狂热、无知、乌托邦等等的同义词。我们并不否认，人类曾经深受理想主义灾难之苦，20世纪更是理想主义灾难的"高发期"。但如果换个角度，人存在的动力即在于"理想"的牵引。没有理想，何以为人？耻谈理想，才是真无知与真怯懦。乌托邦是人类进步的必由之路，"乌托"总比无所寄托为好。

这正是阅读格瓦拉的意义所在。对于我们这一代人来说，30岁前不曾读过切·格瓦拉，你就不懂得什么叫作"青春激荡"；30岁后仍在读切·格瓦拉，说明你依然胸怀理想。

2002年，《完美的人：切·格瓦拉传》一书的出版给我带来了意料之外的荣誉。今天，团结出版社再版这本书，给了我一个重新解读切·格瓦拉，同时也是重新审视自我的机会。基于近年来格瓦拉史料的日见丰赡，以及本人知识结构的相应调整，本书对《完美的人》作了很大篇幅的修订，甚至对一些政治问题的解读也作出修正，因而完全可以视作一部全新的切·格瓦拉传。

将自己的精神产品比喻为怀胎十月的孩子稍嫌老套了些。我对于这本书的期待，或许可以比拟为将本就眉清目秀的孩子精心打扮一番，送上"六一"节的舞台，希望有更多的人给予她注视，为她鼓掌，像我一样地喜爱她。这算是另一重的结缘吧！

二〇一八年六月一日

第一章　阿根廷岁月

我的歌是大地的古老呼声

——莱昂·费利佩《受苦人选集》

一、痛 苦

　　这个像耶稣一样蒙难的拉丁美洲的英雄，仅凭着痛苦的气质，就足以让整个世界为之折腰。1960 年 3 月 6 日，在哈瓦那人民纪念"库弗尔"号轮船80 名遇难者的集会上，他为世界留下了那张经典的照片：头戴缀着小金星的贝雷帽，帽檐下倔强地卷曲着烈焰般飞腾的长发，成熟的脸庞上，布满刀切斧凿般沉痛的表情。愁眉紧锁，一双原本明亮有神，却因痛苦而变得阴郁深沉的眸子，凝视着远处排山倒海的人民。这是他最常见、最自然的表情。他的一生，始终被迷惘、思索、痛苦所包围，于是，他就总是这副阴郁、深沉的样子。阴郁和深沉，配上高大挺拔的身材、鲜明俊朗的脸形，以及崇高正义的事业、男子汉坚忍不拔的品质，很容易组合为一幅不朽英雄的画像。照片正凭借着这些特质，成为世界上流传最广的一幅肖像。拍摄者阿尔韦托·科尔达说："我永远忘不了他当时那既坚定又痛苦的目光"[1]；世界也永远忘不了他那坚定而痛苦的目光。痛苦是他与生俱来的特质。这个带着先天性疾病[2]降生人世，又不幸早早罹患终生痼疾[3]的人，很小起就与痛苦结下了不解之缘。小时候拍照时，他总是面带微笑，以期显得和健康人一般无二。但作家帕科·伊格纳西奥·泰沃却在他 5 岁时的一张照片上发现他"因哮喘病而穿着平时的服装，

---

　　① 引自法国《世界报》2001 年 6 月 27-28 日（合刊）文章《格瓦拉照片的拍摄者阿尔韦托·科尔达去世》。
　　② 指遗传性肺部充血症。
　　③ 指哮喘。

满脸愁容地站在游泳池中。看来他已经懂得，下水时一定要注意保护自己。他可能在内心深处感到了自己生理上的弱点。他显得很不高兴……"那时，他年幼孱弱，对造化的摆布束手无策，他的痛苦只能是对个体不幸的悲哀。后来，他长大了，变得和常人一样强壮——尽管他终生与病魔抗争——尤其以意志坚强著称，也曾因爱情、友谊、理想、胜利而绽放孩子般的、"使许多妇女为之动心的带有伤感的微笑"，但痛苦却始终没有离开过他。面对着印第安人、麻风病人、阵亡的战友，面对着独裁统治和北方邻国^①的挑衅，面对着理想的受挫和前途的茫然，他抑郁沉默，甚至黯然泪下。这时候，他的伤感、痛苦是为了正义、理想和人类，是普罗米修斯和西西弗斯的痛苦。他彻底被痛苦征服，是在生命的终点。1967 年 10 月 9 日，在生命的最后一天，他蓬头垢面、衣衫褴褛、眼窝深陷，像是在苦苦思索，却找不到答案。但他在临死前，带着嘲讽的口气，对刽子手说的那句充满英雄主义的"你是来杀人的。开枪呀！胆小鬼！"却昭示世人，他的痛苦，只是一位彻底的理想主义者为无法再为理想奋斗所产生的深切痛苦，绝不是一个失败者的哀叹。他是带着理智的自信离开人世的。他死了，痛苦自此从他身上消失。他的死状是那样安详、神秘，以至于让人联想到受难的耶稣基督。但他的痛苦没有真正消亡，而是经由理想主义者们的传播，深入到人类的心灵深处。于是，人类因他的痛苦而痛苦、被他的痛苦所激励、以他的痛苦为符号。他终于完成了福柯所说的"将现实化为符号"的过程，成为一项全人类事业、一种全人类精神的化身。

这个以痛苦征服世界的人，就是埃内斯托·切·格瓦拉。

---

① 指美国。

二、哮 喘

作为革命者，埃内斯托·切·格瓦拉最显著的个性魅力就在于，无论环境怎样艰难困苦，始终保持顽强的斗志和惊人的毅力。这显然有悖于造物主的原意。从出生起，他就似乎注定是个弱者。这个在橄榄球场上自命为"勇士"①的小家伙，却往往在"战斗"进行到一半的时候，就因呼吸困难而停下来，对守候在一旁的父亲说："爸爸，给我打一针吧！"

他是带着遗传性肺部充血症来到人世的。出生没几天，就患上了支气管肺炎。这是个不好的开端。从此，他必须格外谨慎小心，以避免隐伏的病根演变成严重的疾病。然而，这个没有经验、生机勃勃的家庭对此显然没有引起必要的重视。于是，法老的咒语应验了，在小格瓦拉两岁时的一个寒冷的日子，确切地说，是1930年5月2日下午，塞莉亚（格瓦拉的母亲）带着儿子到圣伊西德罗俱乐部游泳。对于这一天发生的悲惨事件，埃内斯托（格瓦拉的父亲）后来回忆道：

> 5月的一个早晨，寒风呼啸，我的妻子带着我们的小埃内斯托去游泳。中午时分，我去俱乐部找他们，准备和他们一起去吃午饭，这时我发现，孩子穿着一身湿漉漉的游泳衣，已经冻得直打哆嗦。塞莉亚却还一个劲

---

① 费尔南多·迪耶戈·加尔西亚主编《切·格瓦拉》第19页，北京出版社，1998年11月。

地在游泳。她不是个有经验的母亲，根本没有意识到现在已是冬天，天气变化对这样一个脆弱的孩子来说，该有多危险。①

夫妻俩着了慌，忙把儿子送到医院。经诊断，小格瓦拉患上了哮喘。

从此，格瓦拉终其一生都没能摆脱哮喘病的折磨。人们普遍认为，疾病对于人的性格的形成影响是十分深远的。病夫当国，往往带有阴暗、偏激，甚至暴虐的倾向。哮喘病属于那种十分顽固的病症，一旦沾染，犹如套上一副无形的枷锁，终生不得自由。格瓦拉一生备极动荡、忧劳困苦。经常发作的哮喘，严重损害了他的身

妹妹崇拜地看着年少的格瓦拉

体，使他的整个青少年时代都笼罩着一层灰暗的色彩，并让他一辈子"依靠平喘药要胜过依靠枪支"，这难免会造成他个性中灰色的成分。哮喘也使他早熟，正如很多传记作家所指出的，很早开始，他就开始思考生死问题，自视与众不同②。然而，这一切都由于他本性中根深蒂固的博爱与自我牺牲的品质而得以改变，顽疾非但没有扭曲他的性格，对于疾病的不屈不挠的抗争反而在他身上沉淀为耶稣基督般为人类赎罪的勇气与执着。

由于小格瓦拉的哮喘病异常顽固，时常发作。一开始，父母对他百般呵护，尽量让他与外界隔绝。尽管如此，他的身体还是在一次次发病中日渐衰弱。于是，"大人们决定，与其看着他消瘦下去，不如给予他充分的自由。像一只久困鸟笼的小鸟突然发现鸟笼打开了一样，长期闭门不出的、未来的

---

① 引自林奇《我的儿子切·格瓦拉》。

② "切·格瓦拉的一生，甚至包括他的死亡，都是一场对病魔的抗争。"引自费尔南多·迪耶戈·加尔西亚主编《切·格瓦拉》第 19 页，北京出版社，1998 年 11 月。

切·格瓦拉发现了户外与自然"。[1]

小格瓦拉几乎是一边忍受着哮喘的折磨，一边继承着由作为冒险家的曾祖父和祖父开创的乐于冒险、不安现状的家族传统。他"不用马镫就学会了骑马，并在田野里放马，自由玩耍"[2]，虽然剧烈的骑马运动，常使得他剧烈咳嗽，喘不过气来。除了骑马，他还喜欢骑驴。当初，"祖国之父"何塞·圣马丁就是骑着毛驴，翻越安第斯山去解放智利的。阿尔贝托·格拉纳多回忆说："从少年时代起，他就是个敢打敢拼的足球运动员，以勇猛和无所畏惧而著名。"为了增强体质，格瓦拉坚持每天锻炼，做体操、游泳，进行其他运动。另外，他常和弟弟罗伯托骑自行车、步行或搭便车出门做短途旅行。他还经常和与自己年龄相仿的妹妹塞莉亚吵吵闹闹……

林奇这样评价儿子："可能是哮喘病使他坚强起来，使他学会控制自己，遇事不冲动，也不受别人左右。也许是哮喘病所造成的痛苦会使病人产生一种自我保护意识。"顽强的意志和旺盛的生命力，使他将弱者强烈的"自我保护意识"转化为"强者"永不言败的自尊和坚韧。小格瓦拉性格中强与弱就这样很好地统一了起来。

---

[1]　根据格瓦拉的小妹妹安娜·玛丽亚的回忆。引自《切·格瓦拉》，Jean Cormier 著，郭斯嘉译，上海世纪出版集团，2007 年。
[2]　根据格瓦拉的小妹妹安娜·玛丽亚的回忆。

  格瓦拉，格瓦拉

三、母　亲

切·格瓦拉特立独行的性格，完全可以从其显赫而不乏异类的家族史上找到渊源。

他母亲塞莉亚·德拉塞尔纳·约萨这一家族的第一个叛逆的人是她的父亲——赫赫有名的胡安·马丁·德拉塞尔纳·乌加尔达（以下简称胡安·马丁）。胡安·马丁属于那种为了理想，不惜与自己的社会背景决裂的热血青年。身为布宜诺斯艾利斯的权势人物，他却是激进公民联盟党的早期党员[①]，与作为自己社会背景的那个集团进行了不妥协的斗争。他担任过布宜诺斯艾利斯大学法律系教授、众议员，还继承了一大笔财产，并娶了一位保守的女天主教徒埃德尔米拉·约萨为妻。他们结婚以后，很快就有了爱的结晶。当已经做了父亲的胡安·马丁赴德国学习政治经济学时，同去的除了妻子，还有他们的孩子卡门、豪尔赫、埃德尔米拉、阿尔图罗。当他担任阿根廷驻德国大使时，女儿萨拉也出生了。1906 年举家迁回布宜诺斯艾利斯时，小女儿塞莉亚来到人间。

按西班牙习俗，每个人有两个姓：父姓和母姓。塞莉亚父姓为德拉塞尔纳，母姓约萨，塞莉亚则是她的名字。拉丁美洲还有这样的规矩：长子往往取父名，长女往往取母名；为了表示对祖先的纪念，其他孩子则往往取某个祖先的名字。后来，塞莉亚的五个孩子都是按此传统取名的：长子埃内斯托·格瓦

---

① 激进公民联盟党是阿根廷 1890 年革命时期的第一个群众性政党。

拉·德拉塞尔纳取父名;长女塞莉亚·格瓦拉·德拉塞尔纳取母名;次子罗伯托·格瓦拉·德拉塞尔纳和小女安娜·玛丽亚·格瓦拉·德拉塞尔纳与他们在加利福尼亚出生的祖父母同名;最小的儿子胡安·马丁·格瓦拉·德拉塞尔纳则与外祖父同名。

当塞莉亚六七岁时,胡安·马丁在一战前夕令人窒息的政治氛围和自身疾病的双重困厄下,在欧洲自杀,后来他的尸体被抛入大海。他的离世给女儿塞莉亚留下了伤感而叛逆的影响。他的理想、他的事业、他惊世骇俗的短暂人生,甚至于他生前收藏的书籍、文件、外交公文,无不为塞莉亚所珍视。加上从小失怙[①]、无拘无束,塞莉亚的叛逆性格比其父有过之而无不及。

塞莉亚虽然在布宜诺斯艾利斯一所专门训练贵族小姐的圣心教会学校念过小学和一段时间中学,但对贵族小姐的清规戒律全不放在心上。她追求外表的入时,本人身材高挑、优美,气质高雅。一双深邃的黑眼睛,透出逼人的超凡光芒,再加上入时的衣着,使她处处显得鹤立鸡群。她剪男式发型,姿态优雅地吸烟、跷二郎腿,开着家里的车子到处乱跑,引来路人注目,成为布宜诺斯艾利斯有名的领风气之先的女性——自然也是饱受非议的对象。她还热衷于刺激性的运动,经常到庄园里打网球、骑马、游泳、散步。她泳技高超,经常向公认的游泳健将——哥哥豪尔赫发出挑战。她甚至是阿根廷最早乘飞机上天的女性之一。

贵族学校让她学会了烹饪、绣花、编织、制衣。她还学会了法语,掌握了一点点英语和德语,能自如地阅读夏尔·波德莱尔、保罗·维莱恩、斯蒂芬·马拉美[②]等人的原著。她同时还是墨西哥诗人阿马多·内尔沃的痴迷者。有趣的是,后者热恋她的姐姐卡门,为卡门写了一些热情洋溢的情诗。这种特殊的关系,使她得以和诗人愉快接触,并促使她亲自动手写诗。

比之塞莉亚的家族,埃内斯托·格瓦拉·林奇的辉煌家族拥有更多的冒

---

① 塞莉亚的母亲埃德尔米拉夫人于 1913 年去世。是年,塞莉亚年仅 7 岁。

② 保罗·维莱恩(1844 — 1896)、斯蒂芬·马拉美(1842 — 1898)均为法国象征派诗人。

险家。这个家族曾诞生过新西班牙的总督、门多萨市的创始人，也曾出过淘金者、寻宝人。相比之下，埃内斯托本人显得有些平庸。他毕业于大学建筑系，经过商，却财运不佳。从外表看，他两眼深陷、目光温和、中等身材、举止温文，一副小知识分子派头。辉煌家族到他这一代就衰落了，他和塞莉亚的婚姻一开始不被看好，因为人们认为他配不上女方高贵的家族。当然，除了社会地位的差异，年龄和学业也是塞莉亚的兄姐——卡门、阿尔图罗、萨拉——反对这门婚事的理由。当时，塞莉亚21岁，从阿根廷法律上看，年纪还小。为了恋爱，林奇放弃了大学学业，塞莉亚也荒废了学业[1]。一度，阿尔图罗和萨拉不愿意谈起任性的妹妹。妹妹自然也不妥协，干脆住到姑妈梅尔塞德斯·拉科罗塞·约萨家里。1927年11月9日，这对新人在世人的非议声中，勇敢地结成夫妇。

或许是为了避开世俗的干扰，婚后，这对新人做出一个大胆的决定：迁居密西昂内斯省巴拉那河的卡拉瓜塔伊港。他们投资14400比索买下一块200公顷的土地种植马黛茶。[2]

那是一块经由大自然之手精心雕琢的无瑕瑰宝，一方与布宜诺斯艾利斯有着天壤之别的宁静的世外桃源。远处，安第斯山顶皑皑的白雪发出晶莹的光芒，与阿空加瓜山无语相对。清澈的巴拉那河和乌拉圭河合二为一，冲刷出拉不拉他河宽阔的潮淹区。巴拉那河两岸，覆盖着密密的森林，海红豆、伊里奥蒂松、黑月桂、番石榴郁郁葱葱、硕果累累。五彩斑驳的蝴蝶在树叶间翩然翻飞，鸽子、大嘴鸟、灰喜鹊、田鹬整天鼓噪个不停，反衬得密林更加幽静。天朗气清，数不胜数的鹦鹉起起伏伏，幻化出一幅声与色的绸带。

---

[1] 塞莉亚因为受不了圣心学校严格的校规，于1926年大学预科未毕业时，就离开了学校。家人都认为是埃内斯托帮助她做出的这个决定。

[2] 关于埃内斯托夫妇购买卡拉瓜塔伊地区土地的情况，有密西昂内斯省波萨达斯的土地登记册为证。该册第75卷第135页的土地买卖契约上写道：庄园原属于尼古拉斯·阿伯拉罕姆和阿尔弗雷多·埃恰圭所有，由佩德罗·莱昂·埃恰圭为代理人。土地卖价为14400比索，第一次交付7200比索，余额分两次交付，利息6%。此不动产可作抵押。

马黛茶原产巴拉圭，故又名巴拉圭茶。后来阿根廷人大量种植此茶，并视之为最喜爱的日常饮料之一。

那是瓜拉尼①人甜蜜而痛苦的家园。虽然拉丁美洲独立战争取得决定性胜利已有几十年，但在密林深处，瓜拉尼人依然孤零零地置身于全世界的视野之外，身上带着做奴隶的印迹，背负着一辈子也还不清的债务，在皮鞭和火枪的淫威下，低着头，弯着腰，耕作、忍受、仇恨。仇恨，是密林中到处萌生的嫩芽，无时无刻不在每一个角落里滋长，悄无声息，却层层叠叠，无边无涯。林奇用文字记载了当地居民门苏人的生活。他写道：这是受到西班牙耶稣教会严密"保护"的印第安人的一支，他们的血液里已融入了西班牙殖民时期旧传统的印记，只能继续为大老爷们当奴仆。从瓜拉尼人身上，夫妇俩亲身感受到了世界的不公与悲惨。两颗善良的心，随着瓜拉尼人肩扛斧头、手握砍刀、步履蹒跚的背影变得沉甸甸的。

但那里也是繁育生命的理想场所。自然界一颗最干瘪的种子都能获得蓬勃的生机；人类的爱情之花，更容易在那里结出饱满的果实。一个小生命开始在塞莉亚腹中蠕动了，先是偶尔动弹一下手脚，后来就膨大起来，东踢一脚，西推一掌，片刻不停。生命的奇迹让夫妇俩吃惊不已。美好的憧憬随着小生命的发育不断长大。

1928 年 6 月，由于预感到孩子即将出生，夫妇俩兴致勃勃地乘船返回布宜诺斯艾利斯，准备在家里生下孩子。船行至罗萨里奥市，两人上岸办理安装马黛茶碾磨的事情。这时，塞莉亚开始阵阵腹痛，立即被送往当地医院。6 月 14 日凌晨 3 时零 5 分，他们的第一个孩子、大儿子埃内斯托·格瓦拉·德拉塞尔纳出生了。罗萨里奥市意外地成为未来英雄的诞生地。

小格瓦拉出生时没有出现任何预示他将成为伟人的异象；相反，麻烦如影随形地跟着他。出生没几天，他就得了支气管肺炎。祖母安娜·林奇和两个姑姑埃尔西莉亚、贝娅特里斯风尘仆仆从布宜诺斯艾利斯赶来照顾他。特别是贝娅特里斯姑姑，更是无微不至地关照他，使他的病情很快得到了控制。直到小格瓦拉的状况好一些以后，他们才回到了布宜诺斯艾利斯。格瓦拉全家对这段经历都念念不忘，尤其对贝娅特里斯姑姑感激不尽。

---

① 瓜拉尼人为生活在巴西、阿根廷、巴拉圭和玻利维亚的土著居民。

七八月间，塞莉亚和林奇带着小格瓦拉，在罗萨里奥市一个公园，为他拍下了人生的第一张照片。

两个月后，林奇夫妇回到了布宜诺斯艾利斯，住在安娜·林奇家里。林奇在拉不拉他河造船厂工作，并造了一艘船，夫妇俩乘着它在巴拉那河三角洲和拉不拉他河航行。一家人度过了一段难忘的美好日子。塞莉亚经常带着小格瓦拉到帕莱尔莫树林散步，或者走亲访友。卡门这时已嫁给了信仰马克思主义的诗人卡耶塔诺·科尔多瓦·伊图尔布鲁。塞莉亚与她的兄弟姐妹间的关系开始解冻，一家人经常去安娜·林奇在波尔特拉的桑塔·安娜·德伊雷内奥庄园欢聚。

几个月后，林奇一家按原路返回了卡拉瓜塔伊，继续过着靠砍刀和左轮手枪才能确保安全的冒险生活，也继续享受着森林、大河、野生动植物带来的无比快乐。

1929 年，为了生第二个孩子，全家再次赶回布宜诺斯艾利斯。此后，因为小格瓦拉的健康原因，他们再没回过卡拉瓜塔伊，但这块孕育了未来的切·格瓦拉的土地将永远载入这个家族的史册。

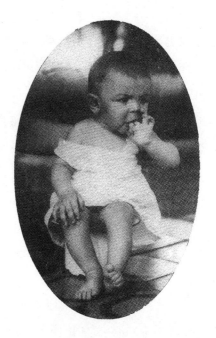

幼年格瓦拉

1929 年 12 月 31 日，长女塞莉亚·格瓦拉·德拉塞尔纳呱呱坠地。一年半后，次子罗伯托·格瓦拉·德拉塞尔纳降生。这棵生机勃勃的血缘之树逐渐枝繁叶茂起来。

美中不足的是，小格瓦拉的哮喘病频繁发作，林奇夫妇常常彻夜不眠。根据马里奥·欧顿内尔大夫的建议，全家迁往科尔多瓦省，在阿尔圭约小住了一段时间。当地气候同样不适合小格瓦

格瓦拉9岁，上小学三年级

拉，于是，又听从豪尔赫·费雷尔医生的建议，一家人又迁往阿尔塔格拉西亚镇定居。

这是一片气候宜人的疗养胜地，绵延着低低的丘陵，上面覆盖着厚厚的绿荫，错落有致地散布着一些房屋，特别适宜呼吸道病人休养。丘陵凸起的地方住着当地居民，稍低些的地方则住着雇工、矿工、铁路工人和职员。从1933年开始，一家人在这里住了整整十年。

这是格瓦拉人格养成和学识积淀的十年，但也是最不起眼的十年。毕竟，那时他只是个默默无闻的小男孩，被严重的哮喘病限制了上学的自由。实际上，他只完整念过小学前三年级。四年级到六年级，他只在身体吃得消的时候去学校，或者靠弟弟妹妹把功课带回家来。

怀着对长子深深的歉疚，塞莉亚主动承担起了教育小格瓦拉的责任。事实证明，一位兼有高尚的心灵、宽阔的眼界、渊博的知识、持久的耐心和充分的自由支配时间的母亲，完全可以替代一所完美学校所能做到的一切。

塞莉亚引领着小格瓦拉，徜徉在书的海洋。他们家有一座微型图书馆，书架是每个孩子房间的必备之物。林奇回忆道，塞莉亚每天教儿子学校里的课程，一天都不会落下。此外，还引导他阅读各类书籍，政治的、历史的、文学的、文化的，无所不包。

可惜我们无法开列那个时期格瓦拉的全部阅读书目——如果能够，那将是开启格瓦拉心灵之门的钥匙。但我们还是有幸了解了哪些书籍给过他重要启迪，这是形成他生命底色的最重要的因素。

作为西班牙移民后裔，西班牙文化是他学习的重要内容。不朽名著《堂·吉诃德》是他最喜爱的西班牙作品，令他爱不释手，他甚至以吉诃德先生自比[①]。从他后来热衷于在美洲大陆作长期漫游，似乎也能看出那位"风车先生"的影子[②]。

法国文化对他的影响同样深刻。讲法语是当时阿根廷文化贵族的一种时尚。有人评价说："法语对格瓦拉的才华、气质和风度的形成，都产生过一定的影响。"[③]法国文化激情、叛逆的色彩让他格外着迷。他对那位怀着"永远孤独的命运感"，"生活在邪恶中，却热爱着善良"（高尔基语）的"恶魔诗人"夏尔·波德莱尔服膺至极。

欧洲文化培养了格瓦拉高贵与叛逆的气质，阿根廷土著高乔文化则赋予他关注现实的深切的人道精神。塞莉亚特别喜欢高乔诗歌的不朽名著《马丁·戈耶罗》，称其为高乔诗歌中最好的作品，并经常给孩子们念一些章节。高乔人勇敢、豪放、高傲、酷爱自由、勇于反抗、爱开玩笑等性格特质和不幸的命运，显然对他产生了深远的影响，他那对早慧的眼睛早早地投注到自己生长的这块土地上，审视这里发生的一幕幕人间悲喜剧。此外，独立战争的英雄们要将拉丁美洲大陆联为一个独立而强大的整体的理想，以及阿根廷1810年独立后，自由派提出的实行区域一体化的拉丁美洲主义，也在这一时期为他所接受。我们或许说不出确切的时间，但可以断言，他很小就确立了这样的看法：只有把分散在拉丁美洲这块广袤土地上的错综复杂的力量，拧成一股绳，拉丁美洲才可能真正强大起来，也才可能凭借团结的力量，实现独立、富强的理想。

格瓦拉曾躺在布宜诺斯艾利斯中产阶级居住区阿拉奥斯大街2100号的法式阳台上，双手托着后脑勺，微蹙愁眉，留下了一张照片。作家胡里奥·科

---

① 格瓦拉在"致双亲"的信中这样写道："两位亲爱的老人：我的脚跟再一次挨到了罗西南特的肋骨；我挽着盾牌，重上征途。"罗西南特是堂·吉诃德的坐骑的名字。

② 这些都是《堂·吉诃德》一书的情节。

③ 引自费尔南多·迪耶戈·加尔西亚主编《切·格瓦拉》第18页，北京出版社，1998年11月。

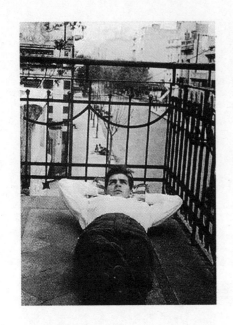

乐于沉思

塔萨尔为这张照片题名为"乐于沉思"。正是在"乐于沉思"的年代，在自家的阁楼上，他接触到了马克思主义思想。马克思主义思想"大部分是由被卷入了马克思的第一国际（1864—1874年）和巴黎公社（1871年）的漩涡的（或是受到他们影响的）欧洲移民带来的。由于他们的努力，19世纪末到20世纪初在拉美出现了最初的马克思主义思想和最早的社会主义政党"。[①] 虽然到了格瓦拉青少年时代，马克思主义早已具有了世界影响，但在拉美大陆上却还是一个"游荡的幽灵"。然而，小格瓦拉却对其情有独钟。这是颇耐人玩味，也颇费人思量的。从日后格瓦拉的共产主义实践来推测，他深得马克思主义强烈的社会批判性和暴力革命思想的精髓。小格瓦拉在拉丁美洲这片绝对算不上马克思主义思想沃土的土地上，自发地——马克思主义术语称"天才地"——初步形成了马克思主义信仰。

随着运动的恢复和身体的强健，格瓦拉走出家门，与当地的印第安小伙伴交起了朋友。由此，他了解了他们的真实生活，震惊于社会的极端不公平。他看到，印第安家庭十几口人挤在一间小屋子里，孩子们把报纸塞进破衣服御寒。对于小格瓦拉的穷朋友，塞莉亚把他们当作贵宾，经常用马黛茶、煎鸡蛋、炒鸡蛋等款待他们。由此可以看出，母亲不仅是儿子生命意义上的养育者，也是儿子精神上的哺育者。她的精心培养使儿子得以摆脱"病夫"人格，成为精神的强者。在精神方面，母亲和儿子存在着哺育和反哺的关系。后来，

---

① 引自威廉·E·拉特利夫著《拉丁美洲的卡斯特罗主义和共产主义（1959—1976年）》序第15页，商务印书馆，1979年版。

当儿子选择了一条充满荆棘，却极为崇高的事业，并形成了完整的思想体系后，母亲反过来从儿子身上吸收理想的光辉，成为儿子事业最忠实的追随者。

总之，是塞莉亚这位伟大的母亲一手塑造了未来的"完美的人"——切·格瓦拉。至于埃内斯托，他更多的是位慈父，当儿子患上哮喘后，是他整夜守候在床边，给小格瓦拉无微不至的照顾；为了给儿子一个适宜的生活环境，他毅然放弃了在卡拉瓜塔伊的马黛茶园的事业，耗费了几乎全部的经费，却无怨无悔；当儿子成为举世闻名的英雄时，他和妻子成为儿子事业最忠诚的追随者和传播者，并亲自执笔，写出了著名的《这就是美洲的一名士兵》《我的儿子切·格瓦拉》等一系列著作，有力地维护和宣传了儿子的形象。作为一名父亲，我们不可能对他要求更多。

四、微 风

阿根廷女作家图努娜·麦卡多曾撰文指出，"阿尔塔格拉西亚这一被西班牙流亡分子的微风吹拂过的、神秘的城市，法里雅和阿吉拉尔的传奇故事曾使它出名。大学改革、西班牙战争、世界大战、反法西斯斗争，是这里人民生活的背景，是他们的社会主义思想、他们同政治长期而自然联系的背景。"[①]

这段描述精确地反映出格瓦拉一家在阿尔塔格拉西亚生活时，当地复杂的政治生态。在麦卡多提到的诸多政治背景中，对小格瓦拉及其家人影响最大的是西班牙内战和胡安·庇隆在阿根廷政坛的崛起。

当年，正是法西斯主义席卷大半个世界的时期，拉丁美洲幸运地免受战火洗劫。但作为数个世纪欧洲殖民地的拉丁美洲，震动不可谓不大。

1936年，西班牙发生了弗朗西斯科·佛朗哥将军发动的军事政变，企图颠覆共和政府。共和党人带领全国人民，拿起武器，进行了顽强的抵抗。就在正义力量即将取得胜利时，德、意法西斯派军队直接干涉西班牙内战。双方在马德里展开了长达两年零八个月的鏖战。

西班牙内战导致布宜诺斯艾利斯西班牙人居住区"五月大街"上的人们分成两派，每天都进行口诛笔伐；而在科尔多瓦，人们分成了共和派和佛朗哥派两大阵营，互相攻讦。一向积极参与政治的格瓦拉一家，自然不会对此熟视无睹。他们都是坚定的反佛朗哥的力量。

[①] 摘自《美洲之家》季刊杂志（1997年1—3月）。

引起他们对这场战争格外关注的另一个原因是，1937 年，塞莉亚的姐夫，也就是卡门的丈夫卡耶塔诺·科尔多瓦·伊图尔布鲁被派往马德里，担任布宜诺斯艾利斯《批评》报的通讯员。卡门带着两个孩子费尔南多·科尔多瓦和卡门·科尔多瓦住到了格瓦拉家。卡耶塔诺的每一篇报道和每一封来信，塞莉亚和卡门两姐妹都要反复阅读。小格瓦拉则在卡耶塔诺寄来的照片上标注出共和党人由胜转败的线路，这可视作他最早的政治和军事训练。

随着战事的不断发展，越来越多的西班牙难民涌入阿根廷。格瓦拉家向这些无家可归者敞开了大门。这个家庭原本热烈的政治氛围，因为他们的到来，愈发浓厚起来。他们每一个人，几乎都是战争的一面镜子。通过他们恐慌的眼神和苍白的面容，西班牙内战的全景逐渐明晰起来。

在格瓦拉家收留的难民中，包括西班牙共和国卫生部部长胡安·贡萨雷斯·阿吉拉尔博士夫妇和他们的四个儿子。两家人同为坚定的反法西斯主义者和西班牙共和政府的支持者。

崇尚行动是格瓦拉一家的特点。他们以在阿尔塔格拉西亚的家为核心，

全家合影

联络朋友们，共同成立一个旨在援助西班牙共和政府的"阿根廷行动"委员会。委员会吸引了一些左翼自由派人士，并与科尔多瓦和布宜诺斯艾利斯的其他委员会建立了联系。他们积极组织公开集会、游行等活动，为共和政府的战士们募集资金。塞莉亚意气风发，总是站在队伍的最前列，像一面旗帜。作为斗士，她反抗的矛头还指向了教会。"塞莉亚不去做弥撒"是当时人们指责她的一条理由。另外，她还常常开着一辆旧车，载着小格瓦拉和他的穷人小朋友，在大街上奔驰，引得富人侧目，穷人喝彩。

1939 年 3 月 28 日，佛朗哥的军队攻占了马德里；4 月，控制西班牙全境，建立了独裁政权。西班牙内战拉上了悲惨的幕布。与此同时，格瓦拉家也遭到了第一次严重的经济危机。1940 年，他们卖掉了卡拉瓜塔伊的土地，招致塞莉亚家族的又一次指责。

世界在继续沉沦。一场更大的灾难降临到人类头上。随着 1939 年德国战车轰隆隆地开进波兰，一时间，除了少数几个国家狂热的人群在弹冠相庆，全人类都对未来感到一片茫然。

1940 年，巴黎沦陷，法国是塞莉亚和格瓦拉母子情有独钟的国度，法国的悲剧大大激发了他们反法西斯的政治热情。彼时，戴高乐在法国组织了"自由法国"运动，喊出了著名的"法国只是输掉了一场战役，但是并没有输掉整场战争"的口号，极大地鼓舞了法国人民的斗志。林奇夫妇联络志同道合者，在阿根廷成立了戴高乐委员会，塞莉亚任主席。他们组织了一系列援助活动，塞莉亚经常登上讲台，就法国问题作政治演讲。他们甚至在家里亲自动手制造炸弹……在这样的家族氛围中，小格瓦拉强烈政治意识的养成完全是水到渠成的结果。

纵观 20 世纪人类历史，随着民族、区域、国家间互相联系与影响能力的大大提高，人类间的距离迅速缩短，人类命运越来越趋向一体化。作为曾经的欧美国家的殖民地，欧美大陆上大行其道的民主主义、人道主义，以及法西斯主义、民族主义、民粹主义，乃至马克思主义等等思潮，无不在拉丁美洲地区留下了深深的烙印，拥有各自的信仰人群，并深刻改变着拉丁美洲的政治生态。而一战后沉闷的政治氛围，以及法西斯主义的异军突起，进一步加深了拉美人民政治信仰的危机。与此同时，随着民族意识的觉醒，拉美人民又产生了新的政治信仰与利益诉求……凡此种种，导致了当时拉丁美洲政治、经济、文化、社会的乱象，带来了强烈的社会动荡。

1930年9月4日，在格瓦拉的祖国阿根廷，何塞·费利克斯·乌里布鲁将军发动军事政变，推翻了以激进公民联盟领导人伊波利托·伊里戈延为总统的政府，建立了军人政府。军人政府是殖民地社会普遍存在的一种政治力量形态。拉丁美洲地区的军人政府更有其自身的特点。正如阿根廷的乌里布鲁军人政府，既凭借着无处不在的警察统治，拥有左右政局的翻云覆雨般的能量，又由于缺乏充分的社会支撑，以及自身的弱点，内在充满多变性、脆弱性和依附性。在对外关系上，新政府公开表示支持意大利墨索里尼。面对外国势力的干涉，特别是美国资本的急剧渗入，无能为力、卑躬屈膝。国内则是经济危机加剧、大选营私舞弊，民主名存实亡。同时，大庄园主受到政府无原则的保护，为所欲为，大量农村人口无法生存，纷纷涌入城市；城市里，失业者、氓流、乞丐，又成为城市最大的不安定源，不断发生抢劫袭击事件；工人上街罢工，几十万户家庭生活急剧恶化……迫于社会压力，政府于1931年4月5日举行了省一级的选举。但腐败的国家肌体上，根本诞生不了什么新的政府机构，选举以一系列军事阴谋告终。

此后的十年，被称为阿根廷历史上"不光彩的十年""最羞耻的年代"。到第二次世界大战爆发，阿根廷已先后更换了4届总统，出现了军人和文人交替执政的局面。

第二次世界大战爆发时，阿根廷总统是拉蒙·卡斯蒂略。由于历史传统与政治实力等诸多因素影响，他的政治选择是宣布阿根廷中立。他一方面贯彻亲英外交，积极主张与英国发展关系；另一方面又迫于军方和德国军事顾问的压力[①]，鼓吹和支持法西斯主义。美国则不断施压，要求他放弃与德、意、日

---

① 当时，以陆军部部长拉米雷斯将军为首的陆军最高指挥部坚信纳粹德国能够取得大战胜利，并与德国军事顾问一起鼓吹纳粹的胜利。

的关系，向轴心国宣战。在对内关系上，他镇压民主运动，引起国民不满，这就为反对派势力的兴起提供了机会。

1943年6月3日夜间，政治实力派联合军官团成员胡安·庇隆发表《告人民书》，宣布推翻卡斯蒂略。6月4日，驻扎在布宜诺斯艾利斯附近坎波—德—马约地区的卫戍部队在海军配合下，开进首都，并很快占领了政府大厦。卡斯蒂略逃亡，并宣布辞职。联合军官团推选阿尔图罗·劳松组成临时政府。由于联合军官团内部的矛盾[1]，劳松政府只维持了一天。6月5日，还没来得及宣誓就任的劳松就宣布辞职，由佩德罗·帕布洛·拉米雷斯·马楚卡任临时总统。拉米雷斯上台伊始，就宣布无限期中止总统选举[2]，意在坐稳总统宝座，这就进一步激化了联合军官团内部的矛盾。

在联合军官团众多野心勃勃的权力人物中间，真正有实力的首推庇隆。事实上，政变前他并未在联合军官团占据要津，更多的是扮演发言人的角色。政变后，他凭借着握有的权力和影响力，不动声色地做着准备工作：他将自己负责的劳工和社会保障司升格为一个部一级的独立的秘书处，使自己进入最高领导机构；控制工会，推出一系列符合劳工利益的社会和经济政策，吸引了大批劳工；重新召集已四分五裂的联合军官团成员，以自己为核心，形成引人注目的"上校集团"。等到时机成熟，1944年2月15日，上校集团占领外交部，迫使在外交政策中很不得力的外长辞职，借以向总统发难。2月24日，拉米雷斯总统辞职，让位于埃德尔罗·朱利安·法雷尔。法雷尔于2月26日就职，任命庇隆为陆军部部长，兼任劳工和救济部部长。这是一个很有实权的职位，庇隆更是将这个职位的能量发挥到了极致。

与世界上许多有名的小国领袖一样，胡安·庇隆是一位复杂而富有魅力的人物。这固然与他的个性有关，但更多地是由其所领导国家的特殊地位决定

---

① 联合军官团曾在政变前后发表过两个宣言。5月13日宣言指出，陆军在国内所负的使命是拯救国家，使阿根廷在南美称雄；6月4日宣言却把恢复公民道德、保证宪法实施、代表拉美国家间的合作作为武装部队的使命。两个宣言，深刻反映出联合军官团内部的分歧与矛盾。

② 拉米雷斯将军于1943年6月7日宣誓就任临时总统。8天后，宣布阿根廷人民需要的是正义而不是选举。又过了三天，宣布去掉"临时政府"名称上的"临时"一词，同时，无限期中止原定于1943年9月5日举行的总统选举。

的——相比国土范围的广大，当时阿根廷的政治影响力显然要小得多。对于这些处于大国权力夹缝中的"小国"来说，要想求得生存与发展，其领袖必须比大国领袖更精于机变和妥协之术。因此，他们总是刻意模糊自己的政治态度，甚至常常自相矛盾。他们个人的言谈举止也总是变化多端，时而故作惊人之语，时而充满悲情力量，犹如最出色的演员，很让人着迷。20世纪世界政坛充满了这样的天才政治"表演家"，庇隆就是其中的典型代表。

庇隆的人生道路充满了戏剧性。他当初选择从军是因为这是当时提高社会地位的捷径。在阿根廷陆军学院，他接受的是德国化的训练[①]，后来又被派往意大利阿尔卑斯山军团接受山地作战训练，这使他不由自主地从感情上对德、意这一系政治力量产生认同感。他很勤奋，不仅掌握了当时世界上先进的军事理论与知识，还掌握了意、法、英、西四国文字，精通艺术、文学、科学等多方面知识，成为赳赳武夫中一位难得的渊博学者。

1944年7月7日，庇隆被任命为副总统。此时，他的实际权力和威望远远超过总统法雷尔，成为"不是总统的总统"。阿根廷政治也带上了浓厚的"庇隆主义"的色彩。

关于庇隆的政治理念与政治主张，人们有着截然不同的解释。有人对其顶礼膜拜、狂热追逐；有人批判庇隆"是一个蛊惑人心的人，是一个想当独裁者的人"；庇隆自己则将"庇隆主义"政治主张归纳为拥有"正义主义""民族主义""劳工主义"三根支柱的"第三种立场"。

其实，对于政治人物的现实政治行为，纠缠于学理上的归类往往是肤浅可笑的。以庇隆为例，他确实十分重视劳工的力量，也确实得到劳工阶层的广泛支持，但他于1944年8月25日说过的一段话，却将所谓"劳工主义"的解释引向一个更为实用主义的角度：

> 资本家先生们，不要害怕我的工会运动。资本主义从来不曾像今天这样稳固。我准备把全国的工人组织起来，为的是让国家来领导他们，

---

① 阿根廷于1911年开始聘用德国军官训练军队。

让国家给他们指出方向。通过这种方法，那些在战后可能威胁我国资本主义社会的思想潮流和革命潮流就将在工人中间失去作用。工人的待遇应该略加改善，这样，他们就会成为一支容易控制的力量。

在对待法西斯主义的态度上，庇隆虽然宣布阿根廷在二战中"中立"，但暗地里却一直与德国纳粹保持密切联系。其实，早年在意大利，他就亲历了法西斯主义的兴盛，为之深深震撼。他甚至信誓旦旦地说："我要做墨索里尼做过的事，但不重犯他的错误。"1944年6月，盟军在诺曼底登陆之后，庇隆还发表了一段与时势背道而驰的讲话：无论是盟军取胜，还是轴心国取胜，对阿根廷而言都不重要。这无异于为法西斯主义张目，招致反对派的猛烈攻击。

在对待庇隆的态度上，塞莉亚旗帜鲜明地站在反对庇隆的阵营中。她认定庇隆是一名佛朗哥分子、一个受教会支持的克里奥尔人的法西斯主义的代表。阿根廷作家乌戈·甘比尼在《切·格瓦拉》一书中写道，在反对庇隆这件事上，这个容纳了各种政治见解的大家庭第一次达到了完全的一致。当时，他们的家就是一座传播庇隆的主要反对派民主联盟思想的小型工厂，各种传单和宣传品堆满了各个角落。

当然，在对待庇隆的态度上，格瓦拉与母亲是有差别的。这要"归功"于"庇隆主义"的第二根支柱"民族主义"，即在国内经济上，主张阿根廷经济独立，摆脱对西方国家的依附，发展民族工业；在对外关系上，主张拉丁美洲一体化，由阿根廷充当领导角色；反对美国插手南美事务，特别反对美国干预阿根廷内政。这在一定程度上是对拉丁美洲民族解放先驱政治理想的继承，也与格瓦拉的拉丁美洲主义思想有一定的共通之处。对此，格瓦拉并不讳言。1955年，他写道：

我对庇隆下台感触颇多。我并非为他本人感到难过，而是为了整个美洲眼中他所代表的一切感到难过。对于我们这些曾把敌人定位在北边的人来说，庇隆执政时期的阿根廷在我们思想中扮演了勇士的角色。

母子俩政治思想上的这种差异并不是根本性的。其原因可能在于：塞莉亚出生时，其家庭刚从欧洲迁回阿根廷，其兄姐均出生于欧洲，家庭文化主要渊源于欧洲，因而对于庇隆主义强烈的民族主义和独裁倾向执全面批判态度。而格瓦拉青少年时代更多地接触阿根廷现实生活，对于"北方邻国"有着根深蒂固的反感，因而在拉丁美洲独立解放这一点上尚能与庇隆产生一定的共鸣。但最根本的是，母子俩都对独裁统治充满厌恶。正因为如此，格瓦拉在与庇隆主义保持若即若离关系的同时，从未与之真正认同。相反，他对于包括庇隆在内的阿根廷政治家都极为不满，梦想着有朝一日能在家乡搞一次真正意义上的革命。只可惜，成熟的时机始终没有出现，这令他深感遗憾。

后来，庇隆主义过于集中统一的要求和不允许年轻人随便出国，或随便与国外联系的政策，激起了他的逆反心理，促成了他第一次的远游。

他的第一个目的地是阿根廷北部地区。

第二章　上路吧

"真正的旅行者是那些为出门而出门的人，他们轻松愉快如同飘游的气球，然而他们绝不会偏离自己的目的地。也不知为什么，他们总是说：'上路吧！'"

——波德莱尔《恶之花》

一、4500 公里：寻根之旅

1950 年 1 月 1 日，23 岁的格瓦拉骑着一辆装了一部小发动机的旧"米克伦"牌自行车，踏上了 4500 公里的阿根廷北部地区的旅程，前往查纳尔麻风病院工作。

格瓦拉选择在 20 世纪 50 年代的第一天作为人生远行的起始日期，似乎

寻根之旅

冥冥中早有定数。从此，他一直作为一名远行者，跋涉在漫漫的人生旅途上。与后来一次又一次目标越来越明晰的远行相比，他的第一次远行的目的十分简单：走出家门，去看看外面的世界。

出门远游是所有青春期少年都曾有过的浪漫冲动，是借以认识自己的重要经历，也是从未知世界探寻宝藏的冒险事业。从这个意义上说，每个人，只要有过青春岁月，都曾经是潜在的冒险家。但是，真正背起行囊，走出家门，跳上任何一辆驶往远方的过路车的"异类"屈指可数。而对于绝大多数当年的勇敢远行者来说，远行只是人生的一种状态，无论有没有从远行中掘得人生金矿，总有一天他会扔掉行囊，在故乡或异乡的某一片土地上搭一个木屋，开始与祖祖辈辈一样的安定的生活。对于他们来说，因为曾经的远行，人生无憾。相对于他们来说，格瓦拉不仅把远行的想法付诸实践，而且终生都在跋涉，把旅途当作归宿，他不愧为"行者中的行者""异类中的异类"。没有这一点特质，他又如何能成为全世界不同国度、不同信仰、不同政见的青年共同崇拜的偶像？

对于首度远行的目的，他在旅行日记中写道：

> 对多年来喧嚣的城市生活中所形成的那种模糊意识，我开始有所认识。那是一些令人厌恶的文明，是人们伴随可怕的噪音而疯狂活动的一幅粗野画面。

他要探寻的是凭借父母的描述才能依稀记起的淳朴的生活，是潘帕斯草原辽阔的胸怀，是马丁·费耶罗笔下高乔人的风俗民情。重返这充满田园风味的大自然，才能让他躁动的心平复下来，弥合在尘世所受的创伤。

此次旅行，他的足迹印在阿根廷 12 个省份的土地上。这是一次与脚下这块土地建立血脉相连情感的心路历程。对于印第安人的痛苦生活，他早有了解，也深怀同情。为了进一步贴近他们，他选择走近那些肢体残缺、孤立无援的麻风病人，在查纳尔麻风病院学习治疗他们的方法，并和他们交朋友。人们发现，格瓦拉似乎天生地对穷人怀有深切的同情和亲近感。麻风病是一种"穷人病"，选择当麻风病医生，更反映出他疗救世人的悲悯之心。同时，正因为情感上的贴近，他才能深入麻风病人内心，发现"在那些孤单和绝望的人当中存在着最高尚的团结和友爱"。这就反过来坚定了他的选择。

当然，他毕竟只是一位 23 岁的青年，旅途中不乏青年特有的浪漫幻想。在一张旅行照片上，他这样写道：

赠给崇拜我的科尔多瓦姑娘们。

旅行大王

这张照片背后究竟有着怎样的风流韵事我们不得而知，但这是未来革命家青春期的内心坦白。革命从来不曾排斥爱情。那些以革命的名义拒绝爱情的人，要么是假清高，要么是假革命。

二、探索之旅

格瓦拉的阿根廷北部之旅显然是成功的，因为仅仅过了一年，1951 年 10 月，他就和好友、生物化学专业大学生阿尔贝托·格拉纳多在科尔多瓦阿尔贝托家的葡萄架下，喝着甜丝丝的马黛茶，幻想着远游。后来，格瓦拉回忆说：

> 我们还在做着白日梦，在天马行空的幻想中，我们已经达到了遥远的国度，在热带海洋上乘风破浪，走遍了整个亚洲。突然，一个问题就那么自然而然地从阿尔贝托口中跳了出来："为什么我们不去北美走走？"
>
> "北美？可是怎么走啊？"
>
> "骑着这辆诺顿牌啊，老弟。"
>
> 旅行就这样决定了下来，它没有脱离我们当时做任何事的原则：随兴而为。……在那时，对于我们这次旅行的巨大意义懵懂无知，我们能看见的只是通往北方的一条大道，黄沙漫漫中，只有我和阿尔贝托两人，还有一辆摩托车。[①]

然而，这次起初"随兴而为"的旅行最终却给了他明晰的人生目标。正

_____

① 引自切·格瓦拉的《摩托车日记》。

如他在 1952 年的旅行笔记中所写的："现在我明白了，这一切几乎都是命中注定的。我的命运是外出远行。"

对于他的决定，家里人没有反对，只有母亲塞莉亚提出了一点小小的异议，因为怕他影响学业。格瓦拉答应一定如期回来，参加医学考试，以取得医生资格。塞莉亚妥协了，默默地为儿子的第二次远行，也是第一次走出国门做着准备。

不到一个月时间，家里人就为他准备好了睡袋、帐篷和烘烤食品的小铁炉，当然少不了平喘喷雾器。此行的交通工具由自行车换成了摩托车。交通工具的变换所蕴含的文化象征意义是有趣的。如果说自行车更适合于青涩的少年，则摩托车是怀有狂野之心的青年的专利。而他第三次旅行的代步工具是火车，那是理性的象征。这正代表了格瓦拉不断远行的轨迹。此外，格瓦拉还带了他那支"史密斯 - 韦森"枪和照相机。

出发前，格瓦拉还向舅舅豪尔赫·德拉塞尔纳学会了驾驶飞机。脚下这块土地再也束缚不住他日益坚硬的翅膀了。

1951 年 12 月 29 日，历史性的时刻来临了，格瓦拉和阿尔贝托骑着摩托车，驶上了全新的人生旅程。2004 年，沃尔特·萨雷斯导演的电影《摩托车日记》为五彩纷呈的格瓦拉传记影片的表单中又增添了一部力作。这部影片反映的正是这一段从狂野走向理性的探索之旅。

在舅舅豪尔赫·德拉塞尔纳帮助下学习开飞机

一开始，他们在国内旅行，途经门多萨、萨尔塔等地，一路风餐露宿。钱很快就花完了，他们只能靠出卖劳动力换口饭吃。他们在饭店里洗过盘子，给农民治过病，当过兽医、装卸工、水手，为当地人修理过收音机。在写给母亲的信中，格瓦拉写道："我们的脸皮开始变厚了，已经向人伸手要地方住、要食物吃、要一座位于路旁的房子……"沿途的麻风病院是他们歇脚的好地方，为他们提供了食宿和提高医术的机会。在那些面目丑陋、孤苦伶仃的麻风病人中间，格瓦拉丝毫没有隔膜感，反而从他们身上感受到了最真挚的友谊，并从此立志献身治疗麻风病人的事业。

当然，他们并没有浸淫在无边的痛苦之中，而忘却享受自然的乐趣。当途经格瓦拉的祖先曾经居住过的门多萨省时，他们没有错过在这块弥散着葡萄酒香的土地上呼吸那微醺的空气。他们还访问了当地几个庄园，考察了高乔人是怎样驯马和生活的。后来，他们绕开安第斯山脉最高峰继续南行，因为"诺顿"牌摩托车无法征服这座肃穆的大山。

1952 年 2 月，他们进入了智利国境。格瓦拉说，这儿的一切，包括人的面孔，都使他时刻想起科尔多瓦。在这里"诺顿"牌终于寿终正寝了，他们只能靠步行完成剩下的路程。

行程虽苦，却也不乏乐趣，特别是一些年轻姑娘的加入。格瓦拉在日记中记下了这样一件事：2 月 13 日，他们遇到了两个同样来旅游的巴西黑人姑娘。"我把那个女伴引到湖岸，谈了一会儿生物化学之后，我们双方同意，进入局部解剖学，我希望不要闹到谈论胚胎学的地步。"

挥霍青春与热情是年轻人的特权，与未来革命者的身份并不矛盾。

2 月 28 日，他们到达智利中南部的特木科市。第二天，当地《南方日报》就报道了他俩传奇的经历，并披露了他们的打算：

> 格拉纳多先生和格瓦拉先生自费旅行，旨在了解南美各国卫生事业的状况，尤其希望访问拉巴努伊[①]的智利麻风病院。我们这两位医生在到达瓦尔帕来索后，拟拜会复活节岛友好协会诸领导人，洽商是否可能访问我国遥处太平洋中的该岛屿的麻风病院。

---

① 即复活节岛。

这两位正在旅行的学者计划在委内瑞拉完成他们的远征。

　　格拉纳多先生和格瓦拉先生在特木科逗留一天后，于今晨继续他们的行程，赴康塞普西翁。

　　计划虽然公布，但由于智利每隔半年才有船去一次复活节岛，两人不得不取消复活节岛之行，改由瓦尔帕来索出发，前往智利北部。没有了"诺顿"，一路上，他们安步当车，或是搭乘过往车辆，甚至逃票坐火车和轮船。一路上，伟大的巴勃罗·聂鲁达和何塞·马蒂伴随着他们。星夜璀璨，旅途寂寥，吟咏一段聂鲁达的情诗，回忆远方的情人和祖国，思乡之情油然而生。

　　他们终于到达了智利北部属于美国布拉登铜公司的丘吉卡玛塔铜矿。在这里，一面是巍峨的铜矿和繁忙的劳动场面，另一面却是矿工们艰难的生活和智利穷苦人悲惨的境遇。两相比较，铜矿兴旺的奥妙不言自明。格瓦拉在日记中总结道："这座气势雄伟的铜矿是用躺在坟墓里的一万多具尸体建成的。"

　　对于脚下这片土地的深切的热爱、每天重复上演着的不公与罪行，以及长时期痛苦的思考，犹如思想的酵母，不断地在格瓦拉的头脑中发生着变化。但这是一个缓慢的过程，期间难免充满着怀疑或动摇，因此长期以来，格瓦拉始终没有表现出过于激进的倾向。然而，这一次的探索之旅却催生了质的变化。当他的思想日渐成熟和定型，当社会不公与苦难的现象竟是如此普遍地呈现在眼前，当不知不觉间日益接近酝酿着一场天翻地覆的革命风暴的漩涡中心时，格瓦拉思想上的革命终于呼之欲出了。

　　他们继续前行，来到了古代印加帝国的首都库斯科。此前，格瓦拉已读过不少关于印加文明的书籍，这一次，他又专门在库斯科待了两三天，在图书馆翻阅古代印加文明的材料，或去凭吊马丘皮克丘的印加人遗址。在奥兰达坦博遗迹前，他被这座古老城堡的雄伟气势和苍凉氛围深深打动，给自己拍了一张照片。

　　这里是历史与现实的交汇处，这里是思想与情感的撞击点，两个青年都陷入了长久的沉默。格拉纳多回忆说：

有一天下午，我正躺在马丘皮克丘的祭石上，一边想，一边自言自语起来。我想的是：在众多的克丘亚人和艾马拉人中，我们亲眼见到的苦难和落后现象。要消灭这一切，我们该采取什么办法呢？参加到政府里去，搞一场革命吗？

格瓦拉的回答是："不开一枪就搞革命？你真糊涂！"

这绝不是信口开河的豪言。对于格瓦拉来说，这可视作他人生的一句宣言。这一刻，激进青年格瓦拉成长为革命青年格瓦拉。

离开马丘皮克丘，他们向深山进发，来到了瓦姆博村的麻风病院。这是由秘鲁医生乌戈·佩斯切创建的一所医院。在这里，格瓦拉与格拉纳多竭尽所能地帮助那些被遗弃、被折磨、被歧视的病人。他们进而了解到，缺乏食品造成的人体代谢紊乱，才是这里疾病流行的真正原因。

接着，他们又前往秘鲁洛雷托省圣巴勃罗城附近的伊基托斯麻风病院。在那里，他们开始试验心理疗法。同人进行深入内心的交流，从而构筑起情感的平台，这是格瓦拉的特长，也是他的魅力所在。他经常与病人深入交谈，通过平等交流，大大舒解了病人的精神压力。他们是病人真正的朋友，把他们当作健全人，组织麻风病人足球队进行比赛，甚至同病人一起捉猴子。

虽然两人在伊基托斯麻风病院的时间不长，但麻风病人却真诚地接纳了他们。为了表达谢意，在他们离开时，这些最善良的人们用树干为他俩扎了一只木筏，并在上面搭了一个小茅棚。他们一起为这只木筏起了个名字叫"漫波探戈"。"漫波"是秘鲁民间舞蹈的一种；"探戈"则是阿根廷的一种民间舞。把这两个名字放在一起，其用意不言而喻。

1952 年 6 月 20 日，两人离开巴勃罗的前一天，麻风病人派来一个代表团，乘船到码头向他们告别。天下着雨，亚马逊河笼罩在一片迷蒙的水汽里。麻风病人们坚持唱了几首歌，还致了告别词，让格瓦拉与格拉纳多感动得不知所措。这样的时刻，很容易让人体验灵魂的升华。费纳·加尔西亚·马鲁斯在为格瓦拉所做的祷告中写道：

> 要相信那位因穷苦人为他制作小木船而受到鼓舞的人。
>
> 要相信那位只靠穷人的祝福而进行艰苦旅行的人。
>
> 要相信在这次旅行中只有穷苦人才向他高呼再见。

6月21日，"漫波探戈"顺亚马逊河向哥伦比亚的累提西亚进发。7月6日，格瓦拉在写给母亲的信中，详细描述了离开伊基托斯后的一系列冒险活动。

写信、记日记、拍照，是格瓦拉记录自己人生经历的三种基本手段，也是后人深入了解他的主要依据。没有什么能比他自己的文字更好地反映他的思想嬗变的过程。而拍照，则是他的文字的具像化。他说过，"如果我发现一处夜景并进行拍摄，你们只从创意上去推断，而没有亲自从我的随记中了解我拍摄这幅夜景的感受，那就很难理解我在这里向你们讲述的另一条真理。"同时，作为一名诗人，虽然他早期写的一些爱情诗早已失传，但他的一切文字中，无不带有浓郁的诗意。格瓦拉是这样向母亲描述离开伊基托斯后的情形的：

> 出发的时间与我原定的时间相差无几，蚊子亲热地陪伴着我们走了两个晚上，天亮时我们到了圣保罗麻风病院，那儿给我们提供住宿。当院长的医生是大好人，很快就喜欢上我们……14日那一天[①]他们为我搞了个庆祝会，准备了许多类似杜松子酒的皮斯科酒，院长为我们干杯。而我呢，由于酒给了我灵感，就以很有泛美主义味道的演说回敬了他。我的讲话赢得了场上既有水平又有些醉意的听众的热烈鼓掌。我们在此地逗留的时间比预计的长一些，但终于动身前往哥伦比亚。在动身前一天晚上，一些病人乘大独木舟从病人区到我们的驻地，到我们的驻地只能乘独木舟。在码头上他们唱小夜曲欢送我们，并讲了一些非常感人的话。已经显露出有才能成为庇隆继承人的阿尔贝托出色地作了一次蛊惑

---

① 指1952年6月14日，格瓦拉24岁生日。

人心的演说，震动了所有来送别的人。到目前为止，这是最有趣的一场演出：右手没有手指的一个手风琴手用绑在手腕上的几根小棍子来代替手指，歌手是瞎子，其他人几乎全都是奇形怪状，这是在此地区最普遍的麻风病造成的……

接着，他们继续上路，赶往累提西亚。由于不习惯长时间划船，行程十分累人。他们几次睡过了头，导致船驶过累提西亚7个小时、进入巴西境内才发觉，只得请人逆流而上，把他们带回累提西亚。

总的来说，我们在累提西亚得到了很好的接待，我们住在警察局提供的房间里，还给饭吃。[①]……飞机是半个月一班。在等飞机期间，当地人聘请我们担任一个足球队的教练，这就救了我们。开始时，为了不出洋相，我们只想当教练，但那个球队太差，我们就决定自己也踢球。最辉煌的结果是在进行闪电式的冠军赛中，被认为是最弱的球队进入了决赛，打成平局后发点球时弱队输了。阿尔贝托来了灵感，他身材有点像佩德尔内拉，又效仿他传球的方法，得到了小佩德尔内拉的绰号。我呢，我挡住了一个点球，这次载入累提西亚史册。整个活动本应过得非常愉快，可是比赛结束时他们开始演奏哥伦比亚国歌，此时我弯下身来擦膝盖上的一点血，这引起了警长（上校）极其强烈的反应。他口头上攻击我，我开始回敬他，可是我又想起了我们旅行和其他事情，我只好低头了。

他们最终来到了哥伦比亚首都波哥大。当时，哥伦比亚正处在劳雷安·戈麦斯的统治之下，政治氛围十分沉闷。对此，格瓦拉描述道：

---

① 两人到达累提西亚时，一副穷困潦倒的样子，引起哥伦比亚警方怀疑，被抓进警察局。后因警察局长是个足球迷，当了解到两人是足球大国阿根廷人，以要他俩答应做当地足球队教练为条件，释放了他们。

在我们走过的所有国家中，这个国家取消的个人权利最多，警察扛着步枪在大街上巡逻，时不时要求行人出示护照，而在这些警察中不乏把护照倒过来看的人。气氛紧张，可以预测不久就会出现骚乱了。平原地区的暴乱已经很明显，军队无力镇压，保守分子互相争吵，无法取得一致，而且，1948年4月9日事件①像铅一样压在每个人的心上。总之，这是令人窒息的气氛，要是哥伦比亚人愿意忍受这种气氛那是他们的事，我们可要尽快离开此地……

这不仅是理智的选择，也是无奈的选择。对于强权统治者来说，来去自由的外国旅行者总是不受欢迎的潜在威胁，需要处处防范，特别是在这样风云变幻、暗流涌动的非常时期。格瓦拉和格拉纳多深知这里不便久留，便在几名大学生帮助下，乘公共汽车前往库库塔，又从该城通过两国界桥，进入委内瑞拉的圣克里斯托巴尔城，并于14日到达加拉加斯。当时，委内瑞拉正处于佩雷斯·希门内斯的独裁统治下，在格瓦拉看来，一切都笼罩在一层灰蒙蒙的空气之下，令人压抑。这时候，他又给家里写了一封情绪低沉的信，其中有这样的句子："现在已到了我们第一段旅行的结尾了，我疲惫不堪，对冷酷无情的世界不抱幻想了。"

他还说："现在还不知道往下如何走，是去巴拿马和墨西哥还是直接去印度。"

后来，格拉纳多找到了一份在麻风病院工作的职务，决定留下来。格瓦拉则巧遇一位在当地贩卖良种马的远亲。在他的帮助下，格瓦拉决定回阿根廷。他买了一张远程机票，这架飞机的航线是布宜诺斯艾利斯—加拉加斯—迈阿密—布宜诺斯艾利斯。

7月底，格瓦拉与格拉纳多在加拉加斯握手告别。两人约定，格瓦拉完成毕业考试，拿到医生证书后，就回到加拉加斯，与格拉纳多一起工作。但格拉

---

① 1948年4月9日，哥伦比亚领导人埃利塞尔·盖坦被杀，爆发了起义。这一事件被称为"波哥大事件"。

  格瓦拉，格瓦拉

格瓦拉的证件

纳多天生是个医生，格瓦拉却天生是个漂泊者，他的性格就是不断地"上路"。他们的约定注定会泡汤。

格瓦拉在美国迈阿密逗留了一个月。1952年8月31日，格瓦拉乘坐的飞机降落在布宜诺斯艾利斯的埃塞伊萨机场。这是一个寒冷的早晨，但全家人都到机场等候他。

在目睹了哥伦比亚、委内瑞拉等国的乱象之后，回到祖国，格瓦拉却遗憾地发现，阿根廷的政治混乱丝毫不亚于那些国家。更让他失望的是，在经济危机的打击下，庇隆政府不仅继续支持富有阶级和寡头集团，还与美国方面洽谈合作意向，被反对派指斥为卖国行径。资产阶级和教会同庇隆政府的缝隙越来越深。在这种情况下，格瓦拉甚至采用洗冷水澡的办法，逃避了庇隆政府的一次征兵。

当然，格瓦拉并不是要置身于时局之外。恰恰相反，经由长期思考和游历，他胸中专属热血青年的激情之火早已熊熊燃烧：

　　我已下定决心和人民共患难。我已看到他们正在经受着苦难。作为一位不带偏见的探索者和理性剖析者，我可以自信地高呼，我要冲向堡垒和战壕，用鲜血染红我手中的武器……我正在整装待发，准备冲杀。

我将用我全部热血，去实现无产者全力追求的未来。

但是，对于自己的祖国，他的情感却是复杂的。在这块自己的土地上，他反而觉得无从下手——如果说有许多顾虑，那也是人之常情。同时，他又将在祖国的土地上搞一场革命当作终极理想。他是这样处理这错综复杂的关系的：

我将无期限地过流浪漂泊的生活，最后再把我有罪的尸骨埋在阿根廷。在那里，我才能脱掉身上的游子外衣，并拿起战斗的武器。

他将自己的革命生涯的终点定位在祖国阿根廷。当然，这是后话。1953年上半年，他将主要精力放在履行对塞莉亚的诺言上，全力以赴攻读医学学位。这个天生记忆超群的青年只用了3个月时间就获得了包括法医学、变态反应学、卫生学、矫形外科学、结核病学和神经病学在内的10张证书。最后，他还获得了阿根廷著名变态反应学家皮萨尼教授的赏识。这一次他用事实证明了自己的学习天赋。

三、战士之旅

　　实践了对母亲的诺言，格瓦拉决定第三次踏上远行的征途。这一次，他的旅伴是童年时代的好友卡洛斯·费雷尔·索利亚，此人外号"卡里卡"。

　　临行前的几天，格瓦拉家充满了温馨的亲情。塞莉亚亲手为大儿子做了一件衣服，并引为得意之作。罗伯托送给格瓦拉一双鞋子，莉丽亚·波西奥莱西和奥尔加·苏珊娜·费拉里送给他几双羊毛袜子，一些朋友还给他寄来了钱、糖果、饼干、药品、衣服等东西。塞莉亚满怀着母爱，往格瓦拉的行囊中塞进尽可能多的东西，还对他千叮万嘱。看着眼前这个高大英俊而又坚毅自信的大儿子，过去的一幕幕浮现在眼前：那声给这个家庭带来第一份惊喜的呱呱的啼哭、那一个个在病榻前提心吊胆度过的不眠之夜、那个"过去总在缠着你，让你抱着他，跟着你的脚跟学走路，有时还搂住你的后腿"[1]的小家伙……她知道儿子已经长大，有了坚定不移的信仰和足够的行动能力，父母再也束缚不住他了。她为儿子的勇敢与远见感到欣慰，同时，一种强烈的失落感和不祥的预感笼罩了她。因为她知道，儿子此去不同于前两次。如果说前两次只是为了开阔眼界，最终还将回到父母身边，那么，这一次他很可能一去不回头。一路上难免险隘重重、吉凶未卜。有如雏鹰练就了坚硬的翅膀，一旦振翅高飞，就再不会留恋故巢。

　　1953 年 7 月 7 日，在布宜诺斯艾利斯的贝尔格拉诺将军中心火车站，格

---

[1] 引自 1952 年格瓦拉写给母亲塞莉亚的一封信。

瓦拉与费雷尔登上了火车。火车启动了，格瓦拉意气风发地高呼："一个美洲战士出发了！"

火车渐行渐远，塞莉亚目送着它驶出视野。她抱着玛蒂尔德·莱西卡，满噙着泪水说："米努恰，我失去了他，永远失去了他，我再也见不到我的儿子埃内斯托了。"

他们的第一个目的地是玻利维亚。不仅那里辉煌灿烂的印第安文化让他们心驰神往，一年前发生在这个国家的革命更是深深地吸引着他们。他们特别想了解这个国家在革命后发生的变化。

7月12日，他们到达玻利维亚。这个被安第斯山脉环抱，同时又贯通着的的喀喀湖、亚马逊河和拉不拉他河的强大水系，被称为"南美屋脊"的国家，把格瓦拉一行深深吸引住了。他们对当地的古代印第安文明尤其感兴趣，特地参观了的的喀喀湖畔闻名世界的蒂亚瓦纳科文明的庙宇遗址。公元前16世纪该文明从的的喀喀湖南岸崛起，以规模庞大的蒂亚瓦纳科为中心，发展了极其先进的农业和建筑技术。公元1200年前后，蒂亚瓦纳科文明忽然衰落。自然界的变幻莫测可以轻易抹去盛极一时的人类文明，这令他们感慨不已。在文明的遗址上，两人发思古之幽情，并留下了一些照片，记录下了印第安人膜拜维拉科查神庙的"太阳门"。

他们最重要的任务是考察革命后的玻利维亚。当时，帕斯·埃斯滕索罗总统的政府正在推行一次深刻的农业改革。虽然这次改革有着很大的局限性，但对于在黑暗中摸索的拉丁美洲来说却具有特殊而重大的意义，被誉为美洲大陆改革的先驱。下层民众衷心拥护它，拉美不少具有进步倾向的政治家和知识分子纷纷前往观摩学习。格瓦拉和费雷尔之所以选择玻利维亚作为第一站，也是带着很强的学习目的的。然而，通过实地考察，并同政府代表人物接触后，他们却对玻利维亚的改革失去了信心。他们发现，政府并不想把改革进行下去，而是急于半途而废。此外，格瓦拉还在旅行日记里记下了这么一件事：

一位墨西哥教育家曾说，玻利维亚是世界上唯一对牲口比对人还要好的地方。我没有验证过这一点。但是，在白种人眼里，今天这里的印第安人仍然和牲口差不多。

　　的确，1953 年的玻利维亚，人命比牲口还贱，当地土著人是拉美大陆上最贫穷的农民。这一点，让格瓦拉印象极为深刻。他觉得这个国家应该发生一场真正的革命，但又深感时机未到。带着这份遗憾，他作出了离开玻利维亚的决定。

　　7 月末，一则从古巴传来的消息占据了广播和报纸的重要位置。消息说，7 月 26 日，一批古巴革命青年攻打了圣地亚哥的蒙卡达兵营和塞斯佩德斯的巴亚莫兵营，遭到失败。报道中反复提到一对兄弟的名字：菲德尔·卡斯特罗和劳尔·卡斯特罗。这两个陌生的名字第一次印入了格瓦拉的脑海。

　　玻利维亚之旅并非一无所获，在拉巴斯格瓦拉结识了阿根廷激进派领导人、年轻的律师、庇隆政权的反对派里卡多·罗霍。他俩很快成为无话不谈的朋友。据罗霍回忆，格瓦拉当时是一个很好的倾听者，自己却很少说话，但有时会突然问一两个令人无法回答的问题。

　　罗霍曾为了逃避阿根廷警察的追捕，躲进了危地马拉大使馆。这一经历，使他对危地马拉产生了兴趣，决定到那里干一番事业。当时，危地马拉总统哈科沃·阿本斯正在采取一系列卓有成效而又谨慎小心的革命措施，比如，"他的土地改革为农民增加了收入，提供了食物和金钱，并且在该国 400 年的历史中，第一次让农民参与到政治制度之中……他试图征用联合果品公司掌握的土地，以便能给予无地的农民一些土地。……并把征用税付给联合果品公司"。[1] 虽然是有偿征用本国土地，但这在"北方邻国"一手掌控、为所欲为的拉丁美洲已是一鸣惊人之事了。危地马拉成为拉美激进青年向往的圣地。罗霍手里有几封危地马拉前总统胡安·阿塞·阿雷瓦洛在阿根廷的朋友们所写的推荐信。罗霍希望能借助这几封信，在危地马拉有所作为。他还极力劝

---

① 引自《乔姆斯基入门》，文：戴维·考格斯威尔；图：保罗·戈尔登，东方出版社，1998 年第 1 版，第 130-131 页。

说格瓦拉与他同往。

由于对玻利维亚革命的糟糕印象，格瓦拉认为危地马拉的革命也不可能取得真正的成功。所以，他只同意陪罗霍到哥伦比亚。他还惦记着与格拉纳多的约定，到加拉加斯麻风病院工作。

罗霍乘飞机直飞利马，格瓦拉则与费雷拉乘长途汽车经过的的喀喀湖，来到上一次旅行到过的库斯科。当地的边防警卫队误以为他们是危险分子，将他们拘留了起来。但不久便释放了他们。

在库斯科，他们在上次参观过的马丘皮克丘消磨了 3 天时间，格瓦拉还在日记里写下了"南美洲的公民们要光复昔日的辉煌"。格拉纳多也赶来与他俩会合，度过了一段短暂而欢乐的时光。格瓦拉在写给母亲的信中详细描述了这一段行程和下一步行动计划。看得出，他的心情不错。

> 我第二次感到特别痛快，这次我们有些摆阔，效果就不同。阿尔贝托躺在草地上幻想要娶印加公主和收复印加帝国，卡里卡破口大骂满是油垢的地方，每当他一脚踩在街上的无数人粪堆时，他也破口大骂……他既不去看看天空，也不看看以天空为背景的某座大教堂的轮廓，而只看被弄脏了的鞋子。他闻不到库斯科那种触摸不到的、勾起人们回忆的气味，而只闻到炒菜和牛马粪便的气味。这是性格问题。鉴于他不喜欢这个城市，我们决定尽快离开此地。
>
> ……
>
> 我不对你们讲我未来的生活，因为我对此一无所知，甚至不知道到了委内瑞拉会发生什么事。不过，我们通过有名的马诺洛·雷伊纳拿到了签证。他这个人表现得相当好。关于遥远的未来……我们也许要在拉丁美洲再走一趟，但这一次是由北向南走，还要带上阿尔贝托，说不定我们要坐直升飞机。此后，我们要去欧洲，接下来就是漆黑一团了。

三个人筹措了一些资金，乘公共汽车沿太平洋前往厄瓜多尔的瓜亚基尔市。在这里，他们又遇到了一系列麻烦：行囊羞涩，只能以香蕉维生；由于哥伦比亚刚发生政变，他们又无钱购买去波哥大的飞机票，因此，哥伦比亚领事馆不予办理签证，去哥伦比亚的计划泡汤；申请去巴拿马，也遭到领事馆拒绝和一些人的冷漠。这时，他们意外结识了阿根廷人埃都阿尔多·加西亚，此人约他们去危地马拉"了解新的左派革命"。最后，通过多方争取，他们终于凭着智利社会党领袖萨尔瓦多·阿连德的介绍信，得到了瓜亚基尔的一位社会党活动家的帮助，弄到 3 张美国联合果品公司从瓜亚基尔去巴拿马的免费船票。虽然奔波与等待的过程很耗人，需要放下架子去求爷爷告奶奶，需要洗耳恭听那些胸无点墨的官僚们云里雾里的教训，甚至必要的食宿费用榨干了他们的行囊，但最终的结果还是令人满意的。毕竟，这是格瓦拉的第三次远行，这些蝇营狗苟的小丑根本挡不住他内心的阳光。在写给母亲的信中，格瓦拉以阿根廷人特有的幽默语气，惟妙惟肖地描述着这一系列受挫的经历。

就这样，格瓦拉和费雷拉、罗霍终于赶到了巴拿马。之后，罗霍继续去危地马拉，格瓦拉和费雷拉则滞留在这里。为了筹措前往巴拿马邻国哥斯达黎加的资金，格瓦拉卖掉了随身携带的所有书籍，还向一家当地杂志投稿。即便如此，路费还是不够，两人只能搭乘便车前往哥斯达黎加首都圣约瑟。途中，发生了意外，翻了车，格瓦拉的双腿和左手都摔伤了。

12 月初，他们终于到达了风云际会的圣约瑟。哥斯达黎加总统何塞·菲格雷斯是拉丁美洲又一位有个性的领袖。他谴责中美洲和加勒比地区的独裁制度，主张资产阶级民主制。对于这些国家中希望推翻独裁统治的政治力量，一概予以支持。因而，圣约瑟得以成为当时拉丁美洲又一处政治流亡者云集之地。这些人在圣约瑟的酒吧和咖啡店里密谋政变、准备革命、筹备远征军，讨论未来的政纲、大计。菲格雷斯总统则亲自创建了由成分复杂的人员组成的"加勒比特种军团"，直接为这种政治目的服务。

在这里，格瓦拉见到了委内瑞拉民主行动党领导人罗慕洛·贝当古。但在格瓦拉印象中，这位 1968 年的委内瑞拉总统只是个改良派，其政治见解令格瓦拉不屑一顾。

格瓦拉结识的第二位重要人物是多米尼加作家、著名政治活动家胡安·博什。这位作家写过许多反映多米尼加的短篇小说，长期周游拉丁美洲，揭露本国独裁者拉斐尔·莱昂尼达斯·特鲁希略的暴政。

　　多米尼加是加勒比海的一个岛国。从 1930 年开始，美国就成为该国的"保护国"，并扶植起了长达 20 年的特鲁希略家族的独裁统治。这个腐败透顶的独裁家族，在经济上把全国三分之一的土地及生产都控制在自己手中，人民生活贫困，统治者的生活却极端糜烂；在政治上禁止一切反对党存在，还给年仅 3 岁的孩子授予上校军衔。政府的倒行逆施为自己树立了许多敌人，海外流亡者时时想着如何推翻暴政，其他一些国家的革命者也纷纷加入到这项正义事业中来。

　　1963 年 2 月，胡安·博什终于实现了推翻特鲁希略暴政的夙愿，当上了总统。但仅过 7 个月，他的政府就被军人政变所推翻。

　　在圣约瑟的索达娱乐宫，格瓦拉还有幸结识了几位古巴革命者。从他们那里，他进一步了解了菲德尔·卡斯特罗和他领导的攻打蒙卡达兵营的壮举。他了解到，菲德尔·卡斯特罗是古巴哈瓦那大学政治运动中一位出类拔萃的学生领袖。1947 年，他曾作为古巴革命起义同盟组织的唯一成员，参加过多米尼加人民推翻独裁者的远征，并指挥一支流亡小组。远征失败后，他带着一挺阿根廷手提机关枪和一支手枪，泅渡素以鲨鱼出没而闻名的尼佩湾，回到古巴。1948 年 4 月 3 日，在有美国马歇尔将军参加的、在哥伦比亚首都波哥大召开的泛美大会上，他投下了无数张攻击美国殖民主义的传单，被抓进警察总局。4 月 9 日，震惊拉美的"波哥大事件"发生后，为推卸罪责，马歇尔将军和与会大多数政治家都将矛头指向共产党，指责菲德尔是共产党特务。当时的美国驻联合国大使波利说："我们得到情报说，那里有一个古巴人，在我们看来，是一个成为真正威胁的、非常年轻的人"，"我从收音机里听到一个声音说，那人就是菲德尔·卡斯特罗。这是一个共产党搞的革命。"有人甚至言之凿凿地说，菲德尔在那些日子里共杀死了 32 个人。谣言一度迷惑了群众，弄得他声名狼藉。

1953 年，菲德尔通过努力，在自己周围组织起了一大批革命青年，建立了一个名为"百年纪念运动"①的组织。该组织的使命是推翻古巴巴蒂斯塔独裁统治，其第一个目标则是攻打蒙卡达兵营和巴亚莫兵营。在行动之前，他们形成了革命的纲领，包括恢复 1940 年的资产阶级宪法；一切"不得抵押和转移"的财产应交给耕者、分耕者、占有公地者，或耕地不到 150 亩的其他人等；工人和雇员可以分享糖厂和大企业三分之一的利润；蔗农每年将得到约 4500 吨甘蔗的最低配额；没收非法取得的土地及财物，等等。此外，菲德尔·卡斯特罗还为起义者写了一首"自由赞美歌"，也就是《七·二六颂歌》：

> 我们朝着一个理想进军，
> 胜利必然属于我们！
> 为了和平，为了繁荣，
> 也为了自由，我们一起斗争。
>
> 向前进，古巴人民！
> 古巴鼓舞我们英勇作战，
> 我们士兵，
> 是解放祖国的士兵。
>
> 燃烧起熊熊烈火，
> 要烧光那可恶的政客，
> 是他们制造了灾难。
> 要烧光罪恶的暴君，
> 他们把古巴拖进痛苦的深渊！
> 鲜血洒在古巴的土地上，
> 我们永远不能把它遗忘。

---

① 该组织取名"百年纪念运动"，意指纪念何塞·马蒂诞生 100 周年。

我们要紧密团结一致，

不朽的英雄，

活在我们心上。

古巴人民遭受了痛苦创伤，

下定决心坚如钢，

给那些苦难的人民树立榜样。

要为了伟大的理想，

为古巴革命万古长青，

我们要决心贡献一生。

　　1953 年 7 月 26 日早晨 5 点，分别由菲德尔和劳尔·马丁内斯·阿拉拉率领的两支队伍，默唱着《七·二六颂歌》，打响了战斗。然而，由于装备差、缺乏战斗经验和意外的事故①，进攻遭到了失败。

　　独裁政府开始了血腥的镇压，巴蒂斯塔宣布圣地亚哥戒严、全国停止宪法保障、对报刊广播进行检查、大肆搜捕起义者，55 名起义者和 2 名无辜者在遭到酷刑折磨后被杀害。8 月 1 日，菲德尔被政府军逮捕，带回圣地亚哥警察局②，于 9 月 21 日和 10 月 16 日遭到了审判。在法庭上，律师出身，具有雄辩家口才的菲德尔发表了著名的辩护词。在这篇辩护词里，他不仅揭露了独裁政府对起义者的残酷镇压和屠杀，还指出了国家的弊端，提出了政治、经济、文化、社会等方面的改革纲领，并提出把财富归还人民和打断新殖民主义依附

---

　　①　参加行动的部队装备很差，总共 153 人，只有 3 支美国陆军步枪、6 支旧式温切斯特步枪、1 挺旧机关枪和一批猎枪，还有几支左轮手枪和一定数量的弹药。组织这次行动，总共开销才 2 万美元。行动的指挥者缺乏组织战斗的经验，只是把希望寄托在突袭成功和士气高昂上面。另外，在进攻蒙卡达兵营的时候，装备较好的一半部队在城里迷了路，没有及时赶到兵营。

　　②　1953 年 8 月 1 日，由于圣地亚哥大主教的告发，政府军少尉佩德罗·曼努埃尔·萨利亚的队伍捉住了菲德尔和其他两名起义者。当时，一些士兵想杀掉三名俘虏，萨利亚阻止了他们，并说："思想是杀不掉的。"在回来的路上，他们遇到了蒙卡达兵营的指挥官安德列斯·佩雷斯·乔蒙司令，一个杀害起义者的刽子手。萨利亚少尉再一次救了菲德尔，拒绝将他交给乔蒙司令，而是将他带回比较安全的圣地亚哥警察局。

的锁链等思想。1953 年年底到 1954 年年初，菲德尔将这些思想加以整理，写成了著名的演讲稿《历史将宣判我无罪》，成为古巴革命的第一份纲领性文献。虽然菲德尔最终被判 15 年监禁，但因为有了这篇辩护词，法官们一致认为，这是共和国历史上最重要的一次审判。

宣判结束后，菲德尔等 30 名男性起义者被送往远离首都的松树岛（即今古巴青年岛）上的模范幽禁所……

听完古巴革命悲壮的故事，格瓦拉不胜感慨，唏嘘不已。他对失败的革命运动扼腕叹息，同时又对菲德尔·卡斯特罗油然而生一股敬意。

在关注古巴革命的同时，他更关注的是危地马拉的局势。这也是当时在圣约瑟的政治人物最关注的事情。虽然阿本斯的改革是谨慎有加的，充分考虑了美国的利益，却仍然得不到美国政府的谅解。美国人指责危地马拉通过容许共产主义者的公民权来玩"共产主义者的把戏"。这已经足够了。在麦卡锡主义甚嚣尘上的年代，任何个人或组织，无论其本质上是"左""中"还是"右"，都可能被对手冠以"共产主义"的恶名，遭到无情讨伐。美国指责危地马拉的政权是红色政权，称这个国家是苏联共产主义的练兵场、莫斯科的仆从、西方大国和拉美各国的敌人，指责它干涉中美洲各国事务。更有甚者，中央情报局的触手开始伸向这个国家。他们物色到一个名叫卡斯蒂略·阿马斯的中校，资助他购买武器，招募雇佣军，并由艾森豪威尔总统亲自策划武力推翻政府。危地马拉局势愈来愈危急，这反倒促使格瓦拉更想去这个国家。他希望能在危地马拉亲眼见证阿本斯政府是如何为拉丁美洲树立反对美国干涉、粉碎独裁统治的典范。

1953 年年底，格瓦拉一行离开圣约瑟，搭乘公共汽车，经由尼加拉瓜到达危地马拉。当然，他第一步要安顿下来，并为自己找点活干。12 月 18 日，他写信给母亲说：

> 我正同别人商谈看能否在此地的麻风病院工作，工资是 250 格查尔，下午不上班，可是现在还没有任何具体的决定，我会想办法的。这儿的

人很善良，而且缺医生。如果不在那儿干我就去农村，工资不变。我想
去有古代文明遗迹的地方。你是知道我对此感兴趣……

为了谋生，他重操旧业，为当地《七天》杂志写稿，还给一个美国人的
女儿当家庭教师，教授英文。但即便他什么都干，还是多次陷入失业的窘境。
虽然当地合作社98%的人患有寄生虫病，很多人都是文盲，但他们还是不愿
(毋宁说是"没钱")聘请格瓦拉这位"外国医生"。

尽管生活艰难，格瓦拉却始终没有忘记到这个国家来的初衷：了解它，作
为一名战士参加到保卫它的战斗中去。他对这个国家的评价是：

在中美洲各国中唯有这个国家值得看看。首都不比布兰卡港大，但
像它那样沉睡着。当然，从近处看，所有政权都逊色，为了不打破此规
则，这儿也有专横、有偷窃，但也有真正民主的气氛，还有同因种种原
因在此地停泊的外来人合作的气氛。我甚至觉得在这儿行医不会有问题。
据说，全国没有一个过敏科医生。不过我不想行医，当医生使人变得呆
头呆脑和更加资产阶级化……

1953年年底，格瓦拉在危地马拉见证了一个力图通过改革改变自身命运
的励精图治的国家遭遇到政变阴谋威胁的动乱场面。政府的激进改革依然在
推行；大批拉丁美洲的流亡者和激进分子在这里汇聚，他们中有支持劳尔·阿
亚·德拉托雷的秘鲁激进派人士，有1934年被杀害的尼加拉瓜民族主义领袖
奥古斯托·塞萨尔·桑地诺的支持者，有哥伦比亚人、古巴人……

美国支持政变的活动越来越频繁。1954年一二月间，格瓦拉在写给家里
的信中忧心忡忡地通报了这些情况。同时，他对这个国家能否顶住压力不敢抱
太大信心。因而，他在信中也说到了想去委内瑞拉、墨西哥、古巴、美国、海
地、多米尼加以及西欧的想法。

这个时期，也是整个拉丁美洲动荡不安的时期。长期在政治上依附于美国、经济上遭受美国掠夺的现实，使人们产生了普遍的不满。由西蒙·玻利瓦尔和圣马丁开创的拉丁美洲主义和民族主义的思想，以前所未有的强劲势头，吹拂着这块土地。人心思变，年轻人中孕育着新的"精神"。

为了真正履行作为一名国际主义战士的誓愿，他向危地马拉卫生部部长自荐，到最边远的地区佩滕湖热带丛林的印第安人村社当医生。他还表示，只要是革命需要，任何工作他都可以干。然而政府官员却对他的申请表现出了惊人的冷漠态度，办事也拖沓至极。为此，格瓦拉颇感无奈。在一封写给父母的信中，他抱怨道：

> 这一阵子没有给你们写信，是因为想等到能告诉你们有关我找工作的最后消息，但遗憾的是，当地人决定时很拖拉，到今天我还在等着。原先想得到的工作是在危地马拉热带雨林区的佩滕，此地极美，曾经有过繁荣的玛雅文明，后来，又是科尔特斯的阿尔瓦拉多上尉进行史诗般征服行动的地区，还是疾病多如粪便之地。在那儿可以学到一些东西。
>
> ……在这期间要学点新东西，因为现在哪怕是为了开玩笑，我也不去碰医学书籍了，只看医学方面的历史书。我正在形成自己关于医生在我们美洲起什么作用的见解（我这个疯子还蛮聪明）。
>
> 在此地（危地马拉）我没有什么麻烦（除了找不到工作），在各种事情上我几乎100%站在政府一边。

1954年3月开始，危地马拉局势急转直下，战争一触即发。4月，美国大使约翰·佩里弗和美国驻中美洲的其他大使们在华盛顿开会，制订进军危地马拉的计划。然而，处于封闭状态的危地马拉反而被大战前的宁静所迷惑，好像出现了一个相对好转的时期。格瓦拉也在这个时候参观了玛雅人的遗迹，饶有兴味地做着科学考察的工作。4月底，他给母亲写了这样一封信：

老妈，我的老妈：

你不要以为我这样称呼你是为了讨好我老爸。有迹象表明情况有所改善，经济的前景也并非那样令人失望。我跟你讲的缺比索的悲剧是真的……我保持沉默的那几天是这样打发的：带上背包和文件夹上路，时而走路，时而蹭车，有时还用政府发给的20美元买车票（真不好意思）。到了萨尔瓦多时，警察没收了我从危地马拉带来的几本书，但总算入境并拿到了回危地马拉的签证，这次是正式签证。后来，我去参观波波人的足迹，他们是特拉斯卡拉人的一个旁支，曾征服了南方（他们的中心在墨西哥），并在西班牙人到来之前一直留在那儿。他们的建筑与玛雅人没有任何关系，更不用说与印加人了。后来我在海滨过了几天，等待着去参观洪都拉斯一些遗迹的签证下来，那是一些非常美的遗迹。在海边我睡在睡袋里，生活不规律，除了因晒太阳出了一些水泡外，这种有益于健康的生活使我过得很好。我同几个子伙小[①]交了朋友，他们像中美洲的小伙子一样爱喝酒，我便趁酒后无话不说之机宣传了危地马拉，还朗诵了几首色情味道很浓的小诗。结果是全被带到警察局，但很快就被释放了。一个像好人的少校劝我们去歌颂日落时的玫瑰和其他美好的东西。

洪都拉斯人拒绝给我们签证的唯一理由是我住在危地马拉。我可以告诉你，我是想去看看在那儿发生的罢工，我是怀着好意的。参加罢工的人占该国劳动者总数的25%，在任何地方这都是相当高的比例，而在没有罢工权利、工会处于地下状态的国家中，此数字更是惊人的。联合果品公司在咆哮，杜勒斯一伙人想干涉，因为危地马拉犯了滔天罪行，即向愿意卖给它武器的人购买武器。长期以来美国连一颗子弹都不卖给危地马拉。

当然，我没有考虑要留在那儿。回来时我走了几乎没有人行走的路，……走了许多天后，我到了果品公司的医院。那一带有规模虽小但

---

① 即小伙子。

  格瓦拉，格瓦拉

很美的遗迹。在此地我完全确信我们的祖先是亚洲人，尽管我的美洲主义思想不愿意接受这一点。（告诉我老爸，他们很快就会要求享有祖辈有过的权利）有些低浮雕是佛陀本人，所有特征表明这些浮雕与印度斯坦古老文明的浮雕完全一样，地方很美。我犯了西尔韦斯特·博纳尔犯过的罪，把饭钱用来买胶卷和租照相机，花了一个多美元。随后我到医院蹭饭，但只吃了个半饱。我没钱买火车票去危地马拉，只好去了巴里奥斯港，并在那儿干卸沥青桶的活，每干 12 小时可得 2.63 元。这是很重的体力劳动，蚊子多得出奇。我的双手一塌糊涂，脊梁更糟。可以坦率地告诉你，我相当高兴。我的上班时间是从下午 6 点到第二天上午 6 点，我睡在海边一所被遗弃的房子里，后来，我去了危地马拉。目前的处境好多了……

在同时期的另一封信中，他还谈到了自己宏大的计划：

我很高兴知道你对我有如此高的评价。无论如何，我很难把研究人类学作为我成年时间唯一的职业。我觉得，把研究已经无可救药的死去了的事作为我一生之"北"，是有些不可思议的。我对两件事有把握：第一，如果我在 35 岁左右能达到真正的创业阶段，我的专业或者至少是我的主要工作起码将是研究核物理、遗传学或者某一个能集中大量已知学科中最有趣内容的专业。第二，美洲将是我活动的舞台，这些活动的性质比我原先认为的更为重要。说真的，我认为我已经了解美洲，我自己是美洲人，我们具有与地球上任何其他民族不同的特点。这几年我是闲着，我当然要利用这个时间去访问世界其他地方。我原先的计划没有多大变动。两年在西欧，其中至少有六个月在巴黎，一年或者两年在东欧，其中一半时间在俄国，两到三年在亚洲，其中大部分时间在印度和中国。非洲看情况，这样一来，全世界都看完了。

关于我的日常生活，没有多少事使你感兴趣。每天上午去卫生保健机构上班，在实验室工作几个小时，下午到图书馆或者博物馆去研究这儿的情况，晚上阅读一点医学方面的书，或者其他书、写写信，还要干点家务。如有马黛茶就喝一点……

5月10日，格瓦拉又给家里写了一封信。这时，战争准备的迷雾散尽，当人们发现战争已是"黑云压城城欲摧"时，一切都无可避免了。格瓦拉却在信中表现出一如既往的乐观。因为他梦寐以求的为拉丁美洲的自由独立而与"北方邻国"决一死战的机会终于不再遥不可及。他明白，一场酣畅淋漓的大战随时可能打响。在血雨腥风的狂暴扫荡之后，要么是马革裹尸，要么是凤凰涅槃，但无论哪一样，对于年轻生命来说，都比碌碌无为更有价值。大战在即，他的心情反而变得轻松愉悦。他写道：

> 我很想去看望你们，特别是看了你提供的消息，但目前我是不可能去的。我继续过我那种放纵—官僚—无业的生活，即住在一个巴掌大的、充满我身上各种美妙气味的破房子、在卫生健康机构免费工作和看见牛排时就咬指甲的生活。我的潜在意识发生了根本性的变化，我已经不再梦想吃上鲜美的牛排了。因为我胃里已有那种消化不良的美妙的感觉……
>
> 我决定15日离开住地，带着从路过此地的一位同胞那里继承的睡袋到处走走。除了佩滕，我可以去所有我想去的地方。现在是雨季，不能去佩滕。我还可以爬火山，我早就想看看大地母亲的扁桃体（此比喻多美）。这儿是火山之国，有适合各种爱好的火山，我的爱好很简单，既不很高雅也不很激烈。
>
> 我本可以在危地马拉发财，不光彩的办法是根据新审定的我的行医资格，开个诊所专治过敏病（这儿到处都有患"风箱"病的人）。但我要是这样干就严重地背叛了内心处在争斗的两个自我：社会分子的自我和旅行者的自我。

热情而湿淋淋地拥抱你们，因为这儿整天下雨（只要有马黛茶喝，下雨也很浪漫）。

5月19日，美国断绝了与阿本斯政府的外交关系；25日，宣布从美国到洪都拉斯和尼加拉瓜的空中桥梁开始使用。6月18日，由美国武装并训练的5000名阿马斯雇佣军从洪都拉斯、秘鲁入侵危地马拉，先是攻占了几个边境村落，继而轰炸首都和其他战略要地。

战争终于打响了！格瓦拉义无反顾地加入到危地马拉人民当中。6月20日，格瓦拉在写给母亲的信中介绍了战争的情况：

下面，我简要地描述这儿的局势：大约在五六天前，第一次有一架强盗飞机从洪都拉斯飞到危地马拉，但没干什么。

第二天和以后连续几天，他们轰炸了危地马拉一些军事设施，两天前有一架飞机扫射了城里的贫民区，打死了一个两岁的女孩子。此事使所有危地马拉人团结在自己政府的周围，也使所有像我这样被危地马拉所吸引来的人团结在一起。与此同时，由一个曾因叛变而被革职的前上校率领的雇佣军从洪都拉斯首都特古西加尔巴被运到边境，他们现在已经进入危地马拉领土相当一段距离。危地马拉政府行动很谨慎，以免美国宣布危地马拉是侵略者。政府只限于向特古西加尔巴提出抗议，并把与此事有关的全部背景资料送到联合国安理会……危险并非来自己进入危地马拉的为数不多的军队，也不在于只轰炸平民住宅和向平民扫射的飞机，危险在于外国佬（这里指美国佬）如何操纵他们在联合国的孩儿们，因为哪怕是含糊其辞的声明，都会大大帮助进攻者。……人民的精神状态极好，无耻的进攻加上国际媒体的谎言，使所有原先无动于衷的人都团结在政府的周围。这儿有战斗的气氛。我已经报名参加紧急医疗队和青年卫队，准备参加军训和去干任何事……

这就是当时危地马拉的真实情况。人民，包括那些前来支援这个国家的人，不仅没有退缩，反而激起最强烈的热情。然而，那些在联合国里西装革履的各国代表，以其一贯不变的风格，一边大谈国际间的公正、公平、公理，一边却各自打着小算盘，投侵略战争的票，对弱势国家落井下石。

尤其令人遗憾的是，拥有人民如此热情的支持，阿本斯政府却不相信人民的力量足以抵抗一个大国的威胁。7月4日，格瓦拉在写给母亲的信中，生动地将政府和人民的态度作了对比，并满怀悲伤地描绘了危地马拉失陷后的悲惨场面。

残酷的事实是，阿本斯政府未能顺应形势的要求。……我们完全是手无寸铁，没有飞机，没有高射炮，也没有防空洞，死了一些人。然而，人民，特别是那"勇敢和忠诚的危地马拉军队"害怕了。美国一个军事使团与总统会晤并威胁说，要全面轰炸危地马拉城，把它变成废墟，还说美国同洪都拉斯和尼加拉瓜签有互助条约，所以，这两国宣战就是美国宣战。军人吓得尿裤子了，向阿本斯发出了最后的通牒。

总统当时没有想到满城都是反动分子，被炸的房屋是他们的，不是老百姓的。老百姓一无所有，是他们在保护政府。尽管有朝鲜和印度支那的榜样，总统还是没有想到拿起武器的人民是不可战胜的力量。他本可以武装人民，但他不愿这么做。结果就是目前的局面。

……在以前的一封信中，我说过，自己有一种不会受到伤害的奇妙的感觉，所以，当我看见人们一见到飞机或者夜间停电、到处是枪声就发狂地跑时，我就高兴得要命。顺便告诉你，轻型轰炸机很威武，当一架飞机向离我较近的目标俯冲时，我看见飞机逐渐地变大了，并且从机翼间不断地喷出长长的火舌，又听到了轻型机枪扫射的声音。突然，飞机好像在一瞬间横悬在天空，紧接着就迅速地俯冲下来，并听到炸弹爆炸时大地的回响。这一切都已经过去了，现在只听到反动分子放鞭炮的声音，他们像蚂蚁那样从地下钻出来庆祝胜利和设法私下处死共产党分子……入侵者首先占领的几个地方中有一处是联合果品公司的产地，那儿的工人正在罢工。入侵者一到就立刻宣布罢工结束。他们把罢工的领袖们带到墓地，往他们的胸膛扔手榴弹，把他们炸死……

作家爱德华多·加莱西诺在他的《火的记忆》一书中，描写了格瓦拉在这场无望的战争中的英勇表现：

埃内斯托·格瓦拉，一个20多岁的阿根廷医生，徒劳地想组织人民在首都进行防卫。他不知道该怎样防卫，也不知用什么防卫……

军队变节了。阿本斯总统躲进了墨西哥大使馆。7月8日，一个军事委员会任命卡斯蒂略·阿马斯为危地马拉总统。一天清晨，阿根廷驻危地马拉大使尼卡西奥·桑切斯·托兰索找到了格瓦拉，对他说："现在你必须跟我一起走。因为我得知，在将被处以极刑的骚动分子名单中，有一名阿根廷人，这个人就是你。"

格瓦拉住进了阿根廷驻危地马拉大使馆。大使建议他公费坐船返回祖国。格瓦拉不愿回到庇隆执政的阿根廷，决定去墨西哥。

在大使馆的帮助下，9月，格瓦拉搭乘一辆送奶车，穿越热带丛林，前往墨西哥。

一路上，他看到拉丁美洲大地依然那样生机勃勃，太平洋依然那样浩渺无边，人民依然那样善良贫穷，独裁军队和警察依然到处横行。回忆在危地马拉的种种经历，格瓦拉思绪万千。一个长期困扰他的问题，这时候似乎变得明朗了。正如他日后所说，他已经认识到：

要当一个革命医生，首先需要的是革命；至于个人奋斗、纯洁的理想、渴望为最崇高的理想献身，以及在美洲的某一穷乡僻壤单枪匹马地去反对阻挠历史前进的敌对政府和社会环境，所有这一切都是毫无价值的。

离开危地马拉时，他还拥有了一个新的名字："切"。是在危地马拉使馆避难的古巴革命者安东尼奥·洛佩斯给起的。瓜拉尼语中，"切"的意思是"我的东西"。在潘帕斯草原的语言中，"切"可以随语境的不同，代表惊讶、喜悦、悲伤、温存、赞同或抗议等不同的意思。格瓦拉就经常使用这个词。一开始，格瓦拉对这个名字不太满意，但后来，"切"却成为他最响亮的名字。古巴革命胜利后，作为古巴国家银行行长，他在新发行的钞票上签署了这个名字；还有一次，他表达了对这个名字的新见解：

> 对我来说，"切"这个名字表示我一生中最重要、最宝贵的东西。事情只能是这样。我原来的名字只是属于个人的微不足道的东西。

他牺牲后，世界上无数他的追随者，高呼"切！切！切！"，前仆后继地去实现他未竟的事业。

四、目标古巴

1954 年 9 月 21 日，切·格瓦拉和危地马拉劳动党党员帕托霍一起，来到了墨西哥城。他们被波多黎各的胡安·胡亚韦尔收留，住在他的家里。

期间，一些朋友要到阿根廷去，格瓦拉就把他们介绍给自己的父母。

很长一段时间，发生在旅途中的事情，特别是危地马拉革命，使他一直处于悲伤的境地，甚至又开始在革命和流浪之间产生摇摆。他说：

> 最糟的是我下不了决心去采取早该采取的坚决态度。这是因为在内心深处（以及在表面上），我是一个彻头彻尾的流浪汉，不愿意用铁一般的纪律断送我的前程。我完全相信，我所信仰的会最终获胜，可是，连我自己也不知道，我将是参与者，还是此行动的观望者。

这是从热血青年向坚定革命者过渡的必不可少的痛苦抉择。只有经历过这样痛苦的炼狱折磨，才能最终锻造出不屈的战士。这同时也反映出，作为一名对自由价值有着深切体悟与执着精神的知识分子，其坚定的理想与以抑制人的绝对自由为代价的铁的纪律之间有着与生俱来的矛盾。任何真正知识分子出身的革命者都有过这样的两难选择，而且这种痛苦往往贯穿其一生。一旦遭遇艰难挫折，摇摆就可能萌生。但这绝不是软弱的表现，恰恰相反，是其知识分子精神尚未泯灭的证明。一旦他最终克服了这种情绪，则他的意志力又提升到了一个更高的境界。他已成为一个由内而外的坚定、清醒的革命者。

生计问题再次困扰格瓦拉。他囊中羞涩，帕托霍更是一文不名，求得一份工作刻不容缓。为此，他买了一架相机，在墨西哥城的各个公园偷拍一些照片，然后由一个墨西哥人帮助冲洗后，沿街兜售。这项工作给了他认真观察墨西哥城的机会。他敬业地追踪一个个迷人的倩影，或一个个天真的孩子，为这座城市保留了那个时代动人的一面。这项工作，他一干就是几个月。他每天都要满世界跑，还要费尽口舌地说服人们买他的照片。

他依然关心阿根廷。但他说："现在的阿根廷最乏味了，根据我们在国外看到的材料来看，总的来说，你们似乎正在以引人注目的步伐前进，在美国佬即将进行的倾销剩余粮食的危机中，你们完全可以保护自己。""我早晚要入党，现在不入党主要是我很想到欧洲去旅行，可要是有了铁的纪律的约束，我就无法去了。"

记者是格瓦拉喜欢的一种有着较大自由度的职业。为了谋得这个职位，他写了一篇名为《颠覆阿本斯政府目击记》的报道，却不被接纳。后来通过努力，他终于谋到了一个在拉丁美洲通讯社当编辑的职位，收入为 700 比索，获得了生存下去的基础。但精力充沛、经济负担沉重的他，不满足于这项一周 3 次、每次 3 小时的工作。通过墨西哥前总统拉萨罗·卡德纳斯的帮助，考进了墨西哥市立医院，在过敏性反应科工作。有一段时间，他还到墨西哥国立自治大学医学系任教。后来，经人介绍，他又到墨西哥城著名的心脏病学研究所找到了一份工作，还在一家法国人办的医院里，用猫做实验。或许正是这一经历让他见识了猫的非凡生命力，后来他经常用猫有七条命的传说来形容自己多次死里逃生。1955 年上半年，作为记者，他采访了第二届泛美运动会。格瓦拉开始在墨西哥城找到自己的位置。在他于 1955 年 5 月 9 日写给家里的信中，他又恢复了昔日的快乐、自信、幽默。

老而又老的老妈：

你的长子已经作为极为杰出的过敏科医生而载入史册，要不是友人

  格瓦拉，格瓦拉

的施舍，在警方的简明新闻中就会有我饿死的消息。在报纸上有我在科学上取得突出成就的消息后，我得到了墨西哥总医院的奖学金。奖学金提供住宿、膳食和洗衣，不提供现金。许下诺言的人说会找个借口发给我计划外的钱。我不相信对我会有什么特殊的照顾，我也无所谓。金钱是有趣的奢侈品，仅此而已……

在拉丁美洲文化中，称呼母亲为"老妈""老而又老的老妈"，称呼妻子为"老婆子"，皆是表达亲昵的意思。但正如他自己所言，他将永远是个流浪者。就在这封捷报连连的信中，他还在絮絮地谈论着天马行空的旅游计划。

下一站也许是美国(很难去成)、委内瑞拉(不行)或者古巴(可能)，但我始终不放弃的目标是巴黎，哪怕要游泳横渡整个大西洋我也要去巴黎……

这段日子，他还参加了登山运动，登上了海拔 5400 米的波波卡特佩尔特火山以及墨西哥最高峰，也是北美第二高峰的奥里萨巴火山。

此间，来自阿根廷的消息使格瓦拉深感悲哀。1955 年 6 月 16 日中午，几架飞机轰炸了布宜诺斯艾利斯总统府前的五月广场及周边地区，投下了许多炸弹，有几百人当场死亡。教堂被人点上火，拥护庇隆分子和反庇隆分子互相指责对方犯下了罪行。墨西哥报纸广泛报道了这一事件。对此，他评论道：

有些人逃不出历史的审判，他们就是那些混蛋的飞行员、在冷不防地杀人之后，他们跑到蒙得维的亚说自己忠于上帝。让人印象深刻的是一些人因他们做弥撒的教堂被烧而痛哭，可是对这么多"黑鬼"①被杀害却觉得是很自然的事。请你别忘了，在这些"黑鬼"中有许多人是为了同一个理想而牺牲的。

---

① 指拥护庇隆的穷人。

1955 年 5 月的一天，格瓦拉在罗霍家里认识了反巴蒂斯塔独裁统治的古巴作家和政治家劳尔·罗亚。两人广泛讨论了古巴、阿根廷、危地马拉等国的局势。格瓦拉给劳尔·罗亚留下了极为深刻的印象，他后来回忆说：

> 他看上去十分年轻。他铭刻在我记忆中的形象是：足智多谋、清心寡欲、气喘吁吁、前额突出、头发浓密而蓬松、见解分明、下颌刚毅、举止悠闲、目光犀利、思维敏捷、谈吐平和、笑如洪钟……我们谈到了阿根廷、危地马拉和古巴，并且透过拉丁美洲这个平台探讨了它们之间的相关问题。早在那时，切就已经超越了欧洲裔民族主义狭隘的视野，站在全大陆性革命者的立场上来判断问题了。

在这次会见中，格瓦拉明确地告诉劳尔·罗亚，自己考虑更多的是整个拉丁美洲的问题，自己所要寻找的是整个拉丁美洲的"薄弱的环节"。这对劳尔·罗亚来说，既有点意外，更觉得非常新鲜。

6 月份，格瓦拉遇到了另一个古巴人涅哥·洛佩斯，洛佩斯是他在危地马拉时的朋友。洛佩斯带来了一个振奋人心的消息：5 月 15 日，卡斯特罗兄弟及其 18 名追随者遇赦，离开了松树岛。

牢狱生活不但没有打垮菲德尔·卡斯特罗，反使他更加成熟、坚定。在松树岛旅馆答记者问时，他发表了第一封告人民书，表示自己决心留在古巴，同独裁政府斗争到底。他明确反对独裁者策划的伪选举，提出古巴的唯一出路，就是举行没有巴蒂斯塔参加的普选，并重申他和他的同志们随时准备为自由献出一切。一个以 7 月 26 日事件命名的组织"7 月 26 日运动"（7·26 运动）成立了，部分遇赦起义者目前正在墨西哥城筹划武装远征……

这一切，都让格瓦拉异常兴奋，他终于在一片萧条中看到了曙光。所以，当涅哥·洛佩斯提议他见一见劳尔·卡斯特罗时，他一口答应。

几天后，格瓦拉和劳尔·卡斯特罗这两位日后古巴革命的杰出领袖在墨

格瓦拉和劳尔·卡斯特罗

西哥城思帕兰街 49 号的一个小公寓见了面。这所公寓是古巴人玛丽亚·安东尼娅·冈萨雷斯的家，是菲德尔开展秘密革命活动的司令部。

为了确保革命领袖的绝对安全，劳尔在此次会谈中的主要任务是审查格瓦拉是否具有加入古巴革命的忠诚与能力。他向格瓦拉详细介绍了菲德尔领导的革命活动，尤其深情地提到了那篇著名的演说《历史将宣判我无罪》。文章的开头是这样的：

从前，有一个共和国。它有它的宪法、法律、自由权；有总统、国会、法院。人人都有集会、结社、言论和写作的完全自由。……当时的政府虽不能使人满意，但人民存在着受到尊重和尊敬的公众舆论：所有关于集体利益的问题，都在自由地讨论着……人民中洋溢着热情……人们相信，谁也不敢犯下危害他们的民主制度的罪行。人们期望变化、改善、前进……

这指的是 1940 年巴蒂斯塔政变前的古巴，而现实却是另外一种景象。

> 有一个叫巴蒂斯塔的家伙……唆使古巴的圣地亚哥的残暴事件的人……根本就没有心肝……他在政治生涯中，连一分钟也称不上真诚、坦率、正直或高尚……在这个世纪里，唯有一个人用鲜血染污了我国历史上的两个不同时代，用他的魔爪残害两代古巴人的肉体……那些魔爪是大家都熟悉的，那些兽嘴，那些杀人的屠刀，那些皮靴……

继而，菲德尔用数字来说明古巴必须变革的理由：70万人没有工作，50万人住在破窝棚里，40万产业工人和码头工人的养老金被盗用，10万小农场主的耕地被掠夺，20万农户没有一英亩良田，3万教师工资很低，2万小商贩债台高筑，1万年轻的技术人员生活没有保障，一半以上的良田属于外国人，30% 农民不会写自己的名字……

> 受苦受难的广大群众，渴望有一个更加美好、更有尊严和正义的祖国；他们由于世世代代遭受不公正的待遇和愚弄而渴望正义，渴望全方面的伟大而英明的变革……

在谈到古巴的未来时，菲德尔描绘了这样一幅美景：改变为进口糖果而出口食糖，为进口皮鞋而出口牛皮，为进口耕犁而出口生铁的格局，国家有计划地生产钢铁、纸张、化学品，改进饲料与粮食生产，以便在干酪、炼乳、酒和油脂方面与欧洲竞争，在罐头食品方面与美国竞争，利用旅游业带来高收入，市场充足，家家富足……

古巴要取得这样的成就，菲德尔引用了古巴第二次独立战争英雄、人称"青铜泰坦"的马塞奥将军的格言："不能乞求，而是靠利剑来争取。"他说：

> 至于我自己，我知道监狱对我将比任何人都更残酷无情，狱中的生活充满着威胁和下流卑怯的残忍暴虐。但是我不怕，就像我不怕曾杀害

我 70 个兄弟的、可鄙的暴君的狂怒一样。判决吧，没有关系。历史将宣判我无罪。

菲德尔的革命信念深深打动了格瓦拉，他由衷地感到，这正是自己追寻的事业。同时，劳尔也对格瓦拉感到满意。他觉得格瓦拉是一名志同道合者，他提出的要革命就要建立一个以马列主义武装的政党，即共产党的主张与自己的想法不谋而合。劳尔还发现，格瓦拉有着革命的经历和高超的医术，是古巴革命的急需之才。他决定介绍他认识菲德尔。

当时，菲德尔正在美国迈阿密和纽约为革命募集资金。古巴前总统普里奥及其当政时的国家开发银行行长胡里托·卡里略、委内瑞拉的罗慕洛·贝当古和一些墨西哥人都愿意帮助他。在纽约一次声讨巴蒂斯塔的集会上，菲德尔说："我可以完全负责地告诉你们，1956 年，我们要做自由人，否则就成为殉难者。"

7 月 9 日，阿根廷独立日，菲德尔抵达墨西哥城。劳尔向他介绍了格瓦拉的情况，菲德尔一口答应马上会见格瓦拉。

是夜，寒风吹拂，街上行人寥寥无几，思帕兰街 49 号内却灯火通明，格瓦拉和菲德尔进行了历史性的会见。

格瓦拉发现，眼前这位大名鼎鼎的英雄，是一个梳着短发、留着一抹整齐胡须的，脸庞微胖的结实的青年。在他脸上，一双发射着极强穿透力的目光的眸子尤其引人注目。他同你讲话时，总是专注地盯着你，似乎一下子就能看穿你的内心，让你为之震颤；他讲起话来，双手有力地挥舞着，透出极强的自信。对于菲德尔的语言天赋，英国人霍布斯鲍姆在他的《极端的年代》一书中有极传神的描述：

短促的二十世纪，是充满了天生领袖气质人物，站在高台之上、麦克风前，被群众当作偶像崇拜的年代。在这些天才英明的领袖当中，恐怕再没有第二个人能像卡斯特罗一样，拥有如此众多深信不疑、满心爱戴的听众。这名身材高大、满脸胡须的英雄，一身皱巴巴的作战服，毫无时间观念，一开口就滔滔不绝地讲上两个小时。虽然内容复杂，思维紊乱，却能赢得群众毫无质疑的全神倾听（包括笔者在内）。终于有这么一回，革命成为众人的集体蜜月经验。它会带我们往哪里去？一定是什么更好的所在吧！

这段描写虽然暗含着贬义，却从一个侧面反映出菲德尔出众的口才。而无数传奇故事编织成的光环，更让他在格瓦拉眼中光彩夺目。

菲德尔也在打量格瓦拉。这是一个面目清秀、轮廓分明的俊朗青年。虽然岁月和苦难不可避免在他脸上留下了几道浅浅的痕迹，但他的笑容竟还那样纯真，一笑起来，就好像是一位初出茅庐的大学生。他脸上真正能表明自己革命者身份的，是那对深陷的眼睛和时时陷入深思的表情，这些都表明，他在思索。

两个人一见如故，开门见山地围绕共同关注的革命问题畅谈起来。环顾世界，他们感触最深的，是美国和苏联这两个大国对整个世界局势的影响。"美国佬"的霸权主义，尤其是在拉丁美洲地区唯利是图、顺昌逆亡的做法，更让他们痛恨不已。他们认为，取消美国人在拉丁美洲政治格局中的主导性地位，是实现"拉丁美洲人的拉丁美洲"的最关键的问题。苏联的强大也是他们倾谈的焦点。这个欧洲大陆传统上比较落后的国家，由于执行了共产主义政策，就迅速强大起来，成为仅次于美国的另一个超级大国。这一点，确实令人惊讶、羡慕。特别是它通过共产国际对拉丁美洲这块遥远土地上的少数几个国家的政治事务产生的影响[①]，更让他们觉得苏联的共产主义具有很大的吸引力。拉丁美洲如何引进苏联式的共产主义，成为他们交流的焦点。此外，中国的共产主义同样令他们惊叹不已。格瓦拉是毛泽东思想的积极拥护者，他对毛泽东创造的一系列中国式共产主义的理论服膺至极，并认为是适用于拉丁美洲民族

---

① 苏共对拉美共产党人的政策产生重大影响，如 30 年代中期的巴西和智利，50 年代初期的危地马拉。

解放运动的正确理论。

在谈到古巴的革命与历史时，菲德尔向格瓦拉讲述了这个拉丁美洲第一块殖民地是如何备受西班牙人蹂躏的。他还讲到了 1868 年和 1895 年的两次独立战争，以及其间涌现出的大批民族英雄：塞斯佩德斯、卡斯蒂略、何塞·马蒂、马克西莫·戈麦斯将军、马塞奥将军……他特别讲到了美国人是如何打着"为了古巴的解放和独立"的幌子，窃取古巴革命成果的。这是一块盛产苦难和血泪的土地，也是一块盛产英雄和诗人的土地。何塞·马蒂的诗《枷锁和星辰》，或许能够涵盖全部历史。

我呱呱坠地的那一刻，暗无天日。

妈妈对我说：

"我胸中的花朵，豪爽的好小伙儿，

你是我的，也是天地万物的创造，

跟我一模一样。

你这条像小鸟和骏马一样的小鱼儿，

如今长大成人了。

我经过阵痛带给你这两样东西，

人生的标志：你看看，选什么？

这，是一副枷锁，

谁拿到了它，就苟且偷安地活着吧！

……

那，是一颗闪闪发光又带来牺牲的星星，

它洒下光明，

罪人从携带星星的人手中逃跑了，

所有带着光明的人都是孤独的，

倒好像是在生活中一个身负重罪的怪物。

……"

给我枷锁吧！哦，我的母亲！

我把它踩在脚下，

让那闪闪发光又带来牺牲的星星，

在我的额前更加光芒四射！

　　他们一致认为：古巴乃至拉美各国，要想推翻独裁统治，必须走武装夺取政权的道路。

　　通过谈话，他们很快就了解了对方。格瓦拉了解到菲德尔更多的惊人之举：1940 年，菲德尔年仅 13 岁就试图组织他父亲的甘蔗园里的蔗糖工人反对自己的父亲；18 岁时，他就敢当面指责身为庄园主的父亲是"滥用靠了骗人的诺言从人民那里抢来权力的家伙"；在大学里，他博览群书，口才出众，成了最杰出的辩论家；他广泛涉猎过马克思、列宁、希特勒、何塞·安东尼奥、普里莫·德里维拉、墨索里尼、庇隆等人物的著作；他还是 1943 年到 1944 年古巴最优秀的学校全能运动员……

　　这次会面，留给格瓦拉印象最深的，是菲德尔坚定的革命信念和必胜的信心。他不仅对革命怀着坚如磐石的信念，更对胜利充满信心，对走向胜利的每一步都有深思熟虑的想法。在谈到进行一次革命的具体问题时，格瓦拉问："没有足够的武器和人员，你怎么搞革命呢？"菲德尔立刻胸有成竹地说："我们将获得我们所需的所有武器和人员。"格瓦拉又问："那么钱呢？"菲德尔说："我也能筹到。"菲德尔完全不同于那些志大才疏的空头革命家，他是一位值得信赖的革命领袖，他的革命同样值得信赖。

　　天将破晓，格瓦拉已下定决心，参加菲德尔的古巴革命起义军。在菲德尔刚刚装订好的起义军名册第一页第一行，他郑重地填上了自己的名字："埃内斯托·格瓦拉"，成为未来远征军中的军医。在他的后面，才是卡斯特罗兄弟的名字。格瓦拉作为一名外国人，戏剧性地成为古巴革命的"第一个"成员。

　　当然，正如格瓦拉自己所说，他之所以参加古巴革命，更主要的是因为菲德尔个人的魅力，而非对古巴革命的深切了解。他说过：

当我刚刚和起义军的指挥员认识时，对于能不能取得胜利是怀疑的。最初把我同这位指挥员结合在一起的，是我们想冒险的浪漫主义。当时我想，为了这个崇高的理想，战死在异国的海滨浴场上，倒也不是一件坏事。

临行前，他还就参加菲德尔的远征提出一个重要的条件，"如果革命能够获得胜利的话，在革命胜利后，请恢复我本人作为革命者的自由"。

这是一个极其重要的条件，反映出格瓦拉一以贯之的理念：将革命生涯的终点锁定于自己的祖国。对此，菲德尔无法拒绝。

有人说，格瓦拉与菲德尔的相遇，是古巴革命史上相当于列宁与托洛茨基相遇的事件。从初见面就惺惺相惜这一点上说，这种比喻是正确的。但从结果上看，两者之间又截然不同。格瓦拉和菲德尔虽在个别问题上存在不同见解——这是在所难免的——但两人始终注意维护友谊，尽量做到求同存异，从没让见解上的差异，造成友谊的破裂。这与列宁和托洛茨基是有很大不同的。格瓦拉和菲德尔的友谊，堪称革命友谊的典范。

第一个使格瓦拉认识到革命成功的现实可能性的，是圣罗莎庄园训练基地的教官、古巴籍西班牙人阿尔维托·巴约。

菲德尔从攻打蒙卡达兵营失败的血的教训中认识到，要使革命成功，必先有一支训练有素的武装力量。于是，在募集资金的同时，他开始着手组织武装、训练士兵的工作。有三个人担任过训练起义军的教官，他们是米格尔·桑切斯、阿尔维托·巴约、何塞·史密斯。

米格尔·桑切斯是菲德尔驻迈阿密的代表胡安·曼努埃尔·马克斯推荐来的。这位古巴人曾参加过美国在朝鲜的战争，因而被人们戏称为"朝鲜佬"。

阿尔维托·巴约更是一名传奇式的人物，其父为西班牙军官，其母为古巴卡马圭省人，他自己则出生在古巴。他曾参加过西班牙陆军、空军，西班牙内战时是共和派的支持者，还在卡斯蒂略领导过游击战。后来，他还参加了摩洛哥战争，并在西班牙创办了第一所民用航空学校。他曾在墨西哥将一批西班牙青年共产党员训练成游击战士，送回西班牙；训练过一批既反对独裁者索摩查，又反共的尼加拉瓜战士。1955 年，他出版了《游击战一百五十题》，详细介绍了部署埋伏、炸毁桥梁、制造手榴弹和定时炸弹、挖地道越狱潜逃、驾驶飞机，甚至模仿各种鸟叫虫鸣的方法。总之，他是这个世界上典型的雇佣军老战士。对于他来说，对战争本身的钟爱，超过了一切。有一件事情可以说明这一点。当菲德尔和巴约商谈合作之初，为了显示自身价值，巴约开价 10 万比索（约合 8000 美元）的酬金，少一分钱都不干。菲德尔与他讨价还价，终于将价钱压到了 5 万比索。但后来，巴约非但没有收取酬金，还卖掉了自己的产业，捐给古巴革命。

菲德尔从美国赶到墨西哥后，立刻在墨西哥城郊的拉斯瓜米塔斯射击场训练未来的古巴战士。这时，古巴教官何塞·史密斯也加入了进来。正当训练初见成效时，墨西哥警方以"非法持枪罪"逮捕了受训人员坎迪多·贡萨雷斯等人。菲德尔警觉地意识到，自己的行动被人盯上了。于是，他当机立断，将训练基地转移到墨西哥城外 20 英里处查尔科区的圣罗莎庄园。一向最强调纪律的菲德尔更加意识到纪律的重要性，他没收了受训者的护照，要求他们除特定时间不得离开庄园，并对他们寄信的范围加以限制，不许他们同陌生人交谈。在训练原则上，菲德尔接受巴约的主张，放弃阵地战，学习游击战，着重学习游击战术。

巴约的训练是极其严格的。他的学员从早到晚几乎一刻不停地学习着射击、看地图、伪装、奇袭、以少胜多对付正规军，以及制造炸药、土制手榴弹，还经常长途行军、攀岩、露营、野炊。

与菲德尔见面后，格瓦拉马上参加了巴约的训练。高强度的军事训练，使得哮喘在身的格瓦拉经常旧病复发，被折磨得上气不接下气。在这种艰苦的环境下，格瓦拉的英雄气概开始显露出来。他经常忍受伤痛，不折不扣地去完成每一项军事训练任务，行军途中总是走在最前列；各项训练中，他也总是得满分，就连巴约这位近乎苛刻的教官也不得不钦佩地说"他是我最好的学生。"

格瓦拉也在训练中受益匪浅，他在回忆这次训练时说："我跟巴约学了不少东西。我在听了开头一些课时，几乎立即就产生可能获胜的印象。"

格瓦拉既是一名学员，也是一名军医。他无所保留地将医学知识贡献给了学员们，耐心细致地教他们包扎止血、打绷带、正骨，甚至将自己的身体作为活标本，供学员们练习注射用。他先后共被扎过 100 多针，几乎每一个学员都在他身上扎过针。

他还利用业余时间教学员们认字，给他们讲述革命故事，向意志动摇的学员做深入的开导工作，还亲自到墨西哥城买来《青年近卫军》《毁灭》等革命书籍，供学员们学习。格瓦拉在革命军中"政治委员"的地位，就在这一次具有历史意义的军事训练中初步确立了。

而在这段时间里，菲德尔主要忙于与各派人士联系，继续筹款，购置武器和通讯器材，有空了也到圣罗莎庄园接受训练。

这时正是 1955 年的秋天。9 月 16 日，阿根廷发生了由爱德华多·洛纳尔迪将军和海军学校校长伊萨克·F·罗哈斯海军上将领导的军人政变。政变者在科尔多瓦驻军和圣地亚哥海军基地军人的支持下，推翻了正欲谋求第三次连任的庇隆总统。格瓦拉急切地关注着事态的发展，并很快给身为庇隆反对派的母亲写去一封信，直言不讳地谈到他对政变的看法：

> 我担心的事发生了，你多年来憎恨的敌人倒下了，这儿很快就有反应了。国内所有的报纸和外来的消息都兴高采烈地宣告阴险独裁者的倒台。美国人松了一口气，现在，他们可以从阿根廷拿走 4.25 亿美元；墨西哥主教对庇隆的倒台心满意足。我在这个国家里认识的所有天主教徒和右派分子也兴高采烈。我的朋友们和我则高兴不起来，大家很担心庇隆政府的命运，担心海军舰队会炮轰布宜诺斯艾利斯市。庇隆像他那个阶层的人那样倒下了，既没有瓦加斯临终时的尊严，也没有像阿本斯那样进行强有力的揭发，一五一十地指明谁是侵略者。这儿的进步人士称阿根廷的进程是"美元、剑和十字架的又一次胜利。"

我知道现在你一定很高兴，正在呼吸自由的空气。

……现在你可以在任何地方随心所欲地讲话而绝不会受到制裁，因为你是执政阶级的成员，不过，我希望你成为不相称的成员，这是为你好。我坦率地跟你说，庇隆的倒台使我非常痛苦，这不是因为庇隆本人，而是由于此事对整个美洲的意义。尽管你不愿意，也尽管最近几年被迫妥协，对我们这些认为敌人在北方的人来说，阿根廷曾经是我们的勇士。我在危地马拉经历过痛苦的时刻，所以，对我来说，那儿发生的事就是现在发生的事，不过是在不同地方的翻版而已……

在这封信里，格瓦拉进一步清楚地表明了自己的政治立场："认为敌人在北方"。这是他的政治上的一根重要支柱，也是他为庇隆政府倒台而"惋惜"的唯一理由。

塞莉亚自然不会轻易接受儿子的看法，母子俩继续通过信件执拗地争论着。在另一封信中，格瓦拉说："我绝不接受对阿根廷事件的看法，发生的事是倒退，而更严重的是庇隆在工人中的声望未受到任何损失。"

事实证明，1955年的秋天，阿根廷放弃庇隆确实是历史的倒退，因为庇隆政府固然不尽人意，但他的取代者更加倒行逆施。新政府上台伊始便插手所有省份的事情，解散议会、孤立工团主义者、屠杀工人、摧毁庇隆苦心经营起来的社会事业、对贫困阶级极为仇恨。这是阿根廷的悲哀，是革命的"历史必然性"尚未具备的表现，也是将格瓦拉这位阿根廷赤子长期阻隔于本国革命之外的根本原因。

1955年秋天，格瓦拉在忧思中并没有忘记享受生活，寻访古代文明。他"已经开始习惯过定居的生活，……从早到晚全天工作、看书和睡觉，然后是去农村，到玛雅人的地区走一走"。

墨西哥城是古代玛雅文明的都城，保留了丰富的玛雅文化遗迹。玛雅民族自公元前1000年形成开始，到1500年前后，共延续了2500年左右。古文明的被打断，完全归因于西班牙人的入侵。文明湮没了，但作为美洲古代文明中最杰出、最灿烂的代表，玛雅文明遗迹仍足以让人赞叹不已。格瓦拉饶有兴致地参观了玛雅文明的庙宇、府邸、民居、广场、集市、桥梁、堤岸、水渠等等，在气势磅礴的金字塔下驻足流连，仔细揣摩着各种雕刻作品上的古老文字，欣赏描述神话故事、祭祀典礼、战争场面和风土习俗的绘画，浮想联翩。

那段时间，对于是否要参加远征，格瓦拉还处于矛盾之中。卡洛斯·弗朗基在《十二名人传》中传神地揭示出格瓦拉此时的矛盾心理。

那时，格瓦拉的模样很像一个波希米亚流浪汉。他言行诙谐，具有阿根廷人好挑逗的幽默感。他光着上身来回走动，好像是在自我陶醉。他中等身材，皮肤微黑。他喜欢抽烟斗，也爱喝马黛茶。他像一位运动员，但又是哮喘病患者。他常读斯大林和波德莱尔的著作，不断在诗歌和马克思主义之间进行抉择。

第三章　情　种

"我是人，人所具有的我都具有。"

——［古罗马］特伦斯

一、女　神

　　造成格瓦拉在 1955 年到 1956 年，"不断在诗歌和马克思主义之间进行抉择"的一个重要原因，是一个名叫伊尔达·卡代亚的秘鲁女子，即他的第一任妻子。当时，她正怀着格瓦拉的第一个孩子。这个孩子，即小伊尔达，被格瓦拉称为"我的共产主义精神血脉相传，她一出生就像一名小战士"，也是格瓦拉最钟爱的孩子。她的出生使格瓦拉断然中止了在情感问题上长期摇摆不定的局面，进入了一段相对稳定的时期。

　　屈指算来，伊尔达已是第五位在格瓦拉情感道路上留下深深印迹的女子了。在她之前，与格瓦拉有过情感交往的女子，我们能确认的有卡门·科尔多瓦·德拉塞尔纳、奇奇娜、佐莱达、蒂塔·因方特，之后又有索伊拉·罗德里格斯、阿莱达·玛尔塔（他的第二任妻子），以及塔玛拉·邦克。

　　世间英雄皆多情——如果一个人的利比多还不足以使他经常萌发情愫，他又何来宏伟的理想和蓬勃的精力？

　　世间英雄多无情——爱情、事业难两全，身为英雄，如果无法作出舍爱情而取事业的痛苦抉择，又何以成就伟业？

　　英雄情路多得意——自古美女爱英雄，英雄身边何愁没有佳人相伴？

　　英雄情路多寂寥——何处才能找到与英雄相配的佳人？世间又有几多佳人识得英雄？

　　1953 年，面对一生中唯一无条件深爱的完美的情人奇奇娜，格瓦拉不得不在她与拉丁美洲民族解放事业之间做出痛苦取舍。

他最终选择了"一个拉美战士"的事业，留下伤心欲绝的爱人。

我们无法确切地说出，潘帕斯草原的春色和亚马逊河的清风是何时开启格瓦拉的情窦的。鉴于他诗人和病人敏感的特质，我们可以肯定地说，时间应该很早，至少比常人还要早些。他萌动的情愫，第一次集中到一个人身上，却是在 1937—1947 年十年间，塞莉亚的姐姐卡门带着两个孩子住在他家的那段日子。他的初恋对象，正是卡门的大女儿，他的表姐卡门·科尔多瓦·德拉塞尔纳。

少年人对异性的强烈渴求和极为亲近的关系，使得最初的爱情之花常常在他们之间萌发。但伦理和道德的约束，又使他们之间不被允许有超越精神层面的肉体之爱。除去极少数敢于突破界限者，这种感情极易导致深深的痛苦和长期的追忆。同时，也正因为有伦理和道德的约束，这类爱情往往没有肉欲成分，因而变得格外纯洁而高尚。格瓦拉最初的爱情，正是这样一朵痛苦而绚丽的花朵。

爱情之花起源于无影无形之间。1937 年，西班牙内战期间，小卡门的父亲卡耶塔诺·科尔多瓦·伊图尔布鲁被派往战场采访战局，小卡门一家住进了格瓦拉家。在两家人共同关注战事发展和亲人安危的休戚与共的日子里，浓浓的亲情浇灌出了一朵娇羞的爱情小花。

卡门·科尔多瓦继承了父亲微黑的皮肤，被戏称为"小黑姑娘"，但同时，她又确实是一位活泼可爱的女孩。她那一头瀑布般飞泻而下的长发，时时因身体的移动而翻卷出迷人的波浪。她长眉高挑，一双大眼睛炯炯有神，掩饰不住青春的活力。

最初的情愫萌发于阿尔塔格拉西亚如诗的自然风光中。在关注战事的同时，塞莉亚和卡门两姐妹经常带着孩子们去爬山，接触大自然。冬天，还到阿恰拉大草原欣赏雪景。孩子们尽情地玩耍，无拘无束地欢笑着。渐渐地，小格瓦拉感觉到体内不知不觉间涌动着一股不安的燥热。表姐卡门·科尔多瓦活泼迷人的身影吸引着他。他开始注意她、偷看她，略带着一份崇拜的感情。

"圣马丁"学校的节日庆典是格瓦拉家孩子们的快乐源泉。在这种时候，喜欢戏剧的塞莉亚总是热心地为孩子们缝制戏服。孩子们则不断地换穿着印第安人、路易十五、马丁·费耶罗、仙女、村姑、蝴蝶的服装，背诵朗朗上口的台词，彼此之间开着玩笑。格瓦拉尤感兴奋，因为这时，他可以正大光明地和表姐深情对视，用台词表白内心的真情，而不用怕被人看出破绽。

他们还在一起下棋、欣赏音乐、出门远足。慢慢地，卡门也发现了表弟那双深情的眼睛。

一切尽在不言中，全靠灵犀相通。这是一个浪漫的家庭，也是一个理性的家庭。牢固的道德感在无形中束缚着每一个人，没有谁会突破禁区。但爱情却是束缚不住的，两颗年轻的心灵经常因对方的一个眼神、一句问候，擦出一道耀眼却短暂的火花。

每一个眼神，每一句看似漫不经心的话语，都蕴含了深深的爱意。两人之间的对话常常是这样的：当谈及自己童年时经常钻进衣柜躲避窘境时，格瓦拉会追问表姐："告诉我，你们是否也这样做过？"然后，虔诚地倾听表姐讲述童年的故事，目光一刻也不离开她那渐渐绯红的脸颊。

格瓦拉在慢慢长大，卡门·科尔多瓦也在长大。她出落得愈发挺拔，只是性格上开始有点沉闷，经常一个人低头沉思。只有单独与格瓦拉在一起时，才变得开朗起来。

两个人的心中都有一份虚无缥缈的愿望，但谁也不想把它说破。

1947年，格瓦拉家在潘塔尼略区租了一幢小房子，房子共两层，周围满是树林花草，比邻中不乏作家、诗人、艺术家。他们经常来到这个家庭，畅谈艺术，也纵论国内外大事。孩子们受到这种气氛的感染，胸中情感的花蕾仿佛受到阳光雨露的滋养，尽情地舒展着。但血缘的樊篱依然牢不可破，格瓦拉和卡门·科尔多瓦只能在沉默中继续关心、牵挂对方。

分手的日子终于来到了。这年夏天，格瓦拉一家搬到了布宜诺斯艾利斯的安娜·林奇家。一段秘密的恋情，一朵黑暗中缩放的小花，就这样起于无形，止于无形。爱已远去，令人泫然泪下。但爱永不灭，它像"一道浪花"，一道能抵挡死亡的浪花。

> 在我们忧患的一生，
>
> 爱只不过是高过其他浪花的一朵浪花，
>
> 但一旦死亡前来敲我们的门，
>
> 那时就只有你的目光将空隙填满，
>
> 只有你的清澄将虚无抵退，
>
> 只有你的爱，把阴影挡住。①

　　1950 年 10 月，阿根廷科尔多瓦市有一位迷人而富有教养，且出身高贵的②少女，奇奇娜。像她这样兼有门第、财富与美貌的贵族小姐，走到哪里，都会像艳丽芬芳的鲜花，吸引无数热情的蜂蝶来追逐。奇奇娜也不例外。到了谈婚论嫁的年龄，她就开始享受起被人狂追的乐趣。当时，她身边不乏腰缠万贯、风流倜傥的富家子弟。然而，她却做出了一个令所有人瞠目结舌的决定：选择来自中产阶级家庭、因外表邋遢而被人戏谑为"脏鬼"的布宜诺斯艾利斯大学医学系学生埃内斯托·格瓦拉。

　　奇奇娜原名玛丽亚·德尔卡门·费雷拉，奇奇娜是她的别名。她家是当地首屈一指的富豪，仅就她家的宅第来说，就堪称科尔多瓦最引人注目的建筑，大厅足有一百平方米。在一个叫马拉盖涅的村庄，她家还有一座奢华的庄园，其中有马球场、游泳池、网球场、马厩，另外，他们家还在附近办了个采石场。如果把她的家视为一块闪闪发光的大金块的话，她本人则是一颗价值连城的稀世珍宝。她皮肤光洁白皙，一张靓丽的瓜子型脸上，耸立着一个高挑的鼻子，富于肉感的嘴唇，时时倾吐出智慧和友好的话语。眼睛是灵魂的外衣，格瓦拉在 1951 年 10 月 21 日致奇奇娜的信中说："你那双闪着迷人光彩的蓝眼睛，使我终生陶醉。"

---

① 摘自聂鲁达《一百首爱的十四行诗》(1959) 第 90 首。
② 奇奇娜出生于科尔多瓦最富有最高贵的"牛阀"门第。

与奇奇娜富庶的家族相比较，格瓦拉中产阶级的家庭出身，只能算是"寒门"了。家里只有塞莉亚的几分薄田供人租种。格瓦拉凭什么打动了奇奇娜的芳心？1967年，奇奇娜在一篇文章中揭示了谜底，她说，"格瓦拉倔强的外表和不受礼仪束缚的性格使我着迷"。

在叛逆性格形成的时期，有一段时间，格瓦拉的穿着打扮邋遢得令人吃惊。平时，他总爱穿一条宽宽大大的裤子，用一根晒衣绳当裤带。然后是一双破皮鞋，头发蓬乱不堪。他常常一个星期也不换洗一次衬衫。他的朋友们称他穿的是"永久牌"衬衫，赠给他一个"脏鬼"的绰号。他的布宜诺斯艾利斯的亲戚们只要遇到有人衣冠不整，准会说："像格瓦拉一样。"格瓦拉前额饱满，做事不拘小节，因而人们又戏称他为"猿人"。不得不承认，奇奇娜有一双识人的慧眼，格瓦拉的这副连亲戚朋友都为之侧目的行头，在奇奇娜眼里却成为一道独特的风景，是丛绿中的一截枯木，是珠光宝气中的一枚嶙峋的石子，吸引着她驻足流连。

经过一段时间的交往，格瓦拉不驯的性格完全征服了奇奇娜。他虽然患有比较严重的哮喘病，却仍不失为运动场上的健将，常常为了争得一场比赛的胜利，付出旧病复发的代价。这样的性格特别容易得到情窦初开的少女的青睐。西班牙流亡者费尔南多·巴拉尔回忆说："格瓦拉在危险面前毫无畏惧。他充满自信，有自己的独立见解。"奇奇娜对格瓦拉迷恋不已，在心中为他留出了一块神圣不可侵犯的领地。

奇奇娜的家人都是虔诚的天主教信徒，他们每星期天都要到教堂做弥撒，并在祭坛边默默祈祷，但格瓦拉家"塞莉亚不去做弥撒"的传言早已广为流传。受塞莉亚影响，格瓦拉也不太敬神，他经常教小弟弟胡安·马丁·格瓦拉一些对神不敬的儿歌和诗歌，引得信徒们惊恐不已。有一首儿歌是这样的：

> 两个朋友外出游玩，
>
> 为了躲避吓人的霹雳，
>
> 他们在大树下拼命地奔跑。

奇奇娜与格瓦拉

"轰隆"一声，雷公应声而倒。

是一个长得像基督模样的人，

就是他，杀死了雷公。

在内心敏感躁动的少女眼中，与众不同，甚至大逆不道，远比循规蹈矩来得吸引人。

令当时大多数知情人诧异的是，这对身份迥异的少男少女，反而是身份地位远远高于对方的奇奇娜经常主动到格瓦拉家去找他，甚至不避他的父母，和他谈情说爱。格瓦拉自然不会拒绝这样一位美丽、善解人意的女孩，他把她看成自己的女神。

这一次，格瓦拉可以正大光明地爱了。每当布宜诺斯艾利斯大学假期到来时，他总是迫不及待地赶回科尔多瓦，去看望心爱的女孩。每次的久别重逢，他们总是拉着手谈个没完，从历史、现实、政治、文化、艺术，一直到诗歌。素有诗人天赋的格瓦拉绞尽脑汁，毫不吝啬地用最奢华的修饰词来形容心中的女神。女孩的心整天陶醉在这些诗句中，就如同飘浮在天边。

诗人和少女的佳偶天成，在凡夫俗子眼里却成了轻狂的游戏。奇奇娜的父母对这桩门不当户不对的恋情坚决反对。一是因为格瓦拉落拓不羁的叛逆性格，二是因为大名鼎鼎的格瓦拉家族与自己家的政见相去十万八千里。于是，未来的女婿与未来的岳父母之间的冷战拉开了帷幕。

每当格瓦拉走进奇奇娜家富丽堂皇的客厅，奇奇娜家出身高贵的亲朋好友就立刻对他展开冷冰冰的讥讽。可格瓦拉不吃这一套，他始终抬着头，挺着胸，在他们面前一副桀骜不驯的样子。每当富人们的言谈中露出一丝破绽，他就抓住不放，狠批一通，让他们束手无策。

有一次，格瓦拉故意打了一根色彩极为艳丽的领带，昂首阔步地进了奇奇娜家的客厅，并在奇奇娜家极端亲英的亲戚们大肆吹捧英国首相丘吉尔时，发表了一通完全相悖的尖锐言辞：

（丘吉尔）这条英国狗，你们爱怎么说就怎么说，不过，说什么是他领导取胜的，……那是大错特错。丘吉尔是个贵族，帝国主义的代表，他的目的是要保住帝国，挫败一切要求独立的国家。

此言一出，举座皆惊，尤其是未来的岳父、一位对丘吉尔佩服得五体投地的崇拜者，更是大发雷霆。面对暴跳如雷的人群，格瓦拉坦然如故丝毫不为所吓。更让他高兴的是，他的爱人此刻正用赞赏的目光看着他，这无疑是对他莫大的鼓励。在这个保守派组成的沉闷的家庭里，缺少的正是这样惊世骇俗的见解。爱人的目光鼓励了他，他毫无惧色地与在场的所有人对垒。

几年后，当他回忆起当时的情景时，格瓦拉说："我承认，当时我之所以辩论，之所以发表演说，一小半是出于我对丘吉尔的恨，一大半是因为奇奇娜的态度。她佩服我！"

佳人使英雄成为英雄。奇奇娜确实是个独特的女子，她具有塞莉亚一样锐利的眼光，能透过这个与世界格格不入的青年的表相，洞悉他杰出而浪漫的内心。读了格瓦拉写给自己的情诗后，她断定他在这方面是个可造之才，于是，热情鼓励他继续努力，争取成为一名诗人。

最终，奇奇娜冲破了世俗偏见，勇敢地同格瓦拉订了婚。

这是格瓦拉生命中刻骨铭心的时刻。他像一名英俊的印第安王子，找到了传说中的美丽公主；他孤傲不群的个性，也找到了一个宽容的居所。这份婚约，是情感与灵魂水乳交融的产物，对于他，不啻一张通向天堂的名片。两颗年轻而高贵的心灵，终于共同达到了幸福的巅峰。

婚约既可以使人达到巅峰，也会使人降到地面。订婚之后的奇奇娜展现出俗世女子的一面。她既被格瓦拉的性格深深吸引，又不愿意他一生都这样狂放不羁，过颠沛流离的生活。对于她来说，青春激荡只是生命中的一剂调味品，适可而止。订婚后，她开始劝说格瓦拉放弃流浪的梦想，与自己在科尔多瓦构筑温柔的爱巢，在衣食无忧的生活中消磨漫长的一生。

这确是一位俗世女子最大的奢望，也是正常的愿望，但格瓦拉偏偏不能给予她所需的这一切。他日思夜想的是开始堂·吉诃德式的远征，去委内瑞拉，去麻风病院。

1951年12月29日，在波涛逐岸的大西洋岸边，这对恋人深情长吻，依依惜别。怀着对爱人无尽的歉意，格瓦拉紧紧拥抱奇奇娜，默默无语；知道爱人志不可挽，奇奇娜更是泪洒衣襟。清风、海浪、沙滩、鸥鸟、情人、远征的摩托车，这一切，构成了一幅绝美的画卷，同时又宣告着这段金童玉女式的恋情开始土崩瓦解。

在第一次拉美之行的旅途中，格瓦拉虽然尽情欣赏着"那些遥远的国家，那里的英雄业绩，那里的美丽姑娘"[1]，但心中却始终拂不去奇奇娜美丽哀婉的倩影。当他于1952年8月返回布宜诺斯艾利斯时，他仍不忘临别时的承诺，为奇奇娜买了一件镶花边的连衣裙。

在离别的孤独中，奇奇娜想得更多。她依然深爱着格瓦拉，却又不敢想象自己放弃科尔多瓦的一切，随他居无定所地漂泊，将是一幅怎样可怕的情景。

---

[1]　摘自格瓦拉的旅行日记。

在长时间的痛苦思索、抉择之后，她无可奈何地哀叹，一切都将顺风逝去。

分手是平静的。1953 年 7 月，"一个美洲战士出发"之际，也正是一位美洲少女传奇般的恋爱终结之时。奇奇娜没有去车站送别格瓦拉。一段爱情小说式的恋爱画上了句号。

奥尔特·希尔瓦的一首诗，似乎是对这段传奇式恋爱的最佳注释。

我听到光着双脚的受苦人在船板上划桨击水，

他忍饥挨饿的憔悴面容显现在我的脑海中，

我的心在她和受苦人之间不断地摆动。

我不知道怎样才能避开她的眼神和松开她的拥抱，

她满面愁容并泪珠滚滚，

面对她的泪水和双眼，

我却无法高声呼喊："等一等，我跟你一起走！"

二、相知无言

她，是格瓦拉相知无言的女友。格瓦拉曾在写给她的信中说：

我愿诚恳地把我生活中这种如此现实的爱与你分享，我每时每刻都在自觉地享受着这种生活。

她则在给格瓦拉的祷词中写道：

我们心心相印，不管面临什么祸福，我们都能始终保持相互信赖。对两颗纯洁的心来说，我们不需要很多语言就能充分表达内心要说的话。

他们之间的往来信函，已成为诗情画意的爱情书简的珍品、滋润心灵的甘露。在信中，他称她为"您"，也从不让她称自己为"切"。

1967年，当格瓦拉在玻利维亚遇难后，她悲痛欲绝，为他写了一封凄婉至极的哀悼信。1976年，在长期的悲痛之后，她自杀身亡。

然而，两个如此靠近的年轻人，却始终未能走到一起。他们之间的感情，从未逾越友谊的界限。

她，就是贝尔塔·希尔达·因方特(又名蒂塔·因方特)，一个长相平常、性格坚毅、善良忠诚的阿根廷姑娘，格瓦拉在布宜诺斯艾利斯大学的同学。

1946 年，格瓦拉进入布宜诺斯艾利斯大学医学系深造。在这里，他认识了蒂塔·因方特。

敏感的小伙子很快就察觉到这个外表稍显平凡的少女身上具有不平凡的气质：她是如此热烈地理解和支持着自己流浪的冲动，并且无所保留地对自己示以钦佩之情。这对当时正陷入与奇奇娜的情感危机中的格瓦拉来说犹如甘露。但从一开始，他俩之间就横亘着一个无法逾越的高峰：奇奇娜。

在奇奇娜和蒂塔·因方特之间，格瓦拉也曾有过动摇：一个是心目中完美的女神，另一个则是更能理解支持自己流浪冲动的知己。但红颜知己无法取代女神的地位。他热烈地爱着奇奇娜，同时也默默地爱着蒂塔。对于他来说，两份爱是可以兼有却无法兼顾的，这是很多男性人生中的一大痛症。他无望地企盼着她俩能合二为一，但这注定是一个无法实现的梦想。

对情与爱的渴望，使他们神秘地靠近；对理想和信念的追求，使他们终生互相吸引。

1952 年 8 月，格瓦拉把自己即将结束第一次旅行准备回到阿根廷的消息写信告诉了蒂塔。塞莉亚全家也是从他给蒂塔的信中知道这一消息的，可见蒂塔在格瓦拉心中的地位。

因为太多的阴差阳错，蒂塔从没有亲随格瓦拉出游，但这并不影响他俩特殊的关系。从格瓦拉第二次拉美之行开始，蒂塔便成为塞莉亚全家了解格瓦拉行踪的一个重要消息来源。格瓦拉经常将自己的情况写信告诉蒂塔，再由她转告自己家人。格瓦拉在内心深处始终为蒂塔保留着一个位置。

但机会总是不肯青睐蒂塔。多情的格瓦拉七步之内必有芳草。在拉美之行途中，他的情感被沿途遇到的开放的少女所拥有；在利马麻风病院期间，他的感情，迅速而短暂地集中于该院的社会助理佐莱达身上。佐莱达是第四位与格瓦拉发生过浪漫关系的、有案可查的女子。而当格瓦拉到达危地马拉后，秘鲁女子伊尔达·卡代亚便占据了他的情感世界。但伊尔达并没有真正取代蒂塔的位置，她和格瓦拉的关系并没有维持多久，蒂塔与格瓦拉灵犀相通的感情却一直维持到生命的终点。当格瓦拉与伊尔达产生矛盾时，蒂塔便成了他倾诉的对象。

三、在爱与欲之间

第二次拉美之行到达危地马拉时，格瓦拉通过朋友的介绍，去拜访在阿本斯政府全国国民经济发展委员会工作的秘鲁女政治家伊尔达·卡代亚。

这是个混有印第安和中国血统的秘鲁姑娘。她不仅血液里有着亚洲人的成分，外表也是典型的亚洲类型。她身材微胖，脸盘较大，面部器官不是棱角分明的那种，而是呈现出佛陀雕像般流畅、柔和的弧线。当她戴上一顶墨西哥草帽时，她十足一副中国南方农田里辛勤农妇的模样；而当她戴上墨镜，或披上披风时，又极像一位日本的妇女。在长相上，她是最平凡、最大众化的那一类。

但她自有一般人所不能比拟的出类拔萃之处。她毕业于利马的圣马科斯大学经济系，是被秘鲁政府宣布为"非法"的"美洲人民革命联盟"的左翼积极分子。她到过拉丁美洲大陆的许多角落，钟情文学艺术，熟读马克思主义著作，自认是一个马克思主义者。她尤其钟爱毛泽东的游击战理论，对中国化的马克思主义和游击战兴趣颇浓。她的这种政治立场，后来直接影响了格瓦拉。

在伊尔达的帮助下，格瓦拉才得以在危地马拉找到歇脚处，就住于拉美各国政治侨民居住的公寓。

一开始，伊尔达并没有引起格瓦拉除了同志友谊外的其他感情。这是理所当然的。英雄爱美人，英雄身边也不乏倾慕者，他当然不会对她产生一见钟情式的感情，倒是格瓦拉给伊尔达留下了极为深刻的印象。后来，在回忆对格瓦拉最初的印象时，她说：

格瓦拉当时嗓音有点粗哑，富有男人的气质，这些都与他的瘦弱外表不太相称。他动作敏捷，又使人感到他总是心平气和。他富有洞察力，有时语言非常尖锐。

随着时间的推移，格瓦拉有点惊异于自己情感的微妙变化：自己对身边这个长相与奇奇娜有着天壤之别的，与其说是同龄人，不如说是母亲的女子，渐渐发生了兴趣。他在心底坦承，在政治智慧上，自己甚至不如伊尔达。她向格瓦拉推荐了许多书籍，从毛泽东的游击战理论到惠特曼的《草叶集》。有关毛泽东思想的著作，仿佛在他面前打开了一扇窗户，让他觉得自己长久以来一直追寻的拉丁美洲民族解放的出路，就在这个东方人宽阔的头颅里。这个时期的阅读，对他日后形成带有中国色彩的马克思主义思想，特别是游击战体系，具有非常重要的作用。一名女子能给一个始终思索着人类最根本问题的男人那么大的启示，足以证明她的不凡。他无法不注意她、不钦佩她。

与此同时，伊尔达对他生活上的细致关照也让他生出点点温情。她承担了他的生活费用，像姐姐和母亲一样无微不至地照顾他，让他心中时时翻腾起感激的情愫。

那段时间，他在危地马拉举目无亲，处处碰壁。在政治上，阿本斯政府的官员们以传统的惰性和偏见来对待他，对他参加革命的要求爱理不理；在经济上，他早已一贫如洗，最后不得不沦落到到处打工。是伊尔达帮助他解除了经济困难，找到好一些的职位，让他有大量时间接触政治，而不是忙于生计。

感激之情慢慢强化，不断发展，渐渐地竟超越了单纯的感激。他对这个秘鲁姑娘产生了淡淡的依恋。但她平庸的外貌，又使他实在无法打破友情的界限，发展进一步的感情。乔恩·安德森在他所写的格瓦拉传记中，分析了格瓦拉的心态：他既无法拒绝她的照顾，又不喜欢她"丑陋"的容貌。这种矛盾的心理，既妨碍了他同其他姑娘恋爱，也让他时时在爱河边徘徊。过了很长一段时间，他才承认他们在相爱。这让他周围那些年轻貌美的姑娘们大惑不解。直到 1954 年 4 月，他才在一封家信中，第一次谈到她，并极力淡化他俩的关系：

> 同加入了秘鲁人民党的伊尔达·卡代亚同志进行没完没了的讨论，用我一贯的温柔设法说服她脱离那肮脏的党。她至少有一颗纯金般的心，在我的日常生活中无处不感到她的帮助（包括支付房租）。从一开始，卢斯米拉就断定我们在相爱。

在危地马拉艰苦险恶的环境里，能有伊尔达这样一位无私付出爱情的女伴，对一个男人来说，也不失为一种幸福。每当遭受挫折后，格瓦拉都会更加深切感到伊尔达爱情的珍贵；每当孑然一身的他在孤独中萌生强烈的性欲冲动时，他总想搬到她那儿去住。在爱与欲之间，他变得优柔寡断，摇摆不定。

曾经有过几次，格瓦拉一时的冲动，向她表示了爱意，并向她求婚。伊尔达却并没有像他希望的那样轻易答应。聪慧的她深知自己在对方心中的位置，不过是穷困潦倒时的寄托。即便在向她求婚时，他也表现出言不由衷的样子。因而，她严格地保持了一个姑娘必要的矜持。

但她终于没能抑制住内心强烈的情感，几个回合的拉锯战之后，在 1954 年 6 月 26 日晚上，也就是阿本斯政府失败的那个夜晚，在那个残破城市绝望的混乱氛围中，格瓦拉向伊尔达求婚了，伊尔达最终接受了这份来自命运的安排。战乱孤独中人们更加渴望友谊与爱情，伊尔达亦然。

1954 年 9 月，格瓦拉因危地马拉局势激变，离开危地马拉，来到墨西哥。伊尔达没有跟随他同往。过了一段时间，她因为政治立场而丢了工作，这才赶到墨西哥。他俩又同居在一起，但格瓦拉依然没有彻底说服自己和伊尔达结婚。这期间，他一边寻找着拉丁美洲革命的"薄弱环节"，一边计划着远游。

伊尔达怀孕的消息使格瓦拉一下子发生了巨大的变化，做一个无拘无束的情人的打算瞬间就被他自己粉碎了。那个在伊尔达肚子里蠕动的孩子，激起了格瓦拉强烈的责任感，他马上答应与伊尔达结婚。1955 年 8 月 18 日，他们举行了婚礼。

然而，直到此时，格瓦拉还在对伊尔达的长相耿耿于怀。9月24日，他才第一次将结婚的消息告诉家人。他在信中写道：

> 我不知道你们是否已收到我要结婚和继承人即将出生的消息。从贝娅特里斯的信来看，你们还不知道此事，那我就正式告诉你吧，并请转告大家，我已经同伊尔达·卡代亚结了婚，过些时候就会有孩子。

而在同一个月的另一封信中，他在信的结尾处写上了"埃内斯托和伊尔达拥抱全家"。

宏大的远游计划，兼之对小生命诞生的期盼，一度曾使格瓦拉对是否将参加菲德尔的远征犹豫不决。他还在思索、抉择。

孩子的诞生并不是一蹴而就的过程，几个月的等待，使得热爱自由的格瓦拉尤感漫长。同时，因为格瓦拉对伊尔达始终未能全身心投入，导致了夫妻关系的紧张，兼之菲德尔热情的邀请，格瓦拉情感的天平慢慢发生了倾斜。到1956年初，格瓦拉终于做出决定，同意追随菲德尔远征古巴，并随即参加了军训。

1956年2月15日，"一朵最美好的爱情之花"伊尔达·格瓦拉·卡代亚（又名伊尔达·贝娅特里斯）出世了。她是格瓦拉最钟爱的孩子，从她很小开始，格瓦拉就以平等的口吻向她吐露心声，父女俩像朋友一样相处。相反，夫妻俩在月子里就常常怒目相向。2月25日，刚刚忙完产房里的事，格瓦拉就给母亲写了一封信，告诉她，她已经做了祖母。信中也流露出他和伊尔达关系不和的讯息。

> 妈妈：
> 我们俩又老了些。要是你认为自己是水果，那就更成熟些。孩子相

当丑，但只要看她一眼就会发现她与同龄的小孩没有两样，饿了就哭、常常尿床……不喜欢光，几乎全天在睡觉。然而，有一点使她明显区别于其他婴儿，那就是她爸爸是埃内斯托·格瓦拉。我还记得那个故事：有一次，爸爸仰着头跟我玩时，我在他嘴里拉了一泡。现在事情在重演……

老妈，但愿在下一个千年能在上帝的领地、在这个被称为地球的某一个地方见到你。伊尔达·贝娅特里斯和我亲吻你。我们把老伊尔达撇在一边，她与我们年轻人的事毫不相干。

他还给蒂塔写信，充满自豪地告诉她孩子的情况。

她是她妈妈身上的一块肉。妈妈像欧米茄手表一样准时，每隔四小时给她喂食一次……

这个时候，格瓦拉已是一位坚定的起义军战士，正在参加军训。女儿出生的这段日子里，他也只是抽空回来抱着女儿做过几次健康检查。夫妻之间的关系进一步恶化。恋爱期间单纯的革命情谊已消磨得残缺不全，而日常生活的琐碎事务正加剧着夫妻关系的破裂。伊尔达认为格瓦拉没有尽到父亲的责任，他不回来照顾孩子，把一切事都交给她做。格瓦拉却给蒂塔写信，表达了自己对孩子的爱，还说孩子的出生使"濒临破裂的夫妻关系"出现了缓和。其实，谁也没有错。错只错在他俩从一开始就缺乏两情相悦的基础。

伊尔达说格瓦拉对女儿爱得不够，这完全是一种误解。

充满幸福和矛盾的三口之家

他爱女儿甚于一切人，在写给母亲的信中不厌其烦地描述她的样子，还将她比作自己崇拜的毛泽东。

　　我那共产主义的灵魂兴高采烈，因为她长得像毛泽东，宽宽的前额、亲切的眼神和鼓起的下巴。虽然目前她只有五公斤，但将来一定会长得像毛泽东一样高大健壮。她比一般孩子更能吃。据她姥姥说，她吃饭的样子像我。她吃奶时连一口气都不喘，一直吃到奶从鼻孔里流出来。

　　7月6日，格瓦拉从狱中给母亲写了一封信。信中，他几乎不动声色地写道："伊尔达要回秘鲁，那的新政府赦免了政治犯。"而在谈到女儿时，却热情地称她是"能延续我生命的女儿"。

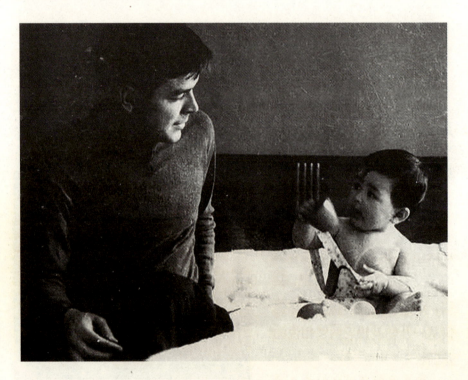

　　慈祥的父亲和他最钟爱的"最美好的爱情之花"在一起

而在 10 月份写给母亲的信中，格瓦拉更批评了伊尔达的政治立场。他说：

再过一个月，伊尔达要到秘鲁去看望其家人。现在，她不再是政治犯，而是尊敬的、反共的人民党代表。

总之，格瓦拉对待母女俩的态度是截然不同的。女儿一直跟着母亲，她从小就感受到父母关系破裂所带来的痛苦与难堪，并因父亲日后惊涛骇浪般的经历，而平白受了无限痛苦。

1956 年下半年的时候，格瓦拉和伊尔达的关系几乎到了恩断义绝的境地了。

第四章　从军医到少校司令

我的出征之日，将是我实现

壮志和我不息战斗的开始

——摘自格瓦拉致伊尔达的信

一、"格拉玛"号

1955 年 7 月 7 日，菲德尔·卡斯特罗在离开古巴前往墨西哥时宣称：

> 人民进行正义斗争的所有大门都被关闭了，除了像 1868 年和 1895 年那样，已经没有别的解决办法了。……作为马蒂的信仰者，我想行使而不是失去权利的时刻到了……

1868 年，古巴"国父"卡洛斯·曼努埃尔·德·塞斯佩德斯发动了古巴的第一次独立战争，取得了胜利。这是古巴为谋求解放而采取的第一次战争行为。战争中，诞生了古巴的国歌[①]，在巴亚莫建立了共和国武装政府。

1895 年，古巴的民族英雄和独立先驱何塞·马蒂、多米尼加人马克西莫·戈麦斯-巴埃斯和"青铜泰坦"安东尼奥·马塞奥发动了古巴的第二次独立战争，再次用战争的方式争取了古巴的独立，并正式宣布古巴脱离西班牙而独立。

1955 年 8 月 8 日，菲德尔发表《"7 月 26 日运动"致古巴人民的第一号宣言》，声称，除非立即进行没有巴蒂斯塔参加的大选，否则，唯一的选择就是武装起义。

[①] 古巴国歌的歌词创作于第一次独立战争中起义军攻占巴亚莫之后。作者为巴亚莫诗人、音乐家佩德罗·费盖留多。

10 月 30 日，菲德尔在纽约棕榈花园的集会上发出"1956 年，我们要自由，要么死亡"的承诺。

11 月 19 日，在共和国之友①旨在调和矛盾的"爱国对话"中，广大群众大喊"要革命！要革命！"

12 月 10 日，菲德尔发表了《7 月 26 日运动致古巴人民的第二号宣言》，号召侨民参加"7·26 运动"的战斗。

12 月底，声势汹涌的古巴糖业工人大罢工，喊出了"打倒巴蒂斯塔！"的口号。

1956 年 2 月 24 日，广泛吸纳了大学生和社会各阶层人士的大学生联合会的领导机构革命指导委员会成立，发表了《致古巴人民书》，提出了进行一次革命的必要性和建立一个以政治自由、经济独立、社会公正为基础的政权的主张。

3 月 10 日，政变 4 周年纪念日，巴蒂斯塔拒绝在 1958 年以前进行任何形式的选举。美国支持巴蒂斯塔，并邀请他于 3 月底访问佛罗里达州，了解其"为民主而忠实效劳"的情况。

4 月初和 4 月底，分别发生了一次未遂的军事政变②和一次失败的起义③，流血冲突带来了一片血雨腥风。

……

越来越反动的独裁政府，对越来越汹涌的反对浪潮深感头疼，采取了越来越残酷的镇压手段。菲德尔及其追随者在墨西哥紧锣密鼓地进行着远征准

---

① "共和国之友"是一个成立于 1948 年的协会，主张通过"代议制民主"的道路捍卫国家的制度化进程，反对武装起义、恐怖主义和其他任何暴力形式。它既反对 1952 年 3 月 10 日政变，又力图恢复 1940 年宪法，并号召举行大选，恢复法制。其领袖科斯莫·德拉托连特深得美国政府和古巴资产阶级信任。他在进行政治调解方面很有经验，曾在调解美国与古巴前独裁者马查多统治之间关系的进程中，发挥了重要作用。

② 巴蒂斯塔 1956 年 3 月 10 日讲话后，以古巴驻华盛顿武官拉蒙·巴尔金上校和恩里盖·波尔波内特司令为首的几十名军官，密谋于 4 月 4 日政变。但由于有人告发，4 月 3 日，巴蒂斯塔镇压了这次政变。又由于参加政变者均未卷入过独裁政权的恐怖主义政策，故这次未遂的政变又被称为"纯洁人的阴谋"。

③ 1956 年 4 月 29 日，在真正党人雷诺尔德·加西亚领导下，发动了一次起义。起义者攻打了马坦萨斯市的"戈伊库里亚"兵营，遭到了失败。

备，成为独裁政府的一块心病。他们派出一个叫贝内里奥的奸细，混入起义队伍，摸清了起义计划。于是，独裁政权向墨西哥政府施压，要求其镇压起义者。美国中央情报局也发话了，要求墨西哥剿除武装起义。

迫于压力，6月24日，墨西哥警察突然袭击了圣罗莎庄园，逮捕了格瓦拉、巴约等起义人员；在一条大街上逮捕了菲德尔；在玛丽亚·安东尼娅的公寓里设伏，逮捕了所有进出这所公寓的人。这些人被关在专门关押外国侨民的米格尔·舒尔茨监狱，罪名是阴谋袭击一个国家。另外，警察还收缴了一大批武器，这是菲德尔费尽心机和口舌募集资金买来的。

墨西哥和古巴的报纸均以耸人听闻的标题报道了这件事。墨西哥《至上报》公布了被捕者名单，其中特别提到了支持过危地马拉阿本斯政权的格瓦拉。美联社则报道说：

> 一个姓格瓦拉的阿根廷医生及其妻子，因可能参加富尔亨西奥·巴蒂斯塔领导的古巴政府的未遂阴谋，即将被遣返他们自己的国家……
> 警方声称，阿根廷医生及其妻子已被证实是共产党员，他们同左翼工人领导人维森特·隆巴尔多·托雷达诺领导的拉丁美洲工人联合会关系密切……
> 警方指出，这对夫妻是非法滞留国内，已撤销其居留证。

在米格尔·舒尔茨监狱，一些被捕者遭到了警察的拷打。格瓦拉当时穿着一件尼龙雨衣，戴着一顶旧帽子，颇有点"麦田里的守望者"的样子。只有他被戴上手铐，因为他是个特别危险的人物。玛丽亚·安东尼娅向警察交涉，才使他除却手铐。

7月6日，格瓦拉给父母写了一封著名的信：

> 至于未来，有长远和近期的未来。就前者而言，我可以告诉你们，我的未来与古巴革命联系在一起，要么同革命一起胜利，要么死在那儿

（这就是为什么前些时候我寄到阿根廷的一封信有些神秘和浪漫）。关于我近期的未来，我没有什么可说的，因为我不知道我的命运将如何。我听法官的安排，他们可以轻而易举地把我放逐到阿根廷，除非我能在别的国家避难。我认为这对我的政治前途来说是最适合不过了。

他还谈到"我们即将举行不定期的绝食，以抗议没有理由逮捕我们和拷打我们的一些同伴。"最后，他以激越的情绪结束了这封信：

> 从现在起，我不会把我的死亡看作是我的希望落空了，而仅仅是像希克迈特那样："只把未唱完的这首歌的痛苦，带进深深的地下。"①

逮捕起义者的事件，在墨西哥和古巴人民中激起了强烈的反对。古巴兴起了一场人民运动，人们聚集到墨西哥驻古巴大使馆前，以及其他地方，进行抗议，要求释放起义者。墨西哥人民也展开了抗议和营救活动，包括许多著名的艺术家、作家、学者在内的进步人士写文章抗议政府的行为。其中包括前总统拉萨罗·卡德纳斯及其任内的海军部部长埃里维尔托·哈拉，以及工人领袖维森特·隆巴尔多·托雷达诺等人。犯人们则用绝食以示抗议。墨西哥政府顺水推舟，答应分批释放犯人。7月11日的墨西哥报纸报道说：

> 他们命令已获得释放的古巴人离开墨西哥，卡斯特罗继续监禁……
>
> 内务部宣称，只有被控阴谋反对古巴巴蒂斯塔总统政府的三个人仍被监禁。他们是：卡斯特罗·鲁斯博士（菲德尔），阿根廷医生格瓦拉·塞尔纳和古巴人加西亚·马丁内斯。
>
> 据称，在拉瓦耶法官19日审讯时，或命令释放他们，或给他们定

---

① 纳兹姆·希克迈特是土耳其诗人。1902年出生于今希腊萨洛尼卡，1963年卒于莫斯科。他1933年11月7日所写的《致心爱人的信》一诗，写于布鲁萨监狱，诗中有这样的话：在我最后一个黎明的昏暗时刻，我得看看你和我的朋友们，只把未唱完的这首歌的痛苦，带到深深的地下。

罪之前，他们是不会被释放的。

牢狱生活使格瓦拉与菲德尔的友谊进一步加深。曾有几张他俩在监狱中拍的照片。照片上，格瓦拉光着上身，正在穿戴，显得格外年轻，甚至有点漫不经心。确如卡洛斯·弗朗基所言，"像一个波希米亚流浪汉"。而身材魁梧的菲德尔则穿戴齐整，站在边上，样子既像是一位步入中年的兄长，又像是一位即将上庭的律师。事实上，即便在狱中，菲德尔也没闲着，他既要处处做出表率，以激励被捕同志的信心和勇气，还要殚精竭虑地为他们辩护。这就是一项事业的领袖和先锋之间的差别。先锋只需在兵戎相见时冲锋陷阵，而领袖则需时刻注意把握整个局势的主动，一小会儿的松懈都不可以有。

在狱中，领袖也充分表达了对战士的忠诚。当余下的三个人中菲德尔最先被释放时，格瓦拉动情地对他说，忘掉在狱中的战友，免得耽误计划，菲德尔却不同意他的看法。格瓦拉回忆说：

> 我记住了菲德尔对我的回答："我不会抛弃你们。"菲德尔这种态度，正是他能动员所有拥护者们疯狂地追随他的关键。

菲德尔的真情深深打动了格瓦拉，使他对这位领袖产生了更为强烈的忠诚敬爱之情，也使他对事业的信念更加坚定。在 7 月 15 日的一封家信中，他写道：

> 老妈：
>
> 我既不是基督，也不是慈善家，我与基督完全相反……我用能拿到的一切武器为我的信念而战。我设法打倒对方，而不让他们把我钉在十字架上或者其他地方。关于绝食，你完全搞错了：我们搞了两次绝食，第一次时，他们释放了我们 24 人中的 21 人；第二次时，他们宣布要释放菲德尔·卡斯特罗，明天就放，要是真的放了他，那么，狱中只剩下

两人。我不希望你像伊尔达所暗示的那样，认为我们留下的两个人是牺牲品……

我真正害怕的是你们不理解这一切，我还怕你那些要我明智、为自己着想的等等劝告，那些是一个人最可憎的品行。我不仅不明智，而且还要设法永远不是这种人。将来，当我发现我身上神圣之火已经变成一盏亮光微弱的小灯时，我要做的至少是在自己的粪便上再呕吐几口。……我可以告诉你，我很努力去消灭这种人，不是消灭那个我不认识的胆小的小人，而是要消灭那个流浪汉，那个不关心别人和因对自己的力量也许有错误的了解而产生自满情绪的人……在一个战斗的集体里，所有成员能完全一致，"我"的概念彻底消失，让位于"我们"。这是共产主义道德。

这封信，几乎可以说是他与过去那个一直在计划着"远游"的"流浪者"的决裂书，也是一个全新的格瓦拉诞生的宣言书。按照革命术语来说，格瓦拉已经完成了一次"脱胎换骨"的内心革命。

7月30日，格瓦拉也获释了。他马上去参加军训。在告别妻子和6个月大的女儿时，他送给女儿一首散文诗。

我阔步走过美洲的道路。在危地马拉，在玛雅人中，为了发现革命。在那儿，我遇见了一位同志，她成为我的向导。我们在一起生活，分享着保卫这个国家不受美国佬侵犯的共同信念。现在，我上战场的时刻来临了，这次是在另一个小国，我们大洲上的一小部分，为把剥削与贪婪驱逐出境而战，为了建立一个让你生活得更好的世界而战。

革命形势和菲德尔的步伐都进一步加紧了。

先是传来了发生在尼加拉瓜的令人振奋的消息。9月21日，爱国青年里戈维托·洛佩斯·佩雷斯在一次舞会上用左轮手枪枪杀了拉丁美洲臭名昭著的独裁者安纳斯塔西奥·索摩查·加西亚 (即老索摩查) 夫妇。老索摩查是杀害尼加拉瓜抵抗美国武装入侵的民族英雄奥古斯托·塞萨尔·桑地诺的刽子手，也是造成该国经济危机、民不聊生、民主倒退、独裁统治的罪魁祸首，是"家天下"的"索摩查王朝"的开创者，更是支持危地马拉、古巴等国独裁者，维护黑暗统治的幕后黑手。他的被杀，是拉丁美洲反抗独裁统治历史上一件振奋人心的大事，给正准备远征古巴的菲德尔的起义军以极大鼓舞。

遥远的埃及也传来了好消息。阿卜杜勒·纳赛尔领导的埃及革命取得了成功，从美、英、法等强国手中用武力收回苏伊士运河的管辖权，给了古巴革命以很大启示和信心。

此外，菲德尔还与革命指导委员会、人民社会党全国执行会议的领袖们广泛接触，以协同各方力量，共同推翻独裁统治。

10 月，军事训练找到了新的营地——玛丽亚·德洛斯安赫勒庄园。在这里，起义军迎来了一位新战士，也是未来的第四位核心领导人员：卡米洛·西恩富戈斯。在战争中，他不仅与格瓦拉一起成为古巴革命两位最杰出的军事指挥官，而且也是格瓦拉最亲密的战友之一。后来，格瓦拉的一个孩子就是以他来取名的。

11 月 2 日，墨西哥《警觉报》发表了菲德尔的谈话。他宣布，将不惜一切代价进入古巴。战争的阴霾立刻布满了古巴的上空。有人震惊，有人害怕，有人欢呼，有人出汗……

11 月 21 日，墨西哥当局勒令菲德尔在三天内离开墨西哥。菲德尔眼见准备工作已做得差不多了，便果断中止了军训，带领他的追随者，动身前往墨西哥坦比科南部图克斯潘河的图克斯潘港口。

军医格瓦拉背上药箱，回家同伊尔达话别，吻别了未满周岁的女儿。他给伊尔达留了一张纸条，上写：

伊尔达：我的出征之日将是我实现壮志和不息战斗的开始。

临走时，伊尔达提醒他带上吸入器，可他竟真的忘了。

24 日晚，所有远征人员在图克斯潘港集结。

港口内，一艘白色的木制游艇静静地停在那儿。这艘只能运载 25 名乘客的破旧美国产快艇，有幸成为古巴革命的诺亚方舟，并在日后成为古巴革命永恒的标志之一。

1956 年 11 月 25 日凌晨 2 点，随着菲德尔"解缆，开船！"的一声令下，"格拉玛"号发出一声即便是在年轻时代也不曾有过的响亮的汽笛声，似利箭，刺向黑暗中独裁统治庇护下的溃烂的土地。

"1956 年，我们要做自由人"的誓言在晨曦中震荡……

二、枪

"格拉玛"号一进入公海，就遇到了意外情况：墨西哥湾连续7天7夜的惊涛骇浪，给起义者带来了第一项严峻考验。起义者个个头晕目眩，上吐下泻。格瓦拉的哮喘病犯了，他强忍着憋闷，坚持履行军医的职责，为大家治疗。但人们的情绪是高涨的。后来，格瓦拉在回忆这次远征时写道：

我们熄灭了灯火，挤在乱七八糟的人堆和各种杂物之间离开了图克斯潘港。天气很坏，航行是禁止的，但是出海的河口还平静。我们驶过港口进入海湾，随后就开了灯。我们开始到处找治晕船的药丸，结果还是没有找着。我们唱起古巴国歌和《7月26日运动颂歌》。在唱了约5分钟之后，船上出现了令人啼笑皆非的场面：有的人愁眉苦脸，双手捧腹；有的人把头浸入水桶；有的人奇形怪状地躺着，一动也不动，呕吐得满身狼藉。

在83个人中间，没有晕船的只有几个人。四五天之后，总的情况稍有好转。我们发现了我们原先以为船内的一个漏洞的地方，实际上却是一个没关紧的水龙头。为了减轻载重，我们已经把一切多余的东西都丢到水里了。我们选择的路线是沿古巴南部绕一个大弯，顺着风向绕过牙买加岛和大开曼岛，以便到达奥连特省的尼克罗镇附近的登陆地点。计划进行得很慢。

11 月 30 日，我们从收音机里听到了圣地亚哥暴动的消息。这是我们伟大的弗兰克·派斯希望配合我们远征队开到而组织的行动。

第二天，12 月 1 日的夜里，淡水、燃料和粮食都用光了。我们把船头指向古巴航行，拼命寻找克鲁斯角的灯塔。

深夜两点钟，在一个阴沉和暴风雨的黑夜里，情况令人焦急不安。瞭望员走来走去，指望找到还没有在水平线上出现的灯光。前海军上尉罗克，再一次爬上狭小的船桥，搜寻克鲁斯角的灯光。可他没站稳，"嗵"地一下掉进海里去了……

经过七天七夜的颠簸，1956 年 12 月 2 日凌晨，"格拉玛"号终于靠上了古巴奥连特省西南角的科洛拉多斯海滩。

在如此暴虐的气候下，凭借如此简陋的条件，"格拉玛"号能够完成这次登陆行动，绝对是一个奇迹。格瓦拉说过：

登陆成功是一次意外的胜利。严格地说，那不是登陆，而是一场灾难。当时，我们只能从现实出发，但我们完成了本来完成不了的任务。

革命胜利后，古巴政府在一次纪念"格拉玛"号登陆的活动中，曾安排 83 名学生登上"格拉玛"号。但 83 人却怎么也没法同时在船上坐下。真难想像当年的 83 名起义者是如何在这样一条船上度过七天七夜的。唯一的答案，就是信念。

就在"格拉玛"号远征的同时，古巴国内的革命力量开始按约定行动起来。11 月 27、

古巴革命的诺亚方舟——"格拉玛"号

28 日，革命指导委员会一名指挥官在哈瓦那蒙马特夜总会发动了一次袭击行动，打死了独裁政府一名臭名昭著的人物：军事情报机构头目安东尼奥·布兰科·里科上校。随后，在反动政府杀害 10 名躲匿于海地大使馆的革命指导委员会青年的行动中，青年们在生命的最后一刻，杀死了独裁政府的另一根台柱子、全国警察头子拉法埃尔·萨拉斯·卡尼萨雷斯准将，给了政府有力的一击。

27 日，哈瓦那、圣地亚哥和其他大城市爆发了大学生游行，学生们高喊"巴蒂斯塔在，我们就不上课"。罢课直到巴蒂斯塔政权倒台后才结束。

"7·26 运动"是起义军最有力的支持者。他们提前好几天就在奥连特省广大地区准备了武器、装备、给养、通讯设备等等。弗兰克·派斯让塞莉亚·桑切斯来负责这项工作。塞莉亚·桑切斯是一位坚强、能干、忘我的女性，是古巴革命杰出的女性领袖，日后担任了古巴共产党中央委员、部部长会议执行秘书等。她还是菲德尔身边最重要的女性，在 1979 年去世前的 20 年左右时间里，一直是他事实上的女友、助手、顾问。但正如蒂塔始终没能成为格瓦拉的妻子一样，她也是菲德尔终生的追随者，却始终没和菲德尔结婚。为"格拉玛"号登陆做准备工作是塞莉亚·桑切斯第一次为古巴革命发挥重要作用，且完成得非常出色。但由于"格拉玛"号没有如约在指定地点登陆，所以她未能给起义军以直接帮助。但是，其他地方的运动成员还是在弗兰克·派斯的领导下，发动了一系列战斗。

11 月 29 日，圣地亚哥交通工人举行了罢工。次日，战士们占领了圣地亚哥的街道，穿上橄榄绿的制服，戴上"7·26 运动"袖章，袭击了"希波涅"号船，焚烧了警察局，并攻占了学校、医院、教堂等建筑物。工人也发动了罢工。革命力量取得了暂时的优势。

然而，"格拉玛"号并没有如约赶到，独裁政府却派出了优势兵力发动反扑。双方发生了激战。革命力量一直坚持到 12 月 2 日，才不屈地失败了。

11 月 30 日，关塔那摩、孔特拉马埃斯特雷、奥尔金、帕特雷港、帕尔马·索里阿诺和奥连特省等地也发生了工人罢工、袭击火药库、占领军事据点、烧毁甘蔗田等活动，但也都因"格拉玛"号没有如约出现而失败。

登陆后，83名起义者包括4名外国人——阿根廷人切·格瓦拉、意大利人希诺·多内、墨西哥人纪廉、西班牙人拉蒙——中的大部分人被编成3支小分队，每队22人，分别由劳尔·卡斯特罗、黑人胡安·阿尔梅达·博斯盖、何塞·史密斯三位"上尉"负责。所有人又都听命于最高指挥官菲德尔·卡斯特罗"少校"。格瓦拉则继续担任军医一职，并没有进入军事指挥官行列。这时候，他们所拥有的武器主要有：2门反坦克炮、35支带瞄准镜的步枪、55支门多萨步枪、3挺汤普森轻机枪和45挺手提机关枪。

登陆后仅仅一个小时，起义军就被巴蒂斯塔军队发现了。海军作战部和空军的飞机轰炸了科洛拉多斯海滩。起义者只能躲进沼泽地，艰难地向安全地带撤退。

巴蒂斯塔宣布，哈瓦那省和马坦萨斯省之外的另外4个省停止宪法保证，并宣布奥连特省西南部的一大片地区处于"战争状态"，并向这个地区调拨了大批军用物资，对这个地区形成一个大包围圈，以图一举消灭起义军。他们一边下令军队对菲德尔格杀勿论，一边又利用新闻机构，传播菲德尔已死的谣言，以瓦解人民的意志。

12月3日，美联社驻哈瓦那记者弗朗西斯·麦卡西报道说，由40人组成的"7·26运动"最高指挥还未到达古巴领土，就被战斗机和地面部队消灭了。政府军向开阔地带上的起义军扫射。在另一篇报道中，他煞有介事地说，政府已派鉴定专家前去鉴定死者身份。

消息传到格瓦拉的故乡阿根廷时，已变成了一则噩耗，伤亡者中间有格瓦拉。

而墨西哥报纸的醒目标题是：《菲德尔·卡斯特罗、埃内斯托·格瓦拉、劳尔·卡斯特罗，以及所有参加远征的成员都已死亡》。

独裁政府军队早已习惯用假消息欺上瞒下。起义军登陆的曼萨尼略地区司令里达德·费尔南德斯将他估计的远远超过实际的起义军人数报告给奥连特省政府军司令迪亚斯·塔马约。迪亚斯慌了神，把这个情况紧急报告给哈瓦那司令塔维尼利亚。塔维尼利亚不敢怠慢，立即派遣克鲁斯·比达尔率部围剿起义军。

人民则对政府的谎言有了免疫力。在哈瓦那市民中流行的一种说法是，菲德尔的起义军人数在40—200人之间。为了给自己的兄弟壮胆，菲德尔的两个住在墨西哥的妹妹向报界宣称，起义军5万人已进入了卡马圭省。

……

正当真假消息满天飞的时候，残酷的战斗开始了。12月5日下午4点前后，正在靠近海岸的甘蔗区一个名叫阿莱格里亚·德皮奥的地方休息的起义军，遭到了政府军的突袭。同时，克鲁斯·比达尔的部队也在奸细的带领下，攻到了离起义军不到百米的地方。政府军喊话要起义军投降，遭到了痛骂。

起义军被打散了，菲德尔、劳尔、格瓦拉各各分散，在大森林里艰难前进。但他们都有一个大致明确的目的地：马埃斯特腊山。这是起义计划中早已明确的。和格瓦拉在一起的是一支由胡安·阿尔梅达指挥的8人小组。格瓦拉凭着天文学知识，借助星辰的"指引"，为队伍带路。

队伍沿着海边艰难行走，队员们脚上都起了水泡。成群的蚊子围着它们，发动着一次次骚扰吸血的攻势。山上没有甘蔗，队员们只能喝岩石缝中渗下来的水解渴，吃海边的小螃蟹度日。但是，找到菲德尔，挺进马埃斯特腊山的信念却支撑着他们，使他们始终斗志昂扬。途中，他们还多次与政府军狭路相逢，但每次都能化险为夷。

12月18日，失散的起义军开始会合了。先是卡斯特罗兄弟及其部属共8人胜利会合。菲德尔一反常态地欢呼道"我们赢了！"紧跟着，格瓦拉一行在一位农民的指引下，也找到了菲德尔。未来古巴的三巨头在这个名叫五棵棕榈树的地方胜利会师了。

欢欣鼓舞的同时，菲德尔却发现了一个令人担忧的现象：格瓦拉一行为了轻装行军，将身边的物品扔得只剩下两支冲锋枪。这是一个足以致命的错误。于是，他批评了他们：

  格瓦拉，格瓦拉

你们没有为你们所犯的错误受到惩罚，因为在这样的情况下，你们放弃武器所付出的代价，就是自己的生命。在与政府军正面相遇的时候，你们能够生存的唯一希望，就是你们的枪。放弃它们是犯罪，也是愚蠢的。

菲德尔的这番话如醍醐灌顶，警醒了格瓦拉，也警醒了所有人。他们牢牢记住了这些训诫。同时，菲德尔又鼓励大家说：

我们已在这一次冒险的第一阶段中取得了胜利。我毫不怀疑地认为，胜利早晚是属于我们的……

这番话，进一步坚定了逆境中的起义军必胜的信念。菲德尔无愧为古巴革命的中流砥柱。格瓦拉由衷赞叹道：

菲德尔的杰出形象给我留下了深刻的印象。最困难的问题全由他承担并都得到了妥善的解决。他心怀非同一般的信念：
只要出发去古巴，就一定要抵达。
只要到达古巴，就一定要进行战斗。
只要打响战斗，就一定要取得胜利。
我同意他的乐观思想。
我们必须行动起来，展开斗争，去实现理想。
我们不能流泪，也不能相互埋怨。

队伍会合后，继续向马埃斯特腊山进发。一路上，有更多失散的小组归队了。农民和曼萨尼略人也纷纷加入到队伍中来。起义军在该地区的影响不断扩大。

格瓦拉继续履行军医的职责，为受伤的战士治疗。由于他忠于职守，所以虽然经历了一系列激烈战斗，行囊中的药品还是基本完整地保存了下来。做医生有时候只能铁石心肠，为了治好战友的伤，格瓦拉顾不得他们痛苦的叫喊。一位战士说："切·格瓦拉作为一名革命者确实叫人心服口服，但作为一名医生，他的心肠却硬得像刽子手。"在艰苦的、缺医少药的环境里，治好病，让战士们重新站起来战斗，才是第一位的。

他还坚持记日记。他的日记是古巴革命珍贵的史料，日后集结出版时，取名为《革命战争回忆录》。

经过一个阶段的战火洗礼，格瓦拉已变得成熟坚定。但他还是没有完全抹掉身上"流浪汉""诗人"的特质。有一次，他搞到一顶巴蒂斯塔士兵的钢盔，出于好奇，摘下头上的贝雷帽，戴上钢盔。碰巧的是，那时候，他刚好把胡子剃净了，乍一看，十足是一位巴蒂斯塔士兵，搞得卡米洛·西恩富戈斯一阵紧张。菲德尔得知此事后，意识到潜在的危险，忙下令禁止战士们戴敌人的钢盔，以免引起误伤。

这期间，格瓦拉被闻名于世的古巴雪茄烟征服了。

雪茄烟产于古巴气候温暖、降水丰富的谷地，最初是在宗教仪式中用于驱魔除妖。印第安人相信，人的精神和愿望可以通过雪茄的烟雾到达神那里，是哥伦布将这种神奇的烟草传到了文明世界。当大量黑奴被贩卖到美洲大陆时，吸食雪茄成为这些苦难民族人民漫漫漂泊途中唯一的慰藉。有一首诗是这样赞美古巴雪茄的：

在那片肥沃的山谷中

流淌着静静的小河

远远看到辛勤的农民

正在那里播撒着种子

那是伟大的古巴雪茄的种子

雪茄以其香醇的味道和神秘的历史，征服了世界上许多名人。拿破仑所到之处，必定一地雪茄烟灰；林肯一尝到雪茄，便终生难改；丘吉尔更是嗜雪茄如命……

格瓦拉抽上雪茄看来是不可避免的。在雪茄文化发源地古巴，诗人气质的理想主义者怎能对雪茄的诱惑无动于衷？据说雪茄还是缓和哮喘发作之苦的良药。另外，雪茄还能驱赶讨厌的蚊子。格瓦拉吸食雪茄的经历，却成为整部雪茄史上不可忽略的一笔。有人说，格瓦拉是世界上吸雪茄姿势最洒脱的人物之一。更为重要的是，他吸雪茄的样子日后竟成为古巴革命的标志之一。可以毫不夸张地说，是格瓦拉、菲德尔这些马埃斯特腊山的英雄们，赋予了雪茄文化新的内涵。

1957 年初，绵延高峻的马埃斯特腊山终于进入了起义军的视野。在烟波浩渺的大海边，这条长约 160 公里，宽约 48 公里的山脉，就像一群起伏的奔马，在古巴最南端蜿蜒而行。群山中，古巴最高峰图尔基诺峰峻拔高耸，气势峥嵘；山坡则起伏平缓，孤独地生长着高大的仙人掌和各种热带植物。马格达莱纳河与拉不拉他河分列山脉两侧，宛似两颗晶莹剔透的明珠。起义军的到来，使这里成为古巴革命的圣地。

起义军到达马埃斯特腊山后，抓紧时间进行休整。这时，武器装备已得到了进一步改善。战士们的士气高涨起来，急需通过一场战役来证明自身实力。

这段时间，格瓦拉也在进行着痛苦的思考：在起义军中，自己究竟该如何定位，是军医，还是战士？他最终选择了后者。幸运的是，很快，证明他是一名真正战士的机会就降临了。

经过精心筹划和严格勘查，菲德尔决定进攻图尔基诺山下的拉不拉他兵营。据侦察，这个兵营中有 15 名政府军士兵，他们士气涣散，只知道寻欢作乐。这样一支"鱼腩部队"，正适合起义军初试牛刀。

菲德尔很快就拿出了一份详细的进攻计划：卡米洛·西恩富戈斯等人为一组，从右翼包围兵营；菲德尔、格瓦拉等人为一组，从中路进攻；劳尔·卡斯特罗和胡安·阿尔梅达率领各自的分队，从左翼进攻。

队伍在翻越 2000 多米的图尔基诺峰时，出现了麻烦。恶劣的气候条件使格瓦拉的哮喘病犯了。而他所带的肾上腺素已全部用完，无法制作平喘喷雾剂。在此情形下，格瓦拉表现出了英雄的本色，他咬紧牙关，随着队伍翻越了古巴最高峰。

1957年1月17日，起义军发动的第一次战役打响了。凌晨2点40分，起义军向兵营发起进攻。政府军进行了抵抗，但随着起义军一阵阵猛烈的子弹打来，一个个手榴弹、炸药包扔过来，养尊处优惯了的政府军很快丧失了斗志，一个接一个缴械投降……

在这场战斗中，日后革命军中两名最勇敢的司令脱颖而出。格瓦拉在毫无掩护的情况下，冒着枪林弹雨，勇往直前，一举炸掉了敌人的飞机库，从根本上动摇了敌人的军心。卡米洛·西恩富戈斯则第一个冲进兵营，一下子就将所有敌军生擒活捉。

战果是辉煌的：8支老式步枪、1挺汤姆生冲锋枪、几千发子弹，还有大量子弹带、刀子、汽油、衣服、食品。战斗中，政府军死2人，伤5人，俘3人，逃走数人。起义军则无一伤亡。

令世界耳目一新的马埃斯特腊山的英雄们

对待俘虏，起义军采取了令对方意想不到的方式。格瓦拉用本就不多的药品为他们疗伤，并给了他们自由选择的机会。有一名俘虏留在了起义军中，后来一直在劳尔·卡斯特罗麾下，并升至中尉。

胜利的成果远不止于此。对于起义军来说，这次胜利检验了部队的战斗力，赢得了可贵的支持。没有比取得战斗的胜利更好的鼓舞士气的办法了。对于起义军在古巴的影响来说，早先关于起义军失败、被消灭的各种小道消息满天飞，人民对他们的存在抱着将信将疑的态度。这一来，谁都不会怀疑他们的存在和实力了。而胜利的每一个细节，包括如何策划一次战斗、如何在战斗中打击敌人、如何对待俘虏，都为日后的斗争树立了典范，创建了模式。另外一个收获是锻炼了队伍，使得优秀者脱颖而出。格瓦拉和卡米洛·西恩富戈斯作为优秀战士的地位由此奠定。

取胜后的起义军并没有盲目乐观。面对巴蒂斯塔气势汹汹的海陆空警大军压境的威胁，他们及时进山，并于1月22日再次击败了一支巴蒂斯塔的部队。格瓦拉亲手击毙了一名敌军，进一步树立起英勇战士的形象。

这段时间，起义军还处死了变节成为敌人奸细的欧蒂米奥·格拉。富有意味的是，当起义军在处死他之前问他还有什么要求时，他承认自己是叛徒，并希望起义军照顾他的孩子。菲德尔答应了他的要求，并实践了自己的诺言。

在欢乐心情的支配下，1月28日，格瓦拉给伊尔达写了一封充满热情的信。

亲爱的老婆子：

这几行马蒂体的热情洋溢的文字，是我在古巴的林莽中给你写的。我还活着，并且俨然是一个真正的战士了。凭什么这么说呢？至少我很脏，而且衣衫褴褛，再说我是把信笺放在军用饭盒上给你写信的，而且肩上背着步枪，嘴里还衔着新近得到的佳品——雪茄。……那些大兵的士气是何等低落，他们永远也包围不了我们。当然，斗争还未胜利，今后还有不少战斗，但是天平秤上的指针已经偏向我们这边，而且，我们这边的重量将与日俱增。……你们，特别是"最娇嫩的爱情的花瓣"近况如何？代我以她的骨骼所忍受得了的力气拥抱她，吻她。我走得如此仓促，竟把你和女儿的照片都忘在潘乔家了……

这封信，伊尔达阅后转寄给了塞莉亚。这使得原先关于格瓦拉已死的消息不攻自破。

这段时间，格瓦拉还给母亲写了一封充满暗语的信，简略地介绍了自己的情况。

> ……起初我认为生意搞砸了，或能迅速解决问题，但老板使形势稳定下来并得以正常发展。看样子，再过几个月，等到生意有了结果又有钱给大伙儿，老板就要放我假了。
>
> 我对这种生意越来越懂行了。有了老板的帮助，我想我也许事业有成，他是很好的人。关于我个人情况，没有什么有趣的事可告诉你们，因为你们不认识我的新朋友。能告诉你们的是，我仍然喜欢远足，只要有可能，我总是跟一些朋友外出。
>
> 等这笔生意圆满成功，我就邀请你们到这个美妙的岛来游玩……

这封信给了塞莉亚极大的信心。

正当所有起义军将士为取得的胜利欢欣鼓舞时，作为领袖的菲德尔却在思考另一件重大的事情：巴蒂斯塔政府把持了新闻媒体，借以鼓吹自己的统治，封锁起义军胜利的消息，甚至肆意编造和传播起义军失败的消息。这种状况不改变，人民就不可能真正了解起义军的情况，也不可能真正同起义军融为一体。必须打破独裁政府的新闻封锁，让起义军的威名和理念传遍古巴。为此，他冥思苦想，终于想到了一个绝妙的方法。

1957年2月17日，美国《纽约时报》著名记者兼高级编辑赫伯特·L·马修斯只身来到马埃斯特腊山起义军驻地。他是菲德尔通过帕索斯家族邀请来的。

57岁的马修斯在世界上享有盛名。20年前，西班牙内战期间，他是共和派的同情者，通过生花妙笔，有力地宣传了共和党人和国际纵队英勇抗击佛朗哥军队的事迹，被海明威誉为"勇如穴熊"。

受到帕索斯家族邀请，当时常驻哈瓦那的马修斯一口答应，欣然前往马埃斯特腊山。同全世界人一样，他也对马埃斯特腊山充满好奇。对于一名记者来说，独家采访一起爆炸性事件的机会更是可遇而不可求。他渴望亲手揭开这支"大胡子军"①的神秘面纱。

在起义军驻地的一棵大树下，马修斯见到了菲德尔。会谈中，菲德尔充分运用高明的政治技巧和突出的个性魅力，征服了这位美国人。

他介绍了起义行动的全过程，自豪地宣称人民是如何拥戴和支持起义军的。他表明了对革命胜利的乐观态度，并不失时机地刺了一下美国人的神经：

> 请您看一看，贵国政府交给巴蒂斯塔的武器，并不是像他们所说的那样，是为了保卫本半球，而是用它来打人民。

同时，菲德尔又不愿激怒美国。他话锋一转，说道：

> 你可以相信，我们并不仇视美国和美国人民……我们是为民主的古巴和结束独裁而斗争的。我们并不反对军人，因为我们知道那些政府军的士兵都是善良的，很多军官也是善良的。

与格瓦拉作为一名理想主义者的宁为玉碎、不为瓦全的激进性格形成鲜明对比的是，菲德尔更是一名成熟的政治家，他考虑的更多的是如何才能使起义军取得最大的实际利益，为此，不惜放弃语言的精确性。这也是革命家与政治家的区别。马修斯显然还没有真正了解菲德尔，所以在听完这番话后，坚信菲德尔是一名社会民主主义者，可以成为美国的朋友，并对菲德尔表示出极大的好感。

其实，把菲德尔简单地归类为社会民主主义者，是对他的简单化理解，但也是菲德尔所追求的效果。刻意模糊自身的政治主张，以尽可能多地争取各方支持，是菲德尔在革命初期的高明策略，以至于"害得美国外交人员及政策

---

① 菲德尔是大胡子，起义军的另外一些领袖也是大胡子，故起义军就被人们称为"大胡子军"。

顾问常有争议,搞不清楚卡斯特罗这一股人马到底是赞成还是反对共产党"。[①]

当然,菲德尔与共产党若即若离的关系除了策略层面的考虑,还有更深层次的政治信仰的因素。从很早开始,他就对共产主义与自由之间的矛盾保持着警惕。1959年革命胜利后,他曾表示:"我们这个时代最可怕的问题,便是世界必须在让人民忍饥挨饿的资本主义与解决了经济问题但却不够自由的共产主义之间做选择。"他后来成为一名共产主义者,在某种程度上是顺应了形势的推动,同样带有策略的考虑。而在马修斯采访他时,他的政治信仰中民主主义的成分并不少于共产主义,这也是无可争议的事实。总之,他的表现打消了马修斯的质疑。采访结束后,马修斯激动地对陪同他上山的哈维尔·帕索斯说:

> 卡斯特罗这个人具有慑服人的个性。不难看出,他手下的人都爱戴他……这是一个有教养、有献身精神的狂热者,是一个有理想、有魄力又有领袖显著品质的人。他让人觉得他现在是不可战胜的了。

这正是菲德尔所需要的褒奖。他可以不看重马修斯对自己的好评,但却格外珍视马修斯对整个革命的肯定。

马修斯没有辜负菲德尔的期望,他那支如椽巨笔很快就为整个古巴,乃至拉丁美洲树起一面旗帜,塑造了一个当代英雄——菲德尔·卡斯特罗的形象。他身材高大,脸庞微圆,棕色的皮肤上留着一丛威风凛凛的大胡子;他"辩才横溢",通过他的阐释,革命的道理一清二楚,容易接受;他的军队是真正为老百姓的,他们公平对待老百姓,公买公卖,与自己的敌人形成巨大反差。他还写道,这支部队在战斗了79天后,目前士兵的士气空前高涨,巴蒂斯塔军队则普遍悲观消沉。此外,马修斯还提到了起义军的数量。他虽然说不清起义军的具体人数,但他确信,人数不在少数,而且还不断有人加入。其实,这是菲德尔要的一个小小的手腕。他让劳尔指挥少数一些起义军,以及几个农民和临时人员,在马修斯面前来来回回地走,给他造成人来人往、络绎不

---

① 引自《极端的年代》,〔英〕霍布斯鲍姆著,江苏人民出版社,1998年版。

绝的假象。

2 月 24 日，马修斯的独家报道在《纽约时报》上发表，菲德尔及起义军的传奇经历很快传遍了全世界。世界惊奇地发现，所谓的"匪首"菲德尔及其追随者，原来是一群极富魅力、深得民心的常胜战士。他们对美国所持的温和态度，即既大胆批评，又不仇视，更使美国民众解除了对他们的戒备心理，转而同情、理解起他们的处境来了。他们绝不承认自己的政策是共产主义的，但他们采取的一系列政策又带有鲜明的共产主义色彩，这又使以苏联、中国为代表的共产主义国家对他们产生好感，并开始对他们有所关注。唯有对独裁统治，他们持势不两立的态度，这使他们赢得全世界人民，特别是古巴人民的好评。经马修斯夸张后的起义军的实力，甚至在古巴人中间产生了"重新站队"的危机感。

总之，由菲德尔亲自策划的马修斯对马埃斯特腊山的造访，产生了预期的效果，为起义军赢得了很多政治积分。他们从此走进了全古巴、全世界的视野。

马修斯的采访使操纵舆论工具的行家里手巴蒂斯塔如坐针毡。他精心编织的谎言的大网被撞了一个洞。他不甘心就此失败，忙故技重演，派国防部部长圣地亚哥·雷伊出面，矢口否认马修斯有能力穿越政府军的包围圈，深入马埃斯特腊山进行采访。魔高一尺，道高一丈，马修斯立刻公布了他和菲德尔的合影，独裁政府顿时傻了眼。

4 月 23 日，美国记者鲍勃·泰伯和 CBS 联播摄影师温德尔·霍夫曼也赶到起义军司令部采访菲德尔，还拍摄了一部宣传片，在美国哥伦比亚广播电台播出，进一步宣传了起义军。

美国记者采访的另一个意想不到的效果，是促使塞莉亚对儿子所选择的古巴革命的道路产生了认同。以前，她只是对菲德尔这位儿子在信中反复提及的"古巴青年""老板"有粗浅的认识，这一次她充分认识到了这个人的魅力和理想的崇高。她觉得，儿子能追随这样一个人，去开创一番伟大的解放事业，是明智的，也是高尚的。她不仅要理解和支持儿子，还应该追随他的事业，为古巴革命出一份力。为了正义，也为了儿子。

从此，塞莉亚成为"7·26 运动"驻阿根廷委员会最积极的支持者。从此，她从格瓦拉的精神之母，转变为格瓦拉事业的追随者，以儿子的选择为自己的选择，以儿子的追求为自己的追求。

短暂的胜利并不意味着困难的消失，革命是一个长期而艰苦的过程。

1957 年下半年，格瓦拉遭遇了很大的麻烦，他的哮喘病犯了。因为没有肾上腺激素，病情一直得不到控制。起义军也遇到了危险。有一天，当他们在一户农民家里借宿时，菲德尔突然发现房东的儿子不翼而飞。敏感的菲德尔立刻意识到那人肯定是去告密了，便命令起义军立即撤离。

对于经过了战火洗礼的起义军来说，摆脱政府军的围追堵截并不困难。但这时格瓦拉却哮喘病大发作，寸步难行。为了不让战友们因自己而滞留下来被敌人发现，他请求菲德尔把自己留下来。菲德尔不同意。正如他在墨西哥监狱里对格瓦拉说"我不会抛弃你们"一样，每当格瓦拉对自己的未来产生动摇，菲德尔总是说"我不会抛弃你们"。一位刚入伍的农民出身的战士克雷斯波则用话来刺激格瓦拉，他说："你还是阿根廷人呢！你给我走，否则，我就用枪托子揍你！"他一边刺激格瓦拉，一边背着他往外跑，终于带着他摆脱了追兵。

后人莫不认为，格瓦拉是战场上最勇敢的战士，也是起义军中最杰出的指挥官。其实，在战斗初期，以学生身份参加革命的格瓦拉也经常暴露出软弱、动摇的一面，是菲德尔和战友们帮助他渡过了难关，是战火磨炼了他。

三、少校司令

　　格瓦拉在起义军有两个他人无法替代的身份：一个是最杰出的指挥官，在这一点上，他是与卡米洛·西恩富戈斯分享的；另一个是最出色的政治委员，这一点上他是独一无二的。他在革命军中奠定不可动摇的领袖地位，就是从在马埃斯特腊山区的政治工作开始的。

　　菲德尔发现，起义军虽然在马埃斯特腊山节节胜利，甚至借助马修斯和鲍勃·泰伯等人的宣传轰动了世界，但实际上还是处在被动挨打的地位。通过认真反思，特别是参照了中国革命的经验，他认为，问题出在起义军没有建立根据地。

　　而要建立根据地，最根本的一条是要得到当地农民的信任与支持。当地农民都是从外面迁徙而来的。他们在连绵的群山中开荒种地，在山坡上种植咖啡树。然而，每当收获季节到来，不知何处就会冒出一些自称是土地所有者的人。他们的身份，无非是些大土豪、大债主，有的甚至是外国公司。他们恬不知耻地宣称农民们的收获物应该归他们所有。他们之所以如此猖獗，是因为政府和军队支持他们。如果农民们拒不交出收获物，等待他们的就将是手铐和监狱。在这片郁郁葱葱的山林之中，隐藏着无数不公平的社会现实。久而久之，这里的农民既仇恨那些欺压他们的人，又对欺压者心怀惊惧，表面上唯唯诺诺，个别人甚至学会了与欺压者合作。菲德尔认识到，要想在这里开辟根据地，一方面要真心实意地善待群众，赢得他们的拥护；另一方面更要开启他们的智慧，激励他们反抗的热情，教会他们争取自身权利。

起义军的第一步实实在在的工作，就是派人到农民中间，了解他们的情况，向他们讲述一些浅显易懂的道理，帮助他们看清自己悲惨命运的根源何在，从而激发他们反抗巴蒂斯塔独裁统治的热情。在这项工作中，格瓦拉善于与人沟通思想，善于说服人的优势发挥了出来。他总能用最简单的话语让农民们看清自己的命运，同时启发他们：必须由一支革命的队伍来领导，建立根据地，共同对抗剥削者，农民的噩运才可能从根本上得以扭转……在古巴，在马埃斯特腊山，农民们可以信赖并依靠的，正是眼前这支"大胡子军"及其领袖菲德尔·卡斯特罗。

当然，对于目不识丁的农民来说，空洞说教是没有什么作用的，必须辅之以实实在在的利益。格瓦拉经常背着药箱，到附近一个个村落去为农民治病。当时，马埃斯特腊山区的人民由于生活条件艰苦，缺吃少穿，妇女早衰、牙齿脱落、孩子肚子鼓胀的情况非常普遍，还有很多人得了寄生虫病、软骨病和营养不良症等。格瓦拉主动靠近这些病人，为他们提供免费治疗。虽然他不是牙科医生，但他还是经常给当地的牙病患者拔牙。他曾在《革命战争回忆录》中以诙谐的语调描述了自己为农民拔牙的经历：

> 被我拔牙的第一个受害者是帕尔多，拔完牙后，他几乎不能动弹了。第二个受害者是霍埃尔·伊格莱西亚，拔牙时我忘记事先应在他的犬齿下面放进麻醉药片，因而，直到战争结束时，他的牙齿还不断出毛病。看来我的那些努力也许都无效果。

此外，起义军还规定了严格的纪律，杜绝偷鸡摸狗行为，要求公买公卖，谁若违反纪律，定遭严惩不贷。

对于马埃斯特腊山的农民来说，如果不是因为亲身经历，他们说什么也不会相信这世上还有这样一支既能打败欺压他们的坏人，又时时处处为他们着想，解决实际困难的军队。他们打心底里喜欢这支大胡子军，喜欢格瓦拉医生，甚至视其为仁慈的救世战士。

通过这些事情，菲德尔对格瓦拉另眼相看。如果说过去，格瓦拉在他眼里只是一个充满热情的青年革命者的话，则现在，他开始用看待一名指挥官的眼光来观察他，并有意识地让他承担一些组织指挥工作。

渐渐地，起义军和农民之间的交往形成了固定的模式。起义军成了农民的知心人、救世主，农民们则成为起义军的好朋友，想方设法为起义军提供食宿，通风报信，还踊跃送子弟参军。

3月16日，在豪尔赫·索图斯上尉的率领下，50名从圣地亚哥来的新战士进入了起义军根据地。菲德尔派格瓦拉前去接收这支队伍，但豪尔赫·索图斯显然对这个外国人不太信任，坚持将部队亲手交给菲德尔。格瓦拉善意地理解了他的想法，带着他们归队了。

菲德尔及时将扩充了的共150人的队伍编成三个排，分别由劳尔·卡斯特罗上尉、胡安·阿尔梅达上尉和豪尔赫·索图斯指挥。另外，卡米洛·西恩富戈斯率领前队，埃菲赫尼奥·阿梅赫拉斯率领后卫队。格瓦拉依然是总参谋部的军医，但直接参与总参谋部的决策工作。

很快，菲德尔和起义军的主要领导就发现，新补充进来的50名战士的情况参差不齐，新老战士之间反差极大。老战士经过战争的磨炼，对战争本质认识深刻，备战意识较强，思想、纪律、身体也较好。新战士则各方面都欠缺。为此，有必要对他们进行一次集中训练，以提高他们适应战争的能力。

训练内容主要是行军，让新战士适应恶劣的环境和长途跋涉的艰辛，并通过训练，增强对抗政府军的能力。训练中，新兵们叫苦不迭，有些人吃不消了，就打起了退堂鼓，做了逃兵。长期的斗争经验告诉菲德尔和格瓦拉，逃兵带来的威胁可能是致命的。因此，在起义军的纪律中有明确规定，对逃兵可以当场枪毙。

有一次，一个新兵逃跑了，前去追赶的两名战士中，有一个竟然动员另一个和他一起逃跑。后者不为所动，在劝说无效的情况下；打死了鼓动者。这件事在战士中引起了强烈的反响，大家针对此事争论不休。格瓦拉意识到事件的严重性，将队伍拉到逃兵被杀的现场，让战士们面对逃兵的尸体，向大家解释为什么枪毙逃兵。往昔斗争中由于叛徒和告密者出卖而使革命遭受惨重损失的教训震撼了战士们。这时候，他们再去看被杀者，同情心就变成了鄙夷感。格瓦拉的工作起了作用。

随着治军经验不断丰富，起义军中的各项纪律也在不断补充、完善。在这些纪律中，明确规定了战士不准酗酒，不准赌博，不准调戏和强奸妇女，不准虐待俘虏，不准抢占群众财物，不准丢失武器，不准临阵脱逃，不准用起义军的名义干坏事等。违反了军纪，轻则教育、处罚，重则枪毙。纪律的监督执行，由专门的军纪委员会负责。

菲德尔和格瓦拉在执行这些纪律时是严格和不讲情面的。有一次，战士吉利·帕尔多丢了枪，违反了"不准丢失武器"的规定，他们硬是要他回去找，直到他找回丢失的枪才算了事。还有一次，一群土匪冒充起义军通讯员，强奸了一名农村少女，起义军抓住了强暴者，将他绑在大树上处死了。格瓦拉教育大家，青年男子对性的渴求是正常的，但放纵这种欲望，强奸妇女，破坏起义军声誉，就是犯罪。非常时期严格自律尤为重要。

但有一次，格瓦拉在处理一桩违纪事件时遇到了困难。

当时，由于大批农民的加入，菲德尔于 1957 年 6 月将部队扩编为两个纵队，第一纵队取名何塞·马蒂纵队，由他自己领导；由于格瓦拉卓有成效的工作，第二纵队交由他来负责，该纵队番号为"第四纵队"，同时授予他上尉军衔。格瓦拉的纵队共 75 人，分为 3 个分队，分别由拉洛·萨迪尼亚斯、西罗·雷东多和拉米罗·巴尔德斯任分队长。分队长拉洛·萨迪尼亚斯有一次在批评一名违纪的战士时，不慎枪支走火，误杀了这名战士。一石激起千层浪，战士们，特别是对拉洛严格执法心怀不满的战士，强烈要求以违反"禁止对同志使用体罚"的名义处死拉洛。

格瓦拉深知拉洛的为人，对他甚为信任。他相信拉洛的确是误杀了战士。但作为纵队负责人，如果在这时候为拉洛辩护，则易使人产生偏袒的错觉。为此，他煞费了一番心思，选择用尽可能不带感情色彩的、原则性的话语来作解释。他说，我们不能草率下结论。执法要严，但应弄明白事件性质。那个不幸的战士的死因，应算在斗争环境的账上，算在巴蒂斯塔的账上。

他的话没有得到大多数战士的认同。

关键时刻还是菲德尔发挥了力挽狂澜的作用。虽然他也像格瓦拉一样，只作了一些原则性的解释，但凭着领袖的威信，战士们接受了他的意见。

最后，起义军发扬民主，就对拉洛立即执行枪决还是解除军职一事进行投票。结果146人中，只有70人赞成枪决，其他人则赞成另一种方式的惩罚，这才使拉洛免于一死。

这件事使格瓦拉对军队纪律有了更深的理解。"执法必严"的理念深深植根于他的头脑中。以后，无论是在战争中，还是在建设时期，他都以严格执法作为自己一项基本的处事准则。

1957年5月18日，从圣地亚哥给起义军运来一大批武器，主要包括3挺带三脚架的重机枪、3支马德森自动步枪、9支M-1卡宾枪、10支约翰逊式自动步枪，另有6000发子弹。经大家商量，这些武器按队员们的表现和资历加以分配。3挺带三脚架的重机枪，一挺归劳尔·卡斯特罗，一挺归吉列莫尔·加西亚，第三挺归克雷森西奥·佩雷斯。3支步枪，一支归豪尔赫·索图斯上尉所在的排，一支归胡安·阿尔梅达所在的排，第三支归总参谋部，由格瓦拉负责。卡米洛·西恩富戈斯得到一支M-1卡宾枪，拉米罗·巴尔德斯也得到一支……得到武器的人，基本上也就是起义军中的领导者了。他们是未来革命战争和建设事业的主角。

到这时为止，格瓦拉已彻底改变了纯粹是一名军医的身份，正式成为一名战斗员。

经过一段时间的休整与扩充，起义军的实力得到了较大增强，可以发起一场更大的战斗。在讨论行动方案时，格瓦拉建议选择一条公路，拦截几辆卡车，或攻打附近的哨所，以打出军威。菲德尔则提出，如果进攻距圣地亚哥15公里的乌维罗基地，不仅可以振奋士气，更可以再度引起全国关注。经过对比，格瓦拉发现菲德尔的计划意义更为深远，便心悦诚服地服从了他。

5月27日，总参谋部召开全体人员参加的战斗动员会，菲德尔宣布48小时内投入战斗。按照任务部署，菲德尔坐镇在兵营附近的小山丘上，俯瞰全局、指挥战斗；劳尔·卡斯特罗带一个排从正面进攻；格瓦拉带着自动步枪和部属进入中间阵地；卡米洛·西恩富戈斯和阿梅赫拉斯从劳尔和格瓦拉之间进攻。而豪尔赫·索图斯、吉列尔莫·加西亚和胡安·阿尔梅达负责端掉敌军哨所，克雷森西奥·佩雷斯防止敌人来援……从这个排兵布阵的情况，不难看出，在即将打响的乌维罗战役中，菲德尔将格瓦拉安排在一个非常重要的位置，他在起义军中军事指挥员的地位已经奠定。

28日晨曦中，战斗打响了。但情况并不像预期的那样顺利，卡米洛·西恩富戈斯和阿梅赫拉斯在黑暗中迷失了方向，等他们进入预定位置时，遭到敌人猛烈的反抗。而在格瓦拉的阵地上，政府军士兵从前沿的战壕里跑了出来，钻进附近民居里去了。那里有许多无辜的平民，起义军不敢贸然开火。

敌人的反抗越来越猛烈，各路起义军不时有人挂彩，甚至有几个战士牺牲了。而这时，天光渐渐放亮。一旦天完全亮起来，进攻将更困难，必须打破僵局。

千钧一发的关头，格瓦拉待不住了，他提起机枪，带着两三个人，冲进了敌人的藏身之处，一下子就打开了胜局。接着，其他几位指挥官也纷纷取得了胜利，乌维罗兵营最终落入起义军之手。

战斗一结束，格瓦拉立即着手清点战场，编写战报。据统计，此次战斗历时2小时45分钟，起义军方面死6人，伤9人，政府军死14人，伤19人，被俘14人，只有6人逃走。起义军大获全胜。

通过战斗，政府军貌似强大的神话进一步被打破，起义军实力得到进一步印证，队伍的士气空前高涨。格瓦拉说这是"标志我们的游击队更加成熟的胜利""这一行动表明了远离敌人大规模聚集地的小军营的命运，它们不久就被拆毁了"。格瓦拉作为一名英勇善战的战士，在队伍中崭露头角。

马埃斯特腊山的斗争鼓舞了古巴人民。全国各地各种形式反对巴蒂斯塔独裁统治的斗争开展得蔚为壮观。同时，这些斗争也有力地支援和推动了山区的斗争，激励了起义军战士的信心和决心。两者互相策应，造成了全国性反抗独裁统治的声势。

1957年3月13日，革命指导委员会在古巴革命党的一些党员和其他政治力量的协同下，攻打了位于首都哈瓦那的总统府。虽然起义者已攻到了总统府的三楼，革命指导委员会领袖之一何塞·安东尼奥·埃却维利亚[1]攻占了时钟广播电台，并宣读了革命宣言，但起义军还是遭到了失败。何塞·安东尼奥在与警察的交火中被杀害，弗鲁克图奥索·罗德里格斯被捕后也被杀害，共有几十名起义者被害。在总结经验教训时，菲德尔认为这是"一次白白地浪费鲜血"的行动，但起义还是动摇了独裁统治的根基。为纪念这次行动，革命指导委员会改名为"3·13革命指导委员会"。

在反对独裁统治的活动中，古巴妇女起了重要作用。通过强有力的组织，她们经常举行游行示威，抗议政府的倒行逆施。在4月份的一次游行中，200多名妇女身穿黑衣，走上街头，高举"不许杀害我们的儿子！"的标语。

5月11日，首席法官曼努埃尔·乌鲁蒂亚对圣地亚哥的"菲德尔分子"一律宣判无罪释放。巴蒂斯塔暴跳如雷，并指使司法部部长对他提起诉讼。最后，乌鲁蒂亚取得了胜利。乌鲁蒂亚也凭借此举，赢得了菲德尔和起义军的好感，并在日后的第一届革命政府中登上了总统宝座。

针对巴蒂斯塔拒绝于1958年6月之前提出大选日期，发生了一系列爆炸案。马坦萨斯老牌的廷古亚罗制糖厂被炸，比那尔德里奥的安多拉制糖厂被炸……爆炸者涉及各行业，男女老少都有。6月30日夜，发生在哈瓦那的爆炸事件有100多件，因而，这一夜被称为"百枚炸弹夜"。

5月24日，发生了被称为"柯林蒂亚远征"的行动，正统党的一支30人的远征队在卡利克斯托·桑切斯·怀特领导下，从迈阿密出发，从奥连特省北部的卡博尼科海湾登陆。5月28日，乌维罗战役同一天，起义被镇压。

---

[1] 大学生联合会主席何塞·安东尼奥·埃却维利亚被杀害后，弗鲁克图奥索·罗德里格斯继任大学生联合会主席。4月20日，他与另3人被警察逮捕并杀害。

格瓦拉最著名的肖像

　　7月份，两名很有名的记者拉乌尔·奇瓦斯和费利佩·帕索斯[1]来到马埃斯特腊山，与菲德尔共商建立革命爱国阵线之事。会谈后，发表了《马埃斯特腊山宣言》，充分肯定了起义军的地位和菲德尔的战略思想。

　　7月30日，"7·26运动"全国领导人弗兰克·派斯及其战友拉乌尔·普霍尔在圣地亚哥街头被警察杀害。菲德尔说："弗兰克是我们战士中最可贵、最有用、最杰出的一位。"圣地亚哥人纷纷自发参加到送葬行列中来，打出标语，各行各业进行了罢工，并辐射到好几个地方。这是人民的政治觉悟提高的表现。

　　……

　　7月份，菲德尔决定授予切·格瓦拉少校军衔，这是当时起义军中最高的军衔，只有卡斯特罗兄弟和胡安·阿尔梅达获得过此殊荣。在发布嘉奖令时，菲德尔亲自在格瓦拉的名字下面写上"提升为少校军衔"几个字。另外，菲德

---

　　① 费利佩·帕索斯是古巴前总统普里奥·卡拉斯时期的古巴国家银行行长。

尔的秘书兼情人、起义军司令部战时办公室主任塞莉亚·桑切斯还亲手将一枚少校级的金星（又叫"何塞·马蒂星"）别在格瓦拉的贝雷帽上。日后，这枚小小的金星和雪茄烟、马黛茶一起，成为格瓦拉形象的主要标志，同时也是古巴革命的标志之一。

第五章　最完美的混战

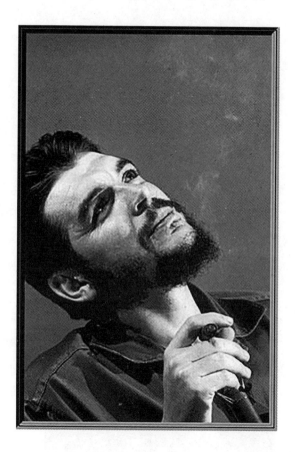

这次革命是第一部纯真的即兴创作……是宇宙中组织得最完美的一场混战。

——切·格瓦拉

一、第四纵队

在马埃斯特腊山的日子里，格瓦拉在繁忙的战斗之余，起早贪黑，潜心读书，坚持记日记。这段时间，他读了德国作家爱米尔·路德维希的《歌德传》、智利诗人巴勃罗·聂鲁达的《共同之路》和西班牙诗人米格尔·埃尔南德斯的诗集。他还进一步研读了马克思主义著作，对以往的个人经历和革命历程作了系统的回顾与总结。他还主动承担了起义军战士文化教员的职责，帮助他们识字，给他们讲革命道理。

战斗间歇期阅读《歌德传》

由于长期过度劳累，他的身体状况每况愈下，经常受到哮喘病的折磨。但他深知，作为一名起义军领袖，自己面对病痛的反应，将是一种无声的教诲，直接影响到战士们斗争意志的养成。因此，他总是默默地忍受，和战士们一起行军、工作。实在不行了，就住在农民家里，以免影响整个队伍的行动。而在农民家里，他更加注意维护自己起义军战士的形象，尽最大努力克服疾病带来的痛苦。一位收留过他的老人说，她见过别人哮喘发作，都是大喊大叫，粗声喘气，只有格瓦拉，每次发病，都独自一人坐在角落里，尽量轻声呼吸，不给别人添麻烦。但从他扭曲的脸庞不难看出，他承受的痛苦一点不比别人少。格瓦拉以人格的力量得到了战友和人民更大的尊重和信赖。

担任第四纵队司令后，格瓦拉的纵队主要在图尔基诺峰东部的埃尔·欧姆布里托地区活动。他的纵队和菲德尔的纵队时分时合，紧密配合。到8月份，起义军已经有了一块比较稳定的、政府军无法逾越的区域。格瓦拉建起了起义军的一个后勤基地，很好地解决了战士们的衣、食、医等方面问题。

在格瓦拉的领导下，起义军建立起了正规的中央粮食供应站，负责向附近的农民收购蔬菜、豆类、玉米、稻米等作物，以及其他的农副产品。他们没收了亲巴蒂斯塔分子、大牲口贩子和叛徒的牲畜，为起义军提供肉类。他们还将部分食品分给当地的贫苦人，帮他们渡过难关。此外，他们还建了面包房，饲养家禽和猪，提高自给能力。

他们建造了早期的军工厂，生产军服、军鞋和军帽，以及背包、子弹等。他们甚至建了一个小型的卷烟厂，为起义军提供雪茄烟。

卫生站和野战医院建起来了。虽然条件简陋，但战士们的伤痛得到了及时的救治。一开始，药品是由城市里的"7·26运动"的战友们提供的，但数量远远不够，品种也不很对路。于是，格瓦拉派通讯员直接到圣地亚哥和哈瓦那购置药品和其他物品，更好地满足了起义军的需要。

格瓦拉更加关注的是战士的政治思想，这是中国革命的成功经验，也是菲德尔特别在意的方面。有一条他们都很重视的经验，就是建立自己的舆论阵地，扩大起义军的影响。格瓦拉则根据实际，利用报纸和电台开展思想政治、舆论宣传工作。这些想法与菲德尔不谋而合。于是，这项工作紧锣密鼓地推行开来。

《自由古巴人》报出版了。在格瓦拉的领导下，刊登了大量极富战斗力的文章。创刊号刊登了《罪恶累累的反动派》《古巴农民生活情况》《弹无虚发》等文章。通过通讯员，这份报纸在圣地亚哥、哈瓦那等大城市传播，引起了强烈的反响。

"起义电台"诞生了。这是一个无线电广播电台，通过它颁布了起义军第一道刑事管辖权命令。电台每天上午和晚上各播出一次。虽然根据地所在的东方省省会圣地亚哥听不到它的广播，但整个拉丁美洲的其他地区都可以听到它的节目。电台让整个拉丁美洲了解了马埃斯特腊山的斗争，起到了非常重要的作用。

格瓦拉还创办了招募和培训起义军战士的学校。随着大量农民的不断加入，起义军战士思想基础、文化素养参差不齐的问题日益突出，成为制约统一行动和内部团结的隐患。要想解决这个问题，必须对新战士进行必要的培训。为此格瓦拉担任了教员，利用休息时间耐心细致地对战士们精心施教，大大提高了他们的政治和文化水平。

来自苏联的城市暴动思想深刻地影响着拉丁美洲，也左右了一部分马埃斯特腊山起义者的思想。在关于斗争方式的讨论中，他们坚决要求发动全国总罢工，以促使巴蒂斯塔政府下台。格瓦拉持与之相反的观点，像当时拉丁美洲亲华的马克思主义者一样，他认为中国革命的道路更适合古巴，即必须采取一条农村包围城市、武装夺取政权的道路。

为了印证自己的观点，他率第四纵队开辟了一个自由活动的解放区。在这里，起义军与当地农民和居民建立了良好的关系，形成了一个互相帮助、互通信息的网络，有效地防止了巴蒂斯塔军队的入侵和密探的潜入。

格瓦拉在1959年出版的《革命刚刚开始》一书中，回顾了这一段历史。

> 从那时起，通过我们的政治工作，过去人们那些对我们仇视的情绪已经大大地减少了。我们开始能在一些工厂建立基层组织，驻军也有了固定的营地，基本结束了过去那种动荡的生活……总之，这些都来之不易。

在马埃斯特腊山斗争形势的鼓舞下，古巴国内各种政治力量都积极响应，采取了一系列行动，不断掀起反抗浪潮。独裁政府则不甘灭亡，动员一切力

两位大胡子领袖——菲德尔和格瓦拉

量，扑杀正义力量的反抗。

　　独裁政府军队中海、陆、空三军的一些军官、士官和士兵，以及"7·26运动"行动小组领导人、人民社会党一名代表密谋在西恩富戈斯·卡约·罗科基地的海军中发动起义，占领城市，然后退到埃斯坎布拉伊山，在那里开辟一条游击战线。后来起义延期，并将地点改在哈瓦那，而西恩富戈斯的起义者并没有得到消息，还是按原计划于9月5日发动起义，占领了卡约·罗科基地，把武器发给群众，在城里发动了斗争。第二天，独裁政府的军队镇压了起义，将近50名革命者牺牲。

　　10月21日，独裁政府的军队对巴亚莫下毒手，25人被打死，许多人被打伤，民宅遭到骚扰，暴力事件不断。这一夜被称为"圣巴尔托洛梅之夜"。12月18日清晨，有7人在桑蒂斯皮里图斯被吊死，4人在霍维亚诺被吊死，共产党领袖何塞·马利亚·佩雷斯、翁贝尔托·阿尔瓦雷斯、何塞·M·拉米雷斯·卡萨马约尔被施以酷刑后杀害……

共和国之友协会联合古巴报业集团、律师协会、哈瓦那和圣地亚哥大学生委员会等组织，成立了议会委员会，试图建立与独裁政府的对话机制。巴蒂斯塔根本无心对话，一口拒绝了这个要求。在此情况下，《迈阿密条约》和古巴解放委员会诞生。该委员会成员于11月1日签署了一个文件，建议成立一个以真正党经济学家费利佩·帕索斯为首的临时政府，在18个月内举行大选，并执行一个有限的改革纲领……《迈阿密条约》改变了《马埃斯特腊山宣言》的根本原则，遭到了起义军的反对。12月14日，起义军在一份文件中拒绝在古巴解放委员会中设立"7·26运动"的代表，菲德尔还提出由曾在审判"格拉玛"号起义者中主持公道、立场又不太激进的曼努埃尔·乌鲁蒂亚·耶奥担任临时政府总统。菲德尔说：

> 我们将像到今天为止那样单独作战，除了每次战斗从敌人那里缴获来的武器外没有别的武器，除了从受苦受难的人民那里得到的援助外没有别的援助，只有我们的理想支撑着我们。……庄严地倒下并不需要陪伴。

鉴于当时"7·26运动"和马埃斯特腊山起义军的实力，菲德尔的这番话实际上就宣布了古巴解放委员会的命运，它被解散了。

到1958年年初的时候，马埃斯特腊山的起义军已开始由占据山林向发展平原地带过渡，开始攻击独裁政府的据点及独裁者家属的产业。以这一动向为主导，全国的革命运动进一步高涨起来。革命者放火焚烧了大量甘蔗，处决了一大批独裁政府的追随者，不断制造爆炸事件，通过宣传手段不断扩大影响，酝酿全国性的大罢工……

2月，"7·26运动"的一个小组在哈瓦那绑架了著名的摩托车手胡安·曼努埃尔·方希奥，当时他正要赶去参加独裁政府组织的比赛。独裁政府想借这次带有强烈政治色彩的体育赛事营造一种天下太平的景象。虽然被绑架者第二天获得了释放，但这次事件完全达到了绑架者的政治目的。

绑架、暗杀、爆炸……这一类恐怖手段在古往今来的暴力斗争中屡见不鲜，却也容易成为对手攻讦的口实。古巴革命中的这一类做法更因为这场革命的世界性影响而被后人所仿效，成为对革命本身正义性的质疑。在成王败寇的历史铁律下，这或许是处于起步阶段的革命力量无暇虑及的"细节"问题吧。

在这一时期，其他革命力量也在积极扩大实力和领地。从 1957 年 11 月开始，革命指导委员会在埃斯坎布拉伊山开辟了一个阵线，并开除了原先就在那里存在的名为"埃斯坎布拉伊全国第二阵线"的组织。

2 月 8 日，革命指导委员会总书记法乌雷·乔蒙率领"斯卡帕德"号游艇的远征军到达古巴，有力地支援和指导了埃斯坎布拉伊山区的斗争，随后又到卡巴依兰和普拉塞塔斯镇攻击政府军，直到战争结束。

人民社会党在拉斯维亚斯以北的雅瓜哈伊地区建立了一支名为"马克西莫·戈麦斯"的游击队，由费利克斯·托雷斯领导。这支队伍一直单独作战，直到卡米洛·西恩富戈斯的纵队赶到，才找到最终的归属。

1958 年 2 月 16 日，又一场重要的战役打响了。这一次，菲德尔将目标锁定于马埃斯特腊山一侧的皮诺·德尔阿瓜阿地区的守军。当时，巴蒂斯塔迫于压力，已取消了对新闻的封锁。拿下这个独裁政府军队的前沿哨所，将对全国形势产生重大影响。

驻守在这里的政府军有一个连。菲德尔按照老办法，将帅帐扎在敌人军营附近的一座小山头。根据菲德尔的安排，由卡米洛·西恩富戈斯和劳尔·卡斯特罗等人担任主攻任务，格瓦拉的职责是摧毁敌人营房，并阻断敌人的援军。

16 日凌晨，战斗打响了，但进行得并不顺利。虽然卡米洛·西恩富戈斯英勇无比，但由于敌人的火力太猛，他们的前进还是遇到了很大困难。卡米洛大腿受伤，还丢失了机关枪。劳尔·卡斯特罗的部队也被敌人窥得了底细，遭到猛烈抗击，被迫撤退。与此同时，政府军派出了大量飞机和援军，投入了战斗，对起义军造成很大威胁。

战斗中的一个亮点是格瓦拉率领的队伍。他们全歼了敌人的一支援军，打死 11 人，打伤并收留救治 5 人，缴获 12 支枪。

16 日晚，格瓦拉找到菲德尔，要求由自己率队，对敌人发动新一轮进攻。

菲德尔虽然感觉把握不大，但为了保护格瓦拉的积极性，还是同意了他的请求。

第二天，格瓦拉率队进入阵地时收到了菲德尔托人带来的一张便条，上面写道：

> 1958年2月16日。切：如果得不到卡米洛和吉列尔莫的支援，一切全靠你这边进攻的话，那么，我认为，你就不应当干出任何自杀行为，因为那样干就会有伤亡过大和达不到目的风险。我严肃地劝你要小心。你自己不得参加战斗，这是一项严肃的命令。目前迫切需要的是你要把你的队伍带好。
>
> 菲德尔

看过菲德尔的便条，再次揣度局势，格瓦拉感觉确如菲德尔所言，成功没有太大把握，便放弃了进攻的打算，随大部队一起撤退。

战斗一结束，好大喜功的独裁政府利用媒体，大肆鼓吹"胜利"，公布起义军远远高于政府军的伤亡人数，煞有介事地描述起义军"节节败退"的惨状。对于起义军来说，这的确是一次没有大获全胜的战斗，但打死打伤约20名敌军，缴获33支枪、5挺机关枪和大量弹药的战绩还是令人满意的。

2月份，又有一些记者登上马埃斯特腊山，采访起义军营地，这是向世界展示强大了的起义军的绝佳机会。菲德尔向美国《纽约时报》记者霍默·比加特披露了美国国务院和巴蒂斯塔政府达成协定，要求巴蒂斯塔恢复宪法保证，美国则应采取措施，阻止古巴革命者在美国募集资金和武器的事情。与此同时，格瓦拉接待了与霍默·比加特同行的乌拉圭记者卡洛斯·马利亚·古铁雷斯，格瓦拉给他留下了极其深刻的印象。

据卡洛斯介绍，格瓦拉当时牵着他的骡子"巴兰萨"，肩扛一支带望远镜的步枪，子弹袋上挂了两颗手榴弹，背上背着包。他留着稀疏的胡子，帽子上缀着那颗名闻遐迩的金星。他穿靴子，打绑腿，衬衫口袋里满是纸片、小本子和圆珠笔。在带金属扣的帆布军用腰带上，挂着一个子弹盒和一把45口径的手枪。而在他的长裤两侧的口袋里，插满了子弹、袜子和书籍。从外表看，他是一位普普通通的年轻战士，但他的赫赫威名又让人对他肃然起敬。

格瓦拉是平易近人的。当卡洛斯与菲德尔、卡米洛·西恩富戈斯谈话时，格瓦拉忙着为他们冲马黛茶。他还极为虚心地向卡洛斯请教摄影技术方面的问题。晚上，格瓦拉和菲德尔提着灯，行进在山间小路上，亲密地交谈着，战友情谊流露无遗。领袖与战士们也是情同手足，当格瓦拉陪着他在营地巡视时，他深切地感到，格瓦拉与战士们特别亲近。他还看到，在马埃斯特腊山，领袖与战士是同住、同吃、同战斗的。

同在2月份登上马埃斯特腊山的阿根廷记者豪尔赫·里卡多·马塞蒂对山上情况的印象，与卡洛斯几乎一致。在他的《正在战斗和哭泣的人》中有这样一段话：

> 当骡子走近时人们看到：格瓦拉肩上挂着枪，腰上系着皮制的子弹袋，里面装满了子弹。他的上衣口袋里装着两本杂志，脖子上挂着照相机，有棱角的下巴上长着稀疏的胡子。

布宜诺斯艾利斯世界广播电台用四个节目播放豪尔赫对马埃斯特腊山的采访。在这些采访中，豪尔赫用相当浓重的笔墨，描述了格瓦拉平易近人的样子和沾满泥巴的靴子。他还专门提到了格瓦拉对菲德尔的景仰之情，向世人展示了革命领袖的友谊。在谈及阿根廷局势时，格瓦拉谈到了2月23日新当选的阿根廷总统阿尔图罗·弗朗迪西、阿根廷女歌星利维塔德·拉马克等人，展现了拳拳爱国之情。最有意义的是，报道中还播放了古巴主要领导人对古巴革命的直接表述。这在阿根廷是第一次，也是格瓦拉自参加革命以来，第一次向祖国人民表达心声。格瓦拉说，自己是在马蒂的土地上信奉马蒂思想的。

豪尔赫的采访改变了相当一部分人对古巴革命的怀疑、观望态度，人们通过这些报道看到了革命胜利的现实可能性。

马埃斯特腊山之行也改变了豪尔赫的人生，下山后，他成为一名革命战士。

威名远播的少校司令、英俊洒脱的军中骄子、浪漫柔情的青年诗人，格瓦拉集三者于一身，早已是一颗炫目的明星。在这样优秀的人物周围，自然不乏年轻美貌的追求者。而格瓦拉才子和情种的禀赋，也注定他无法置身于浪漫的情场之外。

当时，在马埃斯特腊山有明文规定，起义军战士不准谈恋爱。格瓦拉作为一个自律极严的人，在大多数情况下确实严格地遵守了这条纪律。在大多数人眼里，他就像一名苦行僧那样生活着，战斗、思考、读书，唯独没有私生活缤纷的色彩。然而，即便在这最艰苦的岁月里，丘比特的箭还是射中了他，一位名叫索伊拉·罗德里格斯的、黑白混血的美貌女郎走进了他的生活。战友豪埃尔说："当时许多女人都对格瓦拉爱得发狂，但格瓦拉在这方面却严于律己。然而，他在内心却十分喜欢这位年轻姑娘。"

那是一个和平常没什么两样的早晨，格瓦拉骑着骡子去一位支持"7·26运动"的铁匠家里。铁匠不在，他女儿接待了他。那是一个带着一个男孩子的单身母亲，她异常美丽，格瓦拉立刻就被她吸引住了。他和她聊了起来，一双英雄的眼睛里流露出多情的光泽。索伊拉后来回忆说："他的目光有些刺人，似乎在向我抱怨某种我还没有做过的事情。"索伊拉也承认自己被格瓦拉吸引了："我非常喜欢他，特别是喜欢他的目光。他的眼睛非常美，在他那温和的微笑前，不论是谁都会动心。"

他们就这样互相征服，陷入爱河难以自拔。格瓦拉改变了索伊拉的人生，在他的影响下，姑娘参加了革命，成为穿梭于游击队营地之间的通讯员。后来，在格瓦拉的一再坚持下，她留了下来，住进了格瓦拉的军官茅棚。

他们之间的恋情一直持续了10年。皮诺·德尔阿瓜阿战役结束后，形势继续朝着有利于起义军的方向发展。随着起义军实力的增强，在菲德尔和格瓦拉的第一、第四纵队的基础上，组建了新的纵队，开辟新的战线的条件已经具备。

1958年3月，以克雷斯森西奥·佩雷斯为司令的第7纵队成立，它与菲德尔、格瓦拉的两支纵队，共同组成了第一阵线。

以劳尔·卡斯特罗和胡安·阿尔梅达为司令的第6、第3纵队也成立了，它们深入奥连特省东部山区，建立了"弗兰克·派斯"东方第二阵线。他们把当地农民组织起来，消灭了土匪，改组了当地的游击小组，修建了飞机场和炸药厂，建立了情报机构和部队的供应网……形成了必要的行政管理和司法、军事机构。

此后，胡安·阿尔梅达又率领第3纵队建立了第三阵线，控制了马埃斯特腊山的大部分地区，直接威胁奥连特省首府。

三条阵线的建立，形成了对独裁政府进行摧枯拉朽般打击的强大合力。从1958年3月份起，一场大战开始了。

二、摧枯拉朽

1958 年年初，有一种乐观思想在革命力量中颇为盛行，那就是发动一次总罢工，再配合以武装起义，就可以打垮巴蒂斯塔统治。当时，古巴各地的革命运动风起云涌，出现这样的认识是正常的。

在此背景下，3 月 7 日，召开了"马埃斯特腊山区全国指导委员会再团结"会议。会上，菲德尔和"7·26 运动"在平原的负责人法乌斯蒂诺·佩雷斯签署了一份宣言，对罢工运动作了部署：要求人民自 4 月 1 日起停止向政府交税；政府官员、法官及军官在 4 月 5 日后都离职或退伍，否则将在革命胜利后被判刑；要求士兵起义，城市居民参加全国大罢工。鉴于这次罢工是在秘密的情况下进行的，没有与其他反巴蒂斯塔的工人组织取得联系。26 日，菲德尔发出新的号召，要求全国工人阵线①必须团结一切工人阵线的力量。但他的这个号召没有得到应有重视。

4 月 9 日，在发动不充分的情况下，一场全国性的罢工突然爆发。有两个全国性的电台突然播放了号召罢工的消息。哈瓦那和全国许多地方都出现了几小时的停工、破坏活动和群众游行活动，独裁政府的军队与"7·26 运动"民兵发生了武装对抗。罢工在最初阶段取得了一些成功，如萨瓜·拉格兰德地

---

① 全国工人阵线是各地"7·26 运动"的工人阵线建立起来后成立的一个专门由"7·26 运动"工会干部组成的组织，其主要任务是在工人区组织和举行大罢工。对罢工进行武装支援的任务，在农村地区由起义军负责，在城市由"7·26 运动"民兵负责。其领导人是大卫·萨尔瓦多。

区的革命力量占领了城市，击退了独裁政府军队，在阵地上坚守了24个小时。起义军也做出了积极反应，第一阵线攻向考乌托平原，第二阵线攻打了一些重要城镇，第三阵线冲击了圣地亚哥。

但最终在独裁政府军队、警察的镇压下，起义失败了，大批革命者遭到枪杀，酿成了举世皆惊的大惨案。

失败的教训是深刻的。菲德尔总结道："对敌人力量估计不足，对自身力量估计过高，是第一条教训；全国工人阵线的领导人对共产党心存偏见，忽视人民的力量，是第二条教训；对武装斗争的发动、宣传不足，使人民在斗争开始时不知所措，是第三条教训。"这些都足以引起警示。但暂时的失利不能决定最终的成败，他对革命依然充满信心："我们决不放弃大罢工作为反独裁斗争的决定性的武器。……一场战役失败了，但是，整个战争没有失败。"

格瓦拉也批评这次罢工是"政治冒险"行动，并在《革命战争回忆录》中分析说："这次失败的经历证明，唯有马埃斯特腊山的起义军才是领导古巴革命的正确力量；只有坚持菲德尔的领导，革命才能胜利。而革命要取得胜利的最终决定因素，就在于起义军的'枪杆子'。"他同时还指出，革命并未因这次失败而进入低潮；相反，决定性胜利的时刻已为期不远了。

一个月后，"7·26运动"的全国领导人在马埃斯特腊山的阿尔托斯·德蒙皮埃召开了一次会议，会议达成共识：马埃斯特腊山起义军是革命的先锋队，马埃斯特腊山的游击战争是斗争的主要形式。菲德尔的地位得到空前巩固与加强，被任命为全国"7·26运动"（包括国外组织）总书记和所有武装力量的总司令。几个月后，建立了全国工人团结阵线。经过调整，革命力量的团结进一步巩固。

暂时的胜利迷惑了独裁者的眼睛。巴蒂斯塔错误地认为，革命力量受到了重创，给予其毁灭性打击的时机已经到来。基于这一错误认识，他制订了一个野心勃勃的FF计划[①]，准备一举消灭菲德尔的第一阵线。巴蒂斯塔政府对马埃斯特腊山最大规模的一次围剿，同时也是标志斗争转折点的战役打响了。

---

① 西班牙语中"最后阶段""菲德尔的末日"，开头字母都是FF。

1958 年 5 月 24 日，政府军开始进攻。这一次，巴蒂斯塔集中了 14 个营和 6 个连共约 1 万名士兵，这些人都受过美国军事教官的训练，且为美式武器武装。另外，海军、空军和乡村警卫队也加入了战争。领导这支大军的是两位彼此不服气的将军坎蒂略和德尔里奥·查维亚诺。他们的作战计划就是要集中压倒性优势兵力，把起义军挤压到一块很小的区域里，予以消灭。

与强大的政府军相比，起义军的实力还很薄弱，武器也相当落后。据此，菲德尔制订了分阶段抵抗敌人的计划，一开始尽量避免与敌人正面接触，而是利用战士们熟悉地形的特长，不断骚扰敌人，等到他们疲惫之后再伺机打击。

这一招果然奏效。虽然起义军的一些阵地，如拉斯梅尔塞德斯、圣多明戈、维加斯·德希巴科阿、圣罗伦索、米纳斯·德弗里奥等相继落入敌手，但起义军伤亡并不严重，反倒是政府军，常常受到地雷和突然袭击的打击，草木皆兵。另外，坎蒂略司令还要负责保护咖啡作物和制糖厂不受起义军攻击，忙得焦头烂额。

菲德尔的策略彻底摧毁了政府军的意志。这些平日里养尊处优惯了的老爷兵，即便节节胜利，也因疲于奔命而叫苦不迭。一旦形势发生逆转，更是风声鹤唳，无心恋战。这是他们失败的主要因素。六月底七月初桑切斯·莫斯克拉上校的一个营被歼灭，这就充分暴露了政府军士气低落到了何等程度。

当时，政府军分南北两路齐头并进，南路势如破竹。由桑切斯·莫斯托克上校和梅嫩德斯·马丁内斯少校率领的两个营从布埃西托矿区出发，越过马埃斯特腊山脉，到达圣多明戈的拉斯维加斯—德希瓦科阿和纳瓦哈尔，把起义军包围在大约 10 平方千米的区域内，这本是一鼓作气重创对手的绝佳战机，但跑断了腿的政府军士兵突然像冲刺过后的万米跑运动员，一点后劲也提不起来了。士气正旺的起义军自然不肯错过这个天赐良机。他们派出 250 名步枪手，迅速包围了正在山谷休息的桑切斯·莫斯托克上校的第 11 营，将 1000 多名政府军打得一败涂地。政府军伤亡惨重，三分之一做了俘虏，大批短波无线电设备，连同军用密电码，都落入起义军手中。

兵败如山倒。本就人心惶惶的政府军见此情形，无心再战，纷纷逃命。

到 8 月份，政府军全部撤出马埃斯特腊山，来势汹汹、志在必得的围剿就这样以惨败告终。

在反围剿战斗中，起义军共缴获 1 辆 14 吨重的坦克、12 尊迫击炮、2 尊反坦克火箭炮、12 挺带三脚架的机关枪、21 挺手提机关枪、142 支加伦枪、200 挺克里斯托瓦尔式机关枪。政府军共有 119 人伤亡,433 人被俘，却连一名起义军俘虏也没抓到。

在对待俘虏问题上，起义军继续采取予以释放的宽大政策，既大大减少了开支，又树立起强者、仁者形象，产生了强大的宣传效应。

在向第一阵线发动进攻的同时，政府军也向第二阵线发动了进攻，但他们根本攻不进第二阵线的防御地带。为此，恼羞成怒的巴蒂斯塔动用了空军，对该地区的村镇进行了狂轰滥炸，大批的燃烧弹、炸弹、火箭和大口径炮弹倾泻在这块土地上，造成了平民的伤亡。基于执行轰炸任务的飞机又往往从美军在关塔那摩的基地得到补给，劳尔·卡斯特罗想到了一个以毒攻毒的对策——绑架。

6 月 26 日，劳尔亲率一支游击队，绑架了正在莫亚湾的 10 名美国人和 2 名加拿大人，再悄悄南行 40 英里，绑架了埃尔米塔制糖厂的田间管理人德斯蒙德·埃尔斯莫尔。紧接着 29 日，伊莎贝尔制糖厂加拿大籍经理理查德·萨金特被绑架，27 名美国水手和陆战队员也在关塔那摩附近的公共汽车上遭绑架。30 日，尼卡罗镍矿的总经理和一位助手遭到绑架……

一系列绑架活动结束后，劳尔给美国驻古巴大使史密斯写了一封信，承认了绑架，并提出释放人质的条件：美国停止向独裁政府提供军事装备，包括武器配件；停止从关塔那摩基地以燃料支援独裁军队飞机；要求独裁政府保证，不用美国武器对付起义军。

起义军的这一惊世之举，深深触怒了美国政府中的一部分人。但由于菲德尔从未承认自己是共产党人，又由于马修斯的宣传使起义军在美国民众中享有很高声望，以及担心人质安全出现问题，美国最终没有派兵打击起义军。菲德尔也见好就收，及时释放了人质，让他们回去宣扬起义军的宽大和友好，收到了良好的政治效果。

最大规模围剿彻底结束后，菲德尔自豪地说："战争不是步枪、子弹、大炮和飞机的问题。迷信武器，常常是暴政军队失败的原因之一。"

这是一次伟大的胜利，斗争的形势从此彻底扭转。政府军再也没有能力进攻起义军。相反，在起义军看来，夺取最后胜利的时刻已经到来。菲德尔开始了决定性的战争部署。

1958 年 8 月 21 日，菲德尔签署了一项军令。

8 月 21 日，军令：

　　委派埃内斯托·格瓦拉少校司令率起义纵队从马埃斯特腊山开赴拉斯维亚斯省，并按战略计划在该地区执行任务……

这是菲德尔这个月签发的一系列军令中最具战略意义的一份。当时，菲德尔在新的、位于拉不拉他地区的起义军司令部内制订了夺取全国胜利的宏大计划。这项计划有三个重要部分：一、由菲德尔亲率第一纵队包围古巴第二大城市圣地亚哥；二、由格瓦拉率 148 人的第八纵队 [①] 前往拉斯维亚斯省，解放古巴的另一半国土；三、由西恩富戈斯率 82 人前往比那尔德里奥，对政府军形成威胁。

从这个计划中不难看出，格瓦拉和西恩富戈斯确实是菲德尔在战争年代最倚重的两位军事指挥官，格瓦拉尤其得到菲德尔的垂青。这与他的过人胆识、超群才智和善做人的工作的优点是分不开的。

是年，格瓦拉年仅 30 岁。

菲德尔 32 岁，劳尔 28 岁。

菲德尔授予格瓦拉的头衔是"拉斯维亚斯省城乡起义部队总司令"，其主要职责的第一项是在拉斯维亚斯省征收由起义军规定的捐税。菲德尔规定，对

---

　　① 第八纵队前身即格瓦拉所率的第四纵队。纵队分队长之一西罗·雷东多牺牲后，格瓦拉把纵队取名为"西罗·雷东多"纵队。

一袋 250 磅的食糖课以一角五分的税收。在奥连特省，即便是美资制糖厂也要交税。第二项是根据刑法典行使司法职能，推行土改法。第三项是协调革命组织间的行动，逐步建立统一的军队。此外，他还赋予格瓦拉委任各级领导，直到纵队司令的职权。

接到任务后，格瓦拉马上从自己创办的米纳弗里奥游击学校的毕业生中挑选人员，充实队伍。在选人标准上，他说："凡害怕飞机的绵羊，我一概不要。"

8 月 27 日，纵队召开了各级指挥员会议。会上，格瓦拉只是告诉指挥员们，纵队将下山执行某次任务，并没有透露具体行动计划。按照他的计划，队伍将像"格拉玛"号那样，在沿途截获几辆载重汽车，然后沿乡村土路前进，在 4 天内到达拉斯维亚斯省。

在出发前，格瓦拉说：

我们在今后的战斗中，可能有一半人要牺牲。但是，我们中间即便只有一个人活下来，这个人也要保证完成菲德尔·卡斯特罗司令交给我们的任务。谁不愿意冒险，现在可以离开纵队，不算他是胆小鬼。

只有少数几个人选择了离开，绝大多数人于 8 月 31 日随队伍浩浩荡荡地前进了。下山的大军，由格瓦拉和卡米洛的两支纵队共同组成。

走下马埃斯特腊山，他们进入了曼萨尼略地区。这时，他们需要的载重汽车已经在等他们了。另外，一架运送武器弹药的飞机也到达了。看来开局不错。哪知道飞机刚降落到临时机场，就被政府军发现。政府军在炮火的掩护下，向机场发动了猛烈进攻。起义军进行了还击，战斗一直进行到拂晓，起义军终因力量不济，被政府军渐渐逼近。关键时刻，格瓦拉痛下决心，下令将飞机和汽车烧毁，不让它们落入政府军手中。然后，他和卡米洛率队西撤。后来，他们重新在曼萨尼略和巴亚莫之间的中央公路上截获了好几辆载重汽车，但又因飓风袭击，暴雨冲毁道路，只得弃车而行。

暴雨使河水泛滥，征途上泥泞肆虐。战士们在水中艰难前进，很多人患上了足疾。周围蚊虫围追堵截，头顶敌机扫射，背后政府军跟踪追击。在这样的长途跋涉中，即便是以英勇顽强著称的起义军中，也难免悲观情绪泛滥。用格瓦拉自己的话来说，有时候，他只能靠"哀求、辱骂和各种粗暴的语言，才使这批精疲力竭的人继续向前走"。

作为部队的首领，格瓦拉所要忍受的痛苦更甚。哮喘病又犯了，身体疲弱不堪。作为一名钢铁般的战士，肩负着最艰巨的任务，格瓦拉深知自己该如何做。他不能向任何人发牢骚、抱怨，从他嘴里出来的，只能是振奋人心的话语。他做到了，一路上，他不断用胜利的前景来鼓励战士们，并时刻关心照顾他们。奔波一天之后，战士们睡下了，他还要到附近的岗哨、帐篷去查夜。他总是最后一个睡，第一个醒。重任在身，他寝食难安。在战士们面前，他总是精神饱满，斗志昂扬。有一次，在行军途中，他突然一头栽倒。战士们慌了神，以为他旧病复发。其实，他是累得睡了过去。

这次进军中，格瓦拉不仅表现出一名指挥员身先士卒、关心下属的优秀品质，更表现出一名优秀指挥员的高超指挥艺术。作为一名敢打硬仗的指挥官，沿途许许多多政府军的据点，常常勾起他停下来干一家伙的欲望。但他牢记此行的真正目的，是尽快赶到目的地，立足古巴中部地区，再向西扩展。因此，他尽量避免与敌人接触，一门心思考虑如何使队伍尽快赶到目的地。这对于诗人气质的格瓦拉来说，真是一个很大的进步。也正因为他的进步，部队得以神速前进。格瓦拉后来回忆说："那时，政府军的飞机紧跟着我们的脚印在飞，常常狂轰滥炸我们前一天走过的山路。"

在此期间，他还在第八纵队中组建了两支独具一格的小分队。其中一支叫"敢死队"，由一个身材矮小，连鬓络腮，却目光炯炯，作战天不怕地不怕、绰号"牧童"的上尉罗伯托·罗德里格斯任分队长。敢死队员的选择是非常严格的，格瓦拉说过：

敢死队是具有革命气节的楷模，加入该组织的人必须经过严格挑选。

但是，每当一名队员牺牲（每次战斗都会有队员牺牲）而需要再选一名新队员时，那些未被选中的战士总是很不高兴，有的甚至痛哭流涕。当看到那些老练而又出色的游击战士因为未能参加敢死队而流下伤心的泪水时，人们都感到很惊奇。

另一支小分队叫"赤膊队"，由一些昔日的酒鬼、小偷、流浪汉、痞子组成。在格瓦拉的调教下，战士们的表现都很勇敢。

经过四十六七天的急行军，起义军赶到了拉斯维亚斯省。10月8日，也就是到达该省的第二天，卡米洛率纵队赶到雅瓜哈伊的拉维克托里亚山的费利克斯·托雷斯营地，并将人民社会党的"马克西莫·戈麦斯"支队收归帐下。

与此同时，格瓦拉的第八纵队则进入埃斯坎布拉伊山。由于士气低落的政府军无心一战，他们不费吹灰之力就实现了对这个地区的占领。

12月1日，格瓦拉在埃斯坎布拉伊山与法乌雷·乔蒙领导的"3·13革命指导委员会"武装和费利克斯·托雷斯领导的人民社会党（即共产党）武装签署了关于统一行动的《佩德罗雷协议》，取缔了为抢夺地盘几乎与菲德尔兵戎相见的古铁雷斯·梅诺约领导的"埃斯坎布拉伊第二阵线"。

在格瓦拉与其他派别圆满合作的同时，反倒是"7·26运动"在拉斯维亚斯省的领导人谢拉坚决反对土地改革，拒不服从没收桑克蒂斯皮里图斯城银行财产以补充起义军开支的命令。格瓦拉与他进行了针锋相对的斗争。他质问谢拉：

你对财政机构中最具掠夺性的机构如此敬若神明，是有其经济原因的，你大概从来也没有好好地思考过这一点吧？对于那些靠高利贷和投机倒把发财致富的家伙是不配对他们讲客气的。他们给我们的那点小恩小惠，充其量相当于他们一天的剥削所得，可是灾难深重的人民却在山区和平原地区流着血，成为他们以扯谎为能事的领导者的叛变行径的牺牲品。没有一天不是如此。

最后，谢拉屈服了。至此，第八纵队才取得了对这个地区所有武装力量的领导权，结成了反独裁政府的最广泛的统一战线。

格瓦拉与卡米洛·西恩富戈斯的纵队时分时合，积极开展军事活动，袭击敌人的军事据点，破坏交通网，阻止巴蒂斯塔炮制的伪选举，颁布土地改革法，规定佃农不得向地方纳税……另外，格瓦拉还凭借着在马埃斯特腊山积累的丰富经验，利用战斗间隙，建立了弹药厂、武器制造厂和修理厂、铁厂，以及屠宰场、卷烟厂、医院等。格瓦拉和卡米洛·西恩富戈斯的密切配合阻断了政府军前往奥连特省的通道，又随时可以向西挺进。

这时候，起义军的整体力量也在不断增强，并推行了一系列意义深远的土改政策。1958 年 9 月 21 日，在"弗兰克·派斯"东方第二阵线辖区索莱达德·德马亚里·阿里巴举行了由劳尔·卡斯特罗主持的农民代表大会，通过了地区土地委员会规章，选举了领导机构[①]。10 月 10 日，颁布了由总司令菲德尔·卡斯特罗签署的起义军第 3 号法令，也就是革命土改法。这项法令是古巴历史上第一次承认农民、佃农、分租农和占有土地不超过 5 卡巴耶里亚（合 67 公顷）的贫农都是自己土地的所有者。法令还规定，革命胜利后取消庄园制。这是一个根本性的文件，产生了极大影响，格瓦拉曾著文谈道："土地改革这句极有魔力的话，将古巴受压迫的民众很快动员起来，并使他们积极投入了为拥有土地而进行的斗争。"

此外，还产生了一件在古巴妇女解放史上具有划时代意义的事件。1958 年夏天，13 位女战士组成了"玛丽亚娜·格拉哈莱斯"（以青铜泰坦安东尼奥·马塞奥的母亲的名字命名）妇女小分队，归属于第二纵队。队中有两位杰出的女战士：塞莉亚·桑切斯和艾德·桑塔玛丽亚，后者是一位蒙卡达烈士的未婚妻。

格瓦拉对女战士们同样表现出深深的敬意。他在日记中写道："在革命进

---

① 经选举，特奥多罗·佩雷伊拉任地区委员会主席，何塞·拉米雷斯·克鲁斯任总书记。两人均为有威望的农民领袖。

程中女性有着举足轻重的作用。她能够完成最艰难的工作，能与男人展开激战……为了革命能顺利进行，她承担着也许是最重要的工作：与不同战斗力量交流。"由于担心女战士的安全，他把她们安置在远离空袭的安全地带。军队允许夫妻生活，但不能过于放纵。

面对起义军锐不可当的攻势，巴蒂斯塔气急败坏地从圣克拉拉派出一支强大的军队，前去绞杀起义军。令他始料不及的是，这反倒加速了他的灭亡。

独裁政府军队是 11 月 29 日从圣克拉拉出发的。一开始，他们凭借武器和人数上的优势，攻占了起义军在卡巴伊古安和弗曼托的一些阵地。起义军丝毫不为所惧，耐心地与之周旋，很快遏制住了政府军的进攻势头，并给以重创。其他战线也捷报频传。

11 月 20 日开始的为期 10 天的吉萨镇战役中，300 名起义军对阵 2000 名政府军，取得了大胜，歼敌 200 余人，缴获了大量战利品，只伤亡 8 人。

第二阵线连克政府军据点，到圣地亚哥的道路很快扫清了。

12 月 7 日，卡斯特罗兄弟的部队会合后不久，就得到了一部发报机，与格瓦拉、卡米洛取得了联系，商定大决战的日期。

12 月 18 日，卡斯特罗兄弟又与胡安·阿尔梅达的纵队会师，圣地亚哥成为瓮中之鳖。

格瓦拉的第八纵队负责整个革命战争中最具决定性意义的战斗：进行战略反攻，逐个攻占圣克拉拉周边城镇，最后攻占圣克拉拉。

12 月 16 日清晨，格瓦拉首先把进攻目标瞄准了弗曼托兵营。为了迷惑敌人，他让起义军埋伏起来，自己只率武器不齐的三个排，直奔弗曼托兵营。他先给兵营里的守军拨了个电话，命令他们立刻缴械投降。兵营里的 120 名政府军自然不甘心束手就擒，断然拒绝了格瓦拉的命令，并对起义军开火。很快，政府军飞机也闻讯赶来。于是，格瓦拉命令部队包围弗曼托兵营，同守军展开血战。经过两天战斗，政府军终于缴械投降。

紧接着，格瓦拉的第八纵队又兵临卡巴伊古安城下，同守军展开了巷战。战斗中，格瓦拉不慎从房顶跌落，摔破了前额，摔折了左臂。但他迅速上好绷带，继续投入战斗，最终征服了该城。

之后，格瓦拉为俘虏治好伤后又释放了他们。政府军士兵深受感动，一些人要求留在起义军中。

正当第八纵队在军事上节节胜利的同时，格瓦拉在感情上也再一次运交桃花。一位面容俊雅、笑容可掬、身材高挑、穿着黑色大摆裙的女子无意间走进了他的世界。

受伤的格瓦拉

她叫阿莱达·玛尔奇，出生于拉斯维亚斯省一个贫苦家庭，是圣克拉拉师范学校的毕业生。受蒙卡达兵营事件启发，促使她加入了圣克拉拉的秘密革命组织，并于1958年成为"7·26运动"的城市领导成员。格瓦拉是在同圣克拉拉市革命领导人商讨财务问题时认识她的。他们并非一见钟情，而是在不断接触中加深了解的。后来，阿莱达身份暴露，警察当局搜捕她。迫于无奈，她只能接受组织安排，到埃斯坎布拉伊的第八纵队藏身。格瓦拉与她的感情就此开始。

戏剧性的事件发生在第八纵队攻打卡巴伊古安的那天晚上。那天，阿莱达睡不着觉，起床散步。正在这时，前往攻打卡巴伊古安的格瓦拉驾驶吉普车正好路过。于是，发生了乔恩·安德森在《切·格瓦拉：革命的一生》中所提到的那段对话：

"你在这里干什么？"他问道。"我睡不着。"她回答说。

"我要去袭击卡巴伊古安，你想去吗？"他说。

"那当然。"她随即回答，并一跳登上了吉普车。

从那时以后，我的目光再也没有离开过他。

阿莱达微笑着回忆说。

12 月 22 日，第八纵队兵临普拉塞塔斯城下。在起义军的强大攻势面前，守军斗志全无，草草对抗一阵后于当天黄昏投降。格瓦拉通过当地电台，播报了《告古巴人民书》，保证起义军在推翻巴蒂斯塔暴政后，人人享有民主，言论和信仰的自由将得到保证，还将进行土地改革，立即分配土地。他还号召工人、农民组织起来继续斗争，直到解放拉斯维亚斯省全境。

第八纵队势如破竹，格雷迪奥斯、圣多明戈、埃斯佩兰萨……一个个城池打过去，圣克拉拉很快就在眼前了。

圣克拉拉位于岛国的心脏位置，是一个交通枢纽；同时筑有坚固的堡垒，拥有 3000 名守军，加上来自全省各地和哈瓦那的援军，实际兵力将近 5000人，是一个军事重镇。为了保卫圣克拉拉，巴蒂斯塔不惜下血本，派出了空军，以及一辆载有 408 名官兵和大量精良武器的装甲火车。在巴蒂斯塔看来，圣克拉拉的防御可谓"固若金汤"。

然而，他却忽略了两个更为关键的因素：战争的正义性和指战员的士气。挟全国人民同仇敌忾的气势和节节胜利的士气，第八纵队的 300 名士兵和1000 名刚从埃斯坎布拉伊训练后入伍的士兵，犹如脱缰狂奔的战马，所向披靡。

12 月 28 日凌晨，总攻开始了。

格瓦拉率队从凯巴连出发，前往卡马华尼，然后抄小路于黄昏时分到达圣克拉拉城郊的圣克拉拉大学。他命令部队兵分两路，夹击城中守军。

南路部队遭到了敌人的阻挡。在那辆不可一世的装甲火车里，政府军上校卡西利亚斯指挥部下向起义军开火。这时，年仅 18 岁的游击队员加夫列尔·希尔率领一支队伍，凭借大山掩护，向装甲火车发动袭击。本就没有什么战斗力的政府军没抵抗多久，便害怕遭到灭顶之灾，驾车逃向城里。但为时已晚，格瓦拉登上圣克拉拉大学农学院的拖拉机，挖断了铁轨，使得铁家伙出了轨。1959 年，格瓦拉专门为《格拉玛》报撰稿，详细描述了歼灭装甲车顽敌的过程。

　　30 日那天我们整整征战了一日。那时，圣克拉拉中心与装甲火车的联系已经被切断了。眼看火车即将被困死在卡皮罗的小山头上，车上的指挥官们便试图借别的火车道逃走。于是，他们就落入了我们事前毁坏的那条轨道上……一场激烈的战斗打响了。战斗中，政府军士兵们揣着包装良好的"莫洛托夫鸡尾酒"从装甲火车里逃散出来。他们只做好了两种准备：一种是从远距离易于击毙敌人的地方开枪，另一种是对付没有武器的敌人……游击队员包围了火车，并从近距离的地方向车厢投掷点燃了的汽油瓶。整列被铁片包裹的火车变成了一只不折不扣的烤箱。拥有 22 节车厢、载有防空武器、运有大量惊人军需品（所谓惊人是对我们而言）的装甲列车在几个小时里就投降了。

　　装甲火车的覆灭，宣告了用美国武器武装起来的独裁军队无比强大的神话不过是无稽之谈，这给政府军心理上造成致命的震慑，彻底摧垮了他们抵抗的意志。剩余的政府军只得躲进莱昂西奥比达尔兵营、中央警察局、省政府大厦、正义宫和格兰特旅馆，苟延残喘。31 日，当起义军向他们发起进攻时，这些据点很快就失陷了。

　　在 31 日的巷战中，起义军司令格瓦拉左臂缠着绷带，右手提着冲锋枪，嘴里叼着雪茄烟，在战斗最激烈的地方指挥战斗。那样子，简直不是在打仗，而是在演绎一出英雄史剧。在这位神奇的敌方将领钢铁般的意志面前，政府军最后一点斗志也荡然无存了。当晚 10 点钟，坎蒂略将军对巴蒂斯塔说：拉斯维亚斯省已无法据守了。

　　此时的独裁政府已到了"流水落花春去也"的绝望境地。对此，巴蒂斯塔早就心知肚明。其实，早在 12 月初，他就向美国发出了求救信号。但美国人早已对他失去了耐心，甚至对他的垮台小小地喝了一下彩。引用艾森豪威尔亲兄弟的话说，白宫主张用"冷淡的礼节性态度"来对待南美的小独裁者，包括巴蒂斯塔。这正是美国实用主义的拉丁美洲政策的必然结果。在美国人看来，只要不推行共产主义政策，只要肯合作，任何一个古巴人取代巴蒂斯塔都是可以接受的。

巴蒂斯塔当然不会轻易承认失败，困兽犹斗的他，再次集结重兵前往圣克拉拉，与起义军决一胜负。按他的设想，政府军尚可与起义军分庭抗礼。谁知，大兵未发，士气已泄，塔维尼利亚将军告诉他，官兵厌战，没得一打。

12月17日，美国驻古巴大使史密斯会见了巴蒂斯塔，明白无误地告诉他："美国国务院认为您不能再在古巴维持有效统治。如果您能下野的话，当可避免大量流血。"巴蒂斯塔问："美国能插手吗？"史密斯答："这是不可思议的事。"巴蒂斯塔彻底绝望了。更令他不能接受的是，当他提出去自己在佛罗里达的德托纳比奇故居避难的要求时，史密斯的回答竟是："我建议您还是去西班牙为好。"

万般无奈之下，巴蒂斯塔把权力交给了三军参谋长坎蒂略将军，指定最高法院法官卡洛斯·曼努埃尔·彼德拉为总统。安排好一切，他宣布辞职。

1959年1月1日，巴蒂斯塔携妻儿等40余人飞离古巴，前往多米尼加，再由多米尼加飞往西班牙。

巴蒂斯塔的统治，在起义军的隆隆炮火声中，不光彩地结束了。

伟大的1959年1月1日，成为古巴的解放日、革命胜利纪念日。

三、举世无双的切·格瓦拉

1959 年 1 月 1 日下午 2 点，在圣克拉拉市民的协助下，格瓦拉终于拿下了该城。这是格瓦拉生命中最浓墨重彩的篇章。

巧合的是，这一天晚上，起义军占领了奥连特省首府。至此，起义军已占领了东部三省。在得到格瓦拉攻占圣克拉拉和巴蒂斯塔外逃的消息后，菲德尔从帕尔马·索里阿诺发出好几条指示，提醒起义军注意发生军事政变的可能，命令各战线继续战斗；号召工人举行总罢工；命令格瓦拉和卡米洛分兵进攻哈瓦那。其中，卡米洛负责占领哈瓦那的哥伦比亚兵营，即全国第一军事要塞；格瓦拉负责攻占卡瓦尼亚城堡，即首都哈瓦那第二军事要塞。毕竟，格瓦拉是一名外国人。

"美丽的哈瓦那"[①]和碧波万顷的佛罗里达海峡映入了起义军的眼帘。这里是古巴第一大城市，政治、经济、文化、旅游中心，也是古巴历来的首都。史学家推测，它的名字来源于古代印第安民族西博内部落一位酋长的名字，他叫哈瓦瓜内克斯。1514 年，西班牙殖民军首领拜菲洛·德那瓦伊斯正是在他的领土上建立了古巴第二座城市哈瓦那镇。诗人则说，哈瓦那原是一位年轻美貌的印第安少女的名字，城市因姑娘而命名。哈瓦那被誉为是"加勒比海的明珠"，海明威曾在这里生活了 22 年，创作了举世闻名的《老人与海》。另外，这里还是古巴的"糖都""哈瓦那雪茄"的故乡、古巴文化的摇篮。

---

① "美丽的哈瓦那"是一首名曲的名字。

然而，美丽的哈瓦那同时也是苦难的哈瓦那。它曾是西班牙殖民统治的重要据点；在加勒比地区海盗猖獗的年代，这里曾两度被海盗焚烧，举世闻名的哈瓦那军事防御体系就是防御海盗的历史证物。

1959 年的哈瓦那还是"糜烂的哈瓦那"。在巴蒂斯塔政府治下，这里成为毒品交易、金融投机、赌博和色情业的天堂。其中尤以色情业发展最为迅速。古巴妇女是整个拉丁美洲地区最美丽的尤物，据 1957—1958 年间的一项统计，这里有妓院 270 多家，妓女 11500 多名，成为美国"美丽"的后院。同性恋在古巴文化中占有一席之地，当时的哈瓦那充斥着大量男妓，成为北美同性恋者和当地富有的同性恋者心驰神往的花花世界。1959 年，菲德尔起义军所面临的，不仅是要解放这个独裁统治的巢穴，更要清除弥漫在当地人中间的道德危机。

1959 年 1 月 2 日，改天换地前的哈瓦那一片混乱，发生了抢劫、捣乱的事件，"7·26 运动"接管了《警觉报》。关键时刻，菲德尔从圣地亚哥进行紧急广播，发出"要革命，不要军事政变"的口号，要求人们不要乱，不许搞私刑，并要求"7·26 运动"和"3·13 革命指导委员会"的人进入警察局，终于稳定了局势，为格瓦拉和卡米洛的进城排除了障碍。

当天还爆发了全国大罢工，成为独裁政权结束的标志。人民欢欣鼓舞地走上街头，举行节日庆典般的大罢工。

卡米洛·西恩富戈斯进城了。人们看到，这位戴着宽边帽，留着飘逸的大胡子的起义军领袖是那样威风凛凛而又和蔼可亲，与先前独裁政府所宣传的"匪首"形象大相径庭。令独裁政府军队闻风丧胆的英雄们在面对群众时却露出了迷人的笑容，一个个都像是派送礼物的圣诞老人。卡米洛来到了哥伦比亚兵营，从政府军拉蒙·巴尔金手中接过了指挥权。

格瓦拉也进城了。哈瓦那人民对这位传奇式英雄格外感兴趣。他们看到，这位在独裁政府操纵的媒体中"死"过无数次的英雄依旧神采奕奕地活着。更令他们感到意外的是，这位英雄虽然留着连鬓络腮胡子，笑起来却像个腼腆的大男孩。这样的笑容，怎不令人倾倒？格瓦拉进入卡瓦尼亚城堡，兵不血刃地从政府军巴莱拉上校手中接管了这座城堡。

消息传遍了全古巴，传向了全世界。在格瓦拉的故乡阿根廷，引发了热烈的欢庆活动。特别是布宜诺斯艾利斯，人们长时间鸣笛，并奔向街头。1月2日的《号角报》专门做了相关报道。

> 埃内斯托·切·格瓦拉，阿根廷的年轻医生，他曾以大无畏的精神领导了长期斗争中最艰苦的几个战役，他将领导哈瓦那的要塞……

> 据起义电台称，阿根廷起义领袖——所有古巴人都知道他是切·格瓦拉——领导的纵队所向披靡。所经之处，几百名巴蒂斯塔士兵向他投降，要求归顺起义部队……

> 在布宜诺斯艾利斯，人数众多的游行队伍集中在五月大街上。虽然是节日，许许多多的阿根廷旗帜和古巴旗帜还是在黑压压的人群上添了彩色的一笔，人们不断地为卡斯特罗和格瓦拉欢呼。很多人发表激动人心的即席演讲，赞扬革命运动。人群中就有格瓦拉博士的父亲、埃内斯托·格瓦拉·林奇。

《理性报》也刊登了赞美格瓦拉的文字。

> 阿根廷医生埃内斯托·格瓦拉是古巴自由的浪漫英雄，他和传奇式的菲德尔·卡斯特罗一起，好像是其他世纪的人物，在自由的人民心中发光，使他们欢乐。

格瓦拉出众的容貌、传奇的经历和阿根廷国籍，使他一夜之间成为无数阿根廷少女梦中的白马王子。

所有的庆祝活动都是民众自发的，因为在阿根廷，格瓦拉始终是个争议人物，尤其是在右翼人士中间。由阿根廷政府主持的纪念格瓦拉的活动，直至2008年6月14日格瓦拉80周年诞辰日才举行，阿根廷政府在格瓦拉出生地罗萨里奥市塑了一座他的铜像并举行了揭幕仪式。

1959年1月3日，菲德尔的部队解放了圣地亚哥，成立了以曼努埃尔·乌鲁蒂亚为总统的临时政府。乌鲁蒂亚随即着手组阁，任命了以律师何塞·米罗·卡尔多纳为总理的内阁①。米罗虽然反对巴蒂斯塔独裁统治，却不主张对旧政府进行根本性的改革。之所以要组成这样一届政府，菲德尔更多的是从当时古巴的政治态势、林立的政治派别和起义军执政经验匮乏等实际出发而采取的权宜之计。因而，它只能是一届过渡型的政府。

菲德尔首先掌握的是古巴全国的军事大权。劳尔·卡斯特罗担任奥连特省军事负责人；乌维尔托·马托斯担任卡马圭省军事负责人；卡利斯托·莫拉莱斯担任拉斯维亚斯省负责人；德尔蒂奥·埃斯卡洛纳担任比那尔德里奥省军事负责人；威廉·加尔维斯担任马坦萨斯省军事负责人；佩德罗·迪亚斯·兰斯担任空军司令员。一开始，格瓦拉和西恩富戈斯并未担任要职。后来，当陆军参谋长雷戈·鲁维多调任巴西大使馆武官后，卡米洛接任了他的职务。格瓦拉则担任了一所军事文化学校校长，兼任卡瓦尼亚要塞司令。从表面上看，菲德尔有故意贬低格瓦拉和卡米洛地位之嫌，但这正反映了两人在起义军中举足轻重的地位。暂时压低两位大功臣的地位，防止他们威权过重，是一种并不罕见的政治策略。即便如此，他们的实权还是非常可观。

"7·26运动"的报纸《革命报》问世了。1月4日，《革命报》刊登了菲德尔的照片，配以"古巴改革的英雄导师。愿上帝继续使他闪耀光辉"的字样。其他一些起义领袖也在古巴媒体上频频亮相。他们被冠以"光荣的西恩富戈斯""举世无双的切·格瓦拉"等美誉。

———————————

① 革命政府第一届内阁的部分成员是：外交部部长阿格拉蒙特、财政部部长鲁福·洛佩斯·弗雷斯克特、商务部部长塞佩罗·博尼利亚、司法部部长安赫尔·费尔南德斯、内政部部长路易斯·奥尔兰多·罗德里格斯、劳工部部长曼努埃尔·费尔南德斯、经济部部长雷希诺·博蒂、社会福利部部长埃伦娜·梅德罗斯（女）、国民银行行长费利佩·帕索斯、开发银行行长胡斯托·卡里略、最高法院院长埃米略·梅嫩德斯、驻美大使埃内斯托·迪戈、驻联合国大使曼努埃尔·比斯维。除此之外，哈瓦那公民抵抗运动领袖福斯蒂诺·佩雷和曼努埃尔·拉伊分别担任负责照管从独裁政府没收的财产的部长级及公共工程部部长。"7·26运动"全国第一个协调员和组织者阿曼多·阿特任教育部部长。国防部部长为奥古斯托·马丁内斯·桑切斯，农业部部长为温贝托·索里·马林，交通部部长为拉斯维亚斯省"7·26运动"组织者恩里克·奥尔图斯基，卫生部部长为马埃斯特腊山的一名医生马丁内斯·派斯博士。

欢庆胜利的时刻，格瓦拉给布宜诺斯艾利斯的家人打了个电话。在接受记者采访时，他兴奋地说："在六年没有同父母说过话之后，我终于能够同他们通电话了。"

同一天，卡米洛·西恩富戈斯派飞机前往阿根廷，接格瓦拉的家人和流亡阿根廷的古巴人回到古巴。格瓦拉全家都非常高兴，忙忙碌碌地为启程做准备。1月7日，塞莉亚接受了阿根廷《妇女》杂志安赫莉娜·穆纽斯的采访。塞莉亚告诉记者，她的儿子"是一个一贯有叛逆精神的孩子，我不愿意限制他的自由。"她还说："他现在怎么样？当然，我想他还是那个样子，留着胡子，说话带中美洲的口音，还是那个出发去周游世界的埃内斯托……"

1月7日，美国政府履行了承认巴蒂斯塔之后的任何古巴政权的承诺，发表声明，承认了古巴新政府。同时，原美国驻古巴大使史密斯离开了古巴，大使馆临时交由一位代办负责。

1月8日，菲德尔从圣地亚哥赶到了哈瓦那，哈瓦那举行了盛况空前的入城仪式。万人空巷，群众高举标语牌，高呼"谢谢菲德尔"的口号，争睹最高

菲德尔·卡斯特罗在哈瓦那阳台上天才般的演讲

统帅的风采。虽然大家对菲德尔的照片并不陌生，但面对他本人，还是从他深陷的眼睛、浓密的胡须和魁梧的身材感受到一种凛然不可侵犯的气势。

在格瓦拉和卡米洛的簇拥下，菲德尔先是乘一辆坦克，继而换乘一辆吉普，从哈瓦那的人海中缓慢走过。他看到了无数顶浅色的帽子在飞扬，无数张陌生而热情的脸庞在欢笑。为了一睹领袖们的风采，有人甚至攀上了高高的电线杆。美丽、奔放的姑娘们则装扮成天使，戴着象征自由的小帽子，穿着和国旗同样颜色的红蓝衣裙，站在坦克上载歌载舞。

这是糜烂不堪的哈瓦那吗？这分明是被革命的洪流冲刷一新的坚不可摧的堡垒。此情此景，让深深思索着如何改造旧政权的领袖们笑逐颜开。哈瓦那的解放真正的原因并不是起义军多么锐不可当，而是巴蒂斯塔早已丧失民心，正如霍布斯鲍姆所说。

> 菲德尔的胜利是因为巴蒂斯塔已经很脆弱，已得不到真正的支持。巴蒂斯塔身边的人都是一些谋求私利的权衡个人得失者，他们长期腐化堕落，无所事事……菲德尔的军队取代他们并接管政府是理所当然的。一个不得人心的坏政权最终会被推翻。

1月9日中午，格瓦拉的家人乘坐的飞机降落在哈瓦那市的兰乔·波耶罗斯"何塞·马蒂"国际机场。他们刚下飞机，就有一些起义军士兵上前来迎接他们，簇拥着他们走向机场大厅。格瓦拉正在那里等着他们。

格瓦拉瘦了，下巴有点尖，脸上胡子拉碴的，头戴着被描述为古巴革命象征的缀着"何塞·马蒂星"的贝雷帽，指间夹着一支哈瓦那雪茄，俨然是一个地地道道的古巴人。饱尝六年生离死别苦痛的塞莉亚再也抑制不住内心的激动，冲过去一把抱住儿子。格瓦拉也紧紧抱住母亲，像个孩子。

在机场，格瓦拉留下了一组照片。其中一张上面，他右手握着冲锋枪，凝神远眺，而母亲塞莉亚则以崇拜的眼神看着他。还有一张照片上，中间是塞莉亚、格瓦拉、贝娅特里斯、胡安·马丁·格瓦拉等人，周围则围着一圈古巴革命政府的官员和公务员。

　　一行人走出机场，分乘好几辆汽车来到了市中心，住进了自由哈瓦那旅馆16层。这座气势磅礴的大饭店在独裁政府统治期间被叫作"哈瓦那希尔顿大饭店"，是美国势力在古巴的象征之一。起义军进城后归起义军所有。塞莉亚就在这座大饭店的阳台上，凭栏远眺，饱览了哈瓦那全城面貌。

　　格瓦拉最亲密的战友之一卡米洛·西恩富戈斯请塞莉亚全家吃了饭。塞莉亚看到格瓦拉和卡米洛谈笑风生，情同手足，感到非常欣慰。后来，劳尔·卡斯特罗和胡安·阿尔梅达也来拜访她。她甚至还和阿尔贝托·巴约将军夫妇交上了朋友。他们有许多共同话题：西班牙、内战、古巴、"格拉玛"号、格瓦拉……

　　塞莉亚还饶有兴味地走访了圣克拉拉和埃斯坎布拉伊山。在圣克拉拉，塞莉亚走访了已成为格瓦拉未婚妻的阿莱达·玛尔奇的家。

　　1959年1月，塞莉亚作为英雄的母亲，在属于儿子的城市里度过了一生中最舒畅的一段时光。

第六章　领导古巴

他多方面的才智，使他完全能够愉快地胜任任何种类的工作……

他在许多国际会议中也是这样卓越地代表了我们的国家。

——摘自菲德尔·卡斯特罗《悼念切》

一、铁　腕

新政权建立之初的第一要务是彻底摧毁旧政权的根基，这是自古以来的定律。然而，在这刮骨疗毒的过程中必不可少的暴力手段又往往成为后人诟病的口实，这是新政权必须承受的压力。古巴革命政府上台后，着力清除政府、警察、军队中的传统势力，审判那些犯下过罪行的人。

在这个问题上，革命领袖们的观点是统一的。亲身经历过危地马拉政变的格瓦拉对此有着更为深切的体会：要使革命取得成功，决不能依靠旧政府和旧军队。他在革命胜利后所作的第一个演讲就谈到了用革命的民兵替代旧警察的必要性。

临时总统曼努埃尔·乌鲁蒂亚·耶奥和总理何塞·米罗·卡尔多纳虽然反对独裁统治，但坚决反对用激进手段清除固有的一切。为此，菲德尔不断发表演讲，阐明这样做的必要性。好在革命力量掌握着实权，清理工作得以顺利进行。

最先被清理的是政府机构。国会被解散，那些通过贿赂上台的官员被赶走。约有 800 人离开了财政部，300 人离开了海关，265 人离开了运输委员会，580 人离开了卫生部。最高法院的 40 名法官中，遭到免职的有 36 人。

警察机构是独裁统治的主要根基，对其的清理是严格而彻底的。埃菲赫尼奥·阿梅赫拉斯负责对仍留在岗位上的每一个警察的历史进行认真审查，凡是为独裁统治卖命，镇压过革命力量和人民的都被抓起来，接受革命法庭的审判，得到严惩。旧的宪法也被废止了，代之以马埃斯特腊山的刑法。

卡米洛·西恩富戈斯负责对旧军队进行整治。菲德尔最初曾经考虑过在逮捕"战犯"的基础上，让旧军队与革命军队合并，但最终决定彻底解散旧军队。这个决定得到了其他领袖们的赞同。另外，革命政府还赶走了长期作为巴蒂斯塔政府军队顾问的美国军事顾问团。紧急法庭、最高法院审判罪行第二庭和军事情报系统等机构也被取消。

在此基础上，开始了审判战犯的工作。仅1月19日这一天，就有145名旧军人和约30名旧警察被关进了哈瓦那普林西佩监狱。最终，全国共有约100名旧军官和旧警察被处决，200多名战犯因残杀和虐待俘虏而被枪决。令人遗憾的是，其中一些处决犯人的镜头直接上了电视，这在国际上造成了极大的负面影响。

此外，新政权还大刀阔斧地开展了没收独裁政府财产、清除古巴工人联合会及其所属工会中的旧式人物，以及降低电费、电话费、医疗费、房租，颁布城市改革法，加强就业和社会保险、发展卫生事业、加强教育等项工作。革命政府规定，到1959年年底，所有劳动者都能享受到社会保险，补助金也由原来的每人每月6比索上升为40比索；针对当时古巴有100万文盲、60万失学儿童、1万失业教师的情况，革命政府准备建立1万所学校，主要满足农村对教育的需求，并培训了大批"志愿教师"，去农村地区任教。为了支持教育事业，还将全国最大的军事堡垒哥伦比亚兵营交给教育部，使之成为一所名为"自由之城"的大学校；将圣地亚哥的蒙卡达兵营改造成为"7·26学校城"，同时颁布了教育

格瓦拉被一些人视为冷酷无情

改革法，降低了课本费，准备开展扫盲运动。

针对社会道德滑坡，临时总统乌鲁蒂亚提出了禁止赌博和嫖妓的计划，得到了菲德尔的支持。一场清除社会道德顽疾的运动全面展开。赌博被取缔了，在原来官方国民彩票所的旧址建起了全国储蓄和住房委员会；贩毒和有组织的走私被取缔了；娼妓被取缔了，给予其体面工作并进行教育；街头沿街乞讨的现象基本消失，只有一些老乞丐不愿意到政府提供的栖身之处去，固执地留在街头。

新政权一系列除旧布新的工作，不仅引起了旧势力的恐慌，也招致了美国人的强烈反对，一些美国报纸指责革命政府残暴、不人道、实行恐怖统治。古巴国内一些报纸也呼吁不要"使古巴人流更多的血"。由于当时许多犯人都是在格瓦拉的卡瓦尼亚城堡受到监禁和审判，格瓦拉也确实说过"革命的公正是真正的公正，不是怨恨，也不发泄不满，既然判了死刑，就要依法执行""仇恨是斗争的一个要素，对敌人的刻骨的仇恨能够让一个人超越他的生理极限，成为一个有效率的、暴力的、有选择性的、冷血的杀戮机器"之类的话，因此批判者将矛头集中到格瓦拉身上，指责他是杀人不眨眼的恶魔，还有人称他是"莫斯科伸向古巴的手"，他来古巴是为了使这个国家沦为"赤色帝国主义的殖民地"。

古巴革命政府的政策大大突破了美国人的预期，丝毫不顾及美国在古巴的既得利益，且带有浓郁的共产主义色彩。于是，美国人很快就由观望转变为敌视。早在1956年9月，美国国家安全委员会的一份文件中就有这样的表述：

　　如果一个拉丁美洲国家同苏联集团建立起紧密关系，并具有了一种对我们的重大利益抱有严重偏见的性质时，（我们）就要准备减少与这个国家政府的经济与财务合作，并采取任何其他适当的政治、经济或军事行动。

持共产主义信仰和影响美国利益，正是当时美国政府在处理一切国际事务中最大的忌讳。古巴革命政府偏偏二者兼于一身，难怪美国对它恨之入骨。

对此，菲德尔在一次电视讲话中作出回应：

> 我想跟美国保持最好的关系，但是我不能对那个国家采取卑躬屈膝的态度。我没有把自己出卖给美国，我也不接受他们的命令。

紧接着，劳尔·卡斯特罗也发表了讲话，他指责美国支持巴蒂斯塔政府大量残杀古巴人民，却对新政权审判战犯指手画脚。乌鲁蒂亚临时总统也表态，与菲德尔站在一起……为缓和与古巴政府的关系，美国派遣商会领袖保罗·赫尔曼拜会古巴商务部部长塞佩罗·博尼利亚。

这是改善古美关系的一次契机，但古美双方缺乏协调的最基本条件：平等。一方面，美国要求于古巴的是俯首帖耳的从属地位；另一方面，菲德尔毕竟年仅32岁，血气方刚，他的斗志一旦被激起，不是那么容易平息的。1月15日，在接受一群美国记者采访时，菲德尔说：如果美国人看不惯古巴新政权的做法，尽可以派海军陆战队来，那样的话，就会产生"20万美国佬死掉"的后果。旋即，他发现自己的话说得过了头，又于第二天在奇瓦斯墓地发表纪念性讲话时补充说："假如海军陆战队来了，就会有600万古巴人死亡。"最终，古美双方都错过了一次历史机遇。

彻底清除了旧政府的影响后，革命政府的第二项艰巨使命是推行土地改革。古巴是一个以甘蔗生产为主的农业国家，农民在全国人口中占大多数，推行土地改革政策是发展古巴经济最重要的工作。

早在马埃斯特腊山，这项工作就已经开始了，并取得了一些经验。革命胜利后，革命领袖们将其在全国范围内推广。格瓦拉是新古巴经济政策的主要制定者，也是这项政策的积极推行者。正如他在清除旧的国家机器的工作中发挥着极为重要的影响，土地改革也深深打上了"格瓦拉主义"的烙印。他谴责大庄园制是古巴"一切经济祸害的根源"，呼吁没收大庄园，进一步推动土地改革，将土地分配给农民，并主张将古巴的矿产资源和私人拥有的电话系统国有化。

2月16日，菲德尔公开宣布，一场彻底的土地改革将在近期展开。革命胜利后不久即患上了贫血和肺气肿、肺炎，在哈瓦那附近的塔拉腊浴场疗养的格瓦拉此刻正带着助手们紧张地制定着一项庞大的建国方案。这项方案涉及国家建设的方方面面，包括经济建设、对外政策、组建武装部队、建立国家安全体系等。土地改革法是其中一项重要的法案，直接负责制定这项法案的是格瓦拉的助手、地理学家和经济学家努涅斯·希门内斯，以及《革命报》的经济编辑奥斯卡·皮诺·桑切斯。

5月1日，古巴全国举行了大规模支持革命政府的游行示威，那一天，格瓦拉在圣地亚哥发表了演说，进一步阐明土改的必要性。

5月17日，菲德尔在马埃斯特腊山的拉不拉他村主持召开内阁会议，会上通过了旨在改变土地所有权结构、摧毁古巴半殖民地经济的土地改革法。该法第一条就是禁止1000英亩以上的产业。对于有特殊情况的甘蔗和大米种植园，限额被放宽到3333英亩。超过限额的土地一律征用，由国债分20年赔偿，年息4.5%。被征用的土地，有的改成农业合作社，有的分配给个体农民，平均每户可分得67英亩。占有公地者、分成制交租的佃户和一般佃户可以优先分得他们原先耕种的土地。如原来耕种的土地少于67英亩，应该尽快补足。

法令也对国家经济命脉甘蔗行业作出重要规定：1960年收获季节过后，除了古巴人的公司，其他公司一律不得经营甘蔗种植业。制糖厂的职员、厂主或股东均不得持有甘蔗种植园的股份。只有股份已经依法登记的公司，才能拥有甘蔗地之外的土地。

土改法还明确了由菲德尔领导的全国土地改革委员会全面执行土改法一切规定。实际上，这个委员会的权力远远超过了征收和再分配土地的范畴，而是将国内的道路建设、卫生、教育、房屋等也纳入管理范围。另外，还设立了一个贷款部门，合并了旧的食糖、大米和咖啡管理局。全国土地改革委员会是一个名副其实的"影子政府"，是以菲德尔为首的革命力量的权力化身。自成立之日起，它就是革命力量向其他力量斗争的堡垒。

土改法一出台，立刻引起古巴国内的剧烈震荡，糖业股票在纽约交易市场下跌，并引起其他一些古巴股票的下跌。革命确实损伤了古巴国内一部分人的利益——这些人中包括 1959 年对菲德尔当权欢呼雀跃者。他们中的许多人后来流亡美国，成为古巴政府几十年不共戴天的仇人。

许多古巴糖业公司原本就对土改法极为不满，古巴股票失控后，他们就指责土改法导致了"严重的经济后果"，要求菲德尔延缓实施。他们认为，如果大块土地被分割，就无法在收获之前进行统一的准备工作。如果糖厂失掉甘蔗田，就无法贷款给佃户。

古巴国内的亲美势力则直接提议美国政府干涉古巴改革。

美国国内反对古巴土改法的声浪也日渐高涨，关于"古巴的共产主义"的讨论在报刊杂志上铺天盖地，而攻击的矛头更多地集中于格瓦拉身上。他们认为，是格瓦拉这个"极端分子"使古巴遭到了一连串的不幸，把共产主义"移植"到了古巴岛，并把古巴作为向拉丁美洲甚至美国发动进攻的"共产主义侵略"的桥头堡！为此，格瓦拉专门致信《波希米亚》周刊，为自己辩护。

事实上，古巴的土改法并不是一项共产主义性质的法令，它留给富裕农业资产阶级的土地是可观的。之所以引起一些人的忌恨，是因为取消了美国和其他国家对古巴土地的控制。这部法令其实是一部民族解放和反帝的革命法令，绝非共产主义性质。

菲德尔也在电视演说中反复强调古巴革命"既不同于资本主义，也不同于社会主义"，它将"以人道主义为特征，既不左也不右"，而是"向前一步"。在色彩上，它"不是红的，而是橄榄绿的，像起义军制服那样"。当时，菲德尔确实还不能算作共产主义者[①]，更多的是一名古巴民族利益的维护者。

当然，美国人的担忧也不是杞人忧天，虽然菲德尔还在各种社会制度间徘徊，但无论是国内反对派和美国保守主义势力的逼迫，还是格瓦拉、劳尔等人的影响，都使得菲德尔越来越显出向共产主义倾斜的趋势。对于正不断掀起

---

① 时任美国驻古巴大使菲利普·邦斯尔曾说："根据大量的尽管是矛盾的材料判断，卡斯特罗不是一个共产党人。"

反共高潮的美国来说，这可不是一个好苗头。

6月11日，美国政府就古巴农业改革问题向古巴新政府发出了一份正式照会。在这份照会中，美国承认古巴有权征用外国财产，并承认土改法具有进步性质，但要求古巴对受损的美国利益进行"迅速的、适当的和有效的赔偿"。然而在此之前，菲德尔向美国发出过一项公开建议，要求美国购买古巴糖的数量由每年300万吨增至800万吨。华盛顿对菲德尔的"无理要求"不屑一顾，作为回应，古巴新政府自然也就没向美国给予"迅速的、适当的和有效的赔偿"。菲德尔甚至还指责那些批评土改法的人是革命叛徒，罢免了几名反对农业改革的内阁成员[①]。

古巴新政府离美国越来越远了。

改革也导致了古巴政府内部的剧烈振荡。

首先是总理何塞·米罗·卡多纳。由于与菲德尔有着严重的政见分歧，且深感自己不过是个傀儡，他坚决提出辞职，并推荐菲德尔接任总理。

菲德尔早就对与自己格格不入的总统、总理心怀不满。既然总理主动"让贤"，他就来个"当仁不让"，甚至走得更远。他选择在一个合适的场合，将这件事告诉了内政部部长路易斯·奥尔兰多·罗德里格斯和临时总统乌鲁蒂亚。罗德里格斯一直是菲德尔的追随者，他当着乌鲁蒂亚的面说，菲德尔可以担任总理一职，这样，"革命就可以获得团结"。菲德尔则趁热打铁，表态说："既然要我当总理，那就要对政府的政策负责，就需要有充分广泛的权力，能够有效地行动。"

什么才是"充分广泛的行动"呢？菲德尔解释道，就是应该由他来主持内阁会议，而不是乌鲁蒂亚。他甚至提出，乌鲁蒂亚可以不参加内阁会议……乌鲁蒂亚是何等老练之人，审时度势，他没有提出任何异议。紧接着，他也提出辞呈，要求回到最高法院重操旧业。总理、总统都辞职，显然会损害革命政府的声誉，菲德尔极力挽留乌鲁蒂亚；乌鲁蒂亚一派人物也将他视为"革命的

[①]　包括社会福利部部长埃伦娜·梅德罗斯、司法部部长安赫尔·费尔南德斯、农业部部长索里·马林。

最后希望",恳求他不要辞职;乌鲁蒂亚最终留了下来,但从此淡出权力中心,连内阁会议都不参加,只拥有形式上对法令的否决权。

2月16日,菲德尔就任总理。他说:"我没有个人野心,只忠于原则,对民主抱有不可动摇的和深切的信念。"他还向群众保证,古巴人的生活水平不久就会赶超美国和苏联。接着,他任命劳尔·卡斯特罗担任武装部队总司令。

冲突以菲德尔一派的胜利告终,但临时政府在国家事务中依然保持了一定的影响力,代表着传统势力在古巴政坛的存在。一山难容二虎,最后的较量在所难免,只是时间问题。

6月上旬,乌鲁蒂亚总统接受了记者路易斯·孔特·阿圭罗的采访。当阿圭罗问起"政府中是否有共产党人"这个极其敏感的问题时,乌鲁蒂亚回答说:在部部长会议中,我不知道有没有共产党人。但你可以相信,菲德尔博士不是共产党人,我也不是。更重要的是,我们要防止革命,防止我们这个人道主义革命的失败……

我们无从知道乌鲁蒂亚作出这一番回答的真实用意。从他的回答基本上引用菲德尔的原话,以及他之前的退让姿态来看,或许他是会错了菲德尔的意。诚然,菲德尔长期在政治上持模糊态度,甚至有意回避共产主义这个话题。但随着局势的发展,他已越来越倾向于共产主义。在这种状况下,他是绝不同意将自己推到共产党的对立面的。

人民社会党(共产党)对乌鲁蒂亚的讲话迅速做出反应。6月30日,古共领导人阿尼瓦尔·埃斯卡兰特发表讲话,称总统已经放弃了中立的立场,侮辱了共产党,从而"在困难时刻破坏了革命阵营的团结"。

菲德尔也站出来澄清自己的立场。他指责乌鲁蒂亚说:"我认为,如果我们为了要免得被人称为共产主义者,而必须反对他们和攻击他们,这不完全是光彩的,有自尊心的人们是不这样做的。"

菲德尔作出了进一步反击。在此之前,《前进报》就曾报道过乌鲁蒂亚购买了一幢豪华别墅的消息。这一次,菲德尔又在《革命报》上发表文章,称他自己的钱连在萨帕塔沼泽地买一所小屋也不够。他还说:"我个人既没有也不想有任何东西。'无私欲'是我到处穿着的外衣。"

面对占据绝对优势的菲德尔，乌鲁蒂亚毫无招架之力。为了证明自己的"清白"，他以诽谤罪对《前进报》发出了传票。

阿圭罗又一次拜会了乌鲁蒂亚，询问他和菲德尔之间到底有什么矛盾。乌鲁蒂亚说自己和菲德尔绝对没有不一致的地方，两个人都赞成人道主义的民主。他还说，是共产党给古巴带来了祸害，他们想搞一个包括所有附和苏联人的第二阵线，以对抗古巴革命。这一次，乌鲁蒂亚走得太远了，他实际上是亲手为自己所代表的传统力量挖掘了坟墓。在他讲完这番话后，菲德尔马上辞职。在没有菲德尔参加的内阁会议上，制糖工人领袖孔拉多·贝克尔向乌鲁蒂亚发难："总统还是辞职吧！要不然，菲德尔是不会来的。"

当晚，菲德尔在电视节目中出现，做了一个长篇演说，指责乌鲁蒂亚"搞乱了"政府，指责他的豪华别墅和4万美元的年薪，特别是他对共产主义的敌意。菲德尔说：

> 乌鲁蒂亚在捏造一种共产主义神话，以便挑起外国的侵略；他策划抛弃古巴，准备卷土重来，同几个北美人一起统治古巴。乌鲁蒂亚甚至应对在共和国的根本法上取消上帝这个词儿负责。

他还说："现在我甚至不能做任何工作，因为一个星期以来，由于狂热的反共声明，迫使我们处于目前这种国际地位而筋疲力尽了。"

双方力量的对比是显而易见的。菲德尔发表完讲话后，大量的电话和信件纷至沓来，表示支持他；内阁部部长们被集中到一起，由国防部部长马丁内斯·桑切斯看管，谁也不准离开；群众则聚集在总统府周围，要求总统下台。乌鲁蒂亚再度宣布辞职，彻底退出了古巴最高权力层。菲德尔推荐一位名叫奥斯瓦尔多·多尔蒂科斯的内阁成员当总统，新总统则重新推荐菲德尔当总理。

然而，一波未平，一波又起。10月中旬，在革命阵线内部发生了乌贝特·马托斯事件。

乌贝特·马托斯是一位长期追随菲德尔的马埃斯特腊山的老战士，为古巴革命立下过大功，革命胜利后担任卡马圭省军事长官。但他同时又是一名反共的右派人士。当他看到菲德尔一步步向共产主义靠拢，就故意放慢了卡马圭省农业改革的进程。10 月中旬，他和一些部下突然提出辞职，理由是共产党对古巴的影响越来越深，已使革命偏离了原来的道路。他在给菲德尔的信中写道：

　　　　应该提醒你，伟大人物在他们开始不公正的时候就开始走下坡路了……作为一个曾抱着誓死的决心去执行你的命令的同志——我请求你尽快地同意我的辞职要求，让我作为一个平民回家，不要使我的儿子们以后在大街上听说他们的父亲是个叛徒或者逃兵。

　　菲德尔非常生气，他几乎不假思索地命令卡马圭省武装部队迅速占领卡马圭省，并亲自带着军队来捉拿马托斯这个"阻碍农业改革的叛徒"。当他到达卡马圭省时，马托斯穿戴整齐，与一批属下静静等待着菲德尔的到来，没有发过一颗子弹，以示对革命忠贞不二。

　　马托斯被带到了哈瓦那，卡米洛·西恩富戈斯接任了他的职务。第二天，"7·26 运动"在卡马圭省执行机构的全体人员全部辞职；省协调委员金·阿格拉蒙特被捕；前空军司令、后驾机叛逃美国的迪亚斯·兰斯驾驶一架 B-52 轰炸机，从佛罗里达飞抵哈瓦那上空，散发下几千张由他署名的传单，宣称菲德尔是共产党人……

　　最后，马托斯被判处徒刑 20 年，其他 21 名军官也被判刑。

　　紧接着发生了更大的悲剧。10 月 28 日，卡米洛·西恩富戈斯在坐飞机外出视察途中，飞机失事，不幸失踪。菲德尔亲自参加了搜索工作，但一无所获。古巴革命痛失了一位杰出的领导人。

　　卡米洛·西恩富戈斯是格瓦拉的挚友，与格瓦拉同为古巴革命中最骁勇善战的指挥官。正是他俩分兵进入哈瓦那，最终奠定了胜局。两个"大胡子"的私交也非常好。卡米洛逝世后，格瓦拉专门撰文纪念他，称赞他是"我们身经百战的同伴，菲德尔愁眉紧锁时的亲密顾问，一位总是将部队置于个人生死之上的禁欲斗士"，"卡米洛把忠诚视为宗教；他本身就是忠心的信徒，他同时对菲德尔忠心，一位具体呈现人民意志的人，也对于人民本身效忠。"他还写道：

> 让我们强调，没有一个士兵可以在这场解放战争中比拟于卡米洛。一位彻头彻尾的革命分子，人民英雄，一个古巴为她自己创造的革命产物。透过其牺牲，即便是最微不足道的恐惧或怯懦阴影都将消逝于无形。卡米洛，游击队的勇士，让一切都成为"卡米洛式的"，在古巴革命中留下了不可磨灭的足迹，他是激励的永恒来源。他属于并未来临，以及即将到来的人们。

为了纪念卡米洛，格瓦拉还将爱子取名"卡米洛"。

卡米洛之死，使古巴新政府的核心成员最终定格为三人：菲德尔、格瓦拉和劳尔。

古巴革命的核心成员，并非是一成不变的。从攻打蒙卡达兵营开始，许多杰出人物都有机会成为核心成员，如阿维尔·桑塔马里亚[①]、胡安·阿尔梅达等。始终在这个圈子里的，只有卡斯特罗兄弟，格瓦拉和卡米洛都是后来才加入革命，并取得突出地位的。大浪淘沙，到古巴革命胜利时，核心层就只有卡斯特罗兄弟和格瓦拉、卡米洛这"四巨头"了。四位领袖中，格瓦拉虽然极受菲德尔器重，并对菲德尔的政策产生了重大影响，但他的阿根廷国籍却让菲德尔在使用他时总有一点犹豫不决。某种程度上，卡米洛发挥着抵消格瓦拉影响的作用。好在两人心胸宽广、私交甚好，没有出现什么矛盾。相反，关于他

---

① 阿维尔·桑塔马里亚是玛丽亚那－格拉哈莱斯小分队的成员。

极富象征意味的三巨头合影

俩情同手足的传闻倒是屡见不鲜①。卡米洛不幸遇难后，真正居于领导核心的就只有卡斯特罗兄弟和格瓦拉。菲德尔是不可动摇的最高领袖，至于格瓦拉和劳尔孰轻孰重，这是个说不清、道不明的问题。

1959 年，正当古巴新政府在惊涛骇浪中破浪前进时，格瓦拉本人却享受了一段难得的美好人生。继母亲、姑妈和小弟等来到哈瓦那后，他和阿莱达·玛尔奇的爱情也到了开花结果的时候。

1958 年年底，格瓦拉率第八纵队向圣克拉拉和哈瓦那进军时，把阿莱达留了下来。革命胜利后，格瓦拉担任了卡瓦尼亚要塞司令，阿莱达来到他身边。有一段时间，她经常像个卫兵，跟在他身后，以至于记者们误以为她是他的秘书。阿莱达就此作了澄清。她说："不能说我是格瓦拉的秘书，只能说我是一个战斗员。我和他在拉斯维亚斯省作战，参加了那里的每一次战斗，因

---

① 路易斯·巴埃斯在《将军们的秘密》中写道："面对我们这位既好嘲弄人，又常烦扰人，有时还有点犹豫不决的特殊人物，格瓦拉穿上了'防弹背心'。当我们看到西恩富戈斯在格瓦拉面前那样大笑的模样，我们也感到奇怪。我记得，西恩富戈斯有一次使格瓦拉感到很恼火。格瓦拉当时盯着西恩富戈斯，并且说：'卡米洛，你别忘了，我的部下全部在这里。'笑完之后，他们两个勾肩搭背地一起走了出去。"

此，我只不过是他的一个助手罢了。"

但也就是从那次采访后，阿莱达不再经常出现在格瓦拉身边，而是退到了幕后。

正在此时，伊尔达带着小伊尔达来到了哈瓦那，这着实让格瓦拉犯难。最后，他还是鼓足勇气，把阿莱达的事告诉了伊尔达。伊尔达默默地接受了这一切，留下了小伊尔达，独自伤心地离开了古巴。这让格瓦拉万分感动而又深深歉疚。

2 月初，古巴内阁会议通过法令，准许所有参加过古巴革命的外国人拥有古巴国籍，并特别宣布："鉴于埃内斯托·切·格瓦拉为古巴人民所建立的功勋，特授予他古巴国籍，享有与出生于古巴的人相同的权利。"在古巴历史上，只有 1895 年第二次独立战争中的总司令、多米尼加人马克西莫·戈麦斯·巴埃斯才拥有过这种殊荣。

2 月 12 日，格瓦拉发表电视演说，对授予自己古巴国籍表示感谢，并表示要为土地改革而斗争。同时，还挤时间撰写出了大量文章和书籍，着力研究建国方略、总结游击战经验。

一次，哈瓦那大学一位教授写信邀请他去讲学，并言明要给他一笔讲课费。格瓦拉立即回信说：

> 我感到不可理解的是，为什么总是要用金钱来酬谢党务活动家所做的任何工作。至于对我个人来说，在所获得的一切报酬中，最为珍贵的便是使我有权利成为古巴人民的一分子；而这种权利，是无法用比索来计算的。

5 月 1 日凌晨，正在美国、加拿大、巴西、阿根廷访问的菲德尔乘专机到达了阿根廷布宜诺斯艾利斯的埃塞伊萨国际机场。阿根廷外长卡洛斯·弗罗里特到机场迎接他，格瓦拉的家人也冒着严寒，站在欢迎的人群中。第二天，菲德尔在结束了同阿根廷总统阿尔图罗·弗朗迪西的会晤后，看望了格

格瓦拉与第二任妻子阿莱达喜结良缘

瓦拉的家人。

6月2日，格瓦拉在身体康复后，与阿莱达在圣克拉拉完婚。菲德尔是他们的证婚人，由于工作太忙，他在格瓦拉的结婚证书上签了字就匆匆离开了。另两位证婚人是劳尔·卡斯特罗和埃费赫尼奥·阿梅赫拉斯。

从此，格瓦拉与阿莱达共同生活了5年，直到1965年格瓦拉离开古巴结束。他们的感情一直很好，但由于各自工作都很多，很少有时间单独在一起。他们共生育了4个孩子，两男两女。两个男孩，大的取父名埃内斯托，小的取名卡米洛，以纪念卡米洛·西恩富戈斯。两个女孩，大的取母名阿莱达，小的取祖母的名字塞莉亚。

二、挑战风车

在古巴革命胜利后的第 11 个月里的一天，也就是 1959 年 11 月 28 日，格瓦拉被任命为古巴国家银行行长。1961 年 2 月 23 日，他又被任命为工业部部长兼中央计划委员会委员。关于他是如何当上国家银行行长一职的，格瓦拉自己讲过一段趣闻：

> 有一次，菲德尔把他的同志们召集起来，问我们中间谁是经济学家，我于是举起了手。菲德尔非常诧异地问我："你从什么时候起成为经济学家的？"我回答："对不起，我听错了，以为你问我们中间谁是共产党员 [①]。"就这样，我被将错就错地任命为国家银行行长了。

这故事也许是真的，也有可能蕴含了格瓦拉对于国家银行行长一职的看法。格瓦拉可是个爱开玩笑的人。

格瓦拉的父亲林奇屡屡从事经营活动，都以失败告终。出于对儿子性格、能力的了解，他曾向菲德尔说过："我们格瓦拉家的人不能搞经营，一搞就倒闭。"曾大力宣扬过马埃斯特腊山的马修斯也说："这件事令人感到吃惊和可笑……格瓦拉对银行业务一窍不通。菲德尔需要一位革命者来主持这项工作，他找不到一个革命的银行家。"许多古巴人也不相信格瓦拉能当好国家银行行

---

① 古巴语中，"经济学家"和"共产党员"读音相近。

  格瓦拉，格瓦拉

长。因而，对格瓦拉的任命一公布，立刻引发了古巴的金融恐慌和银行急兑。

从历史经验来看，上马埃斯特腊山之前，格瓦拉不是也从没打过仗吗？既然他能从一介书生成长为天下闻名的骁将、指挥官，为什么不能白手起家，成为一名出色的银行家呢？格瓦拉具备一种素质：只要他认真去干某件事，就一定能干好。所以，委之以国家银行行长职务，以取代银行家出身的帕索斯，在菲德尔看来，是顺理成章的事。

格瓦拉一向不忌讳自比为挑战风车的堂·吉诃德。无论是在"环球旅行"中，还是远征古巴时，他都自比为堂·吉诃德。然而，对于缺乏经济学知识的他来说，一生中最具堂·吉诃德挑战风车意味的事，莫过于以外行和革命家的身份领导古巴经济建设。这项使命不仅断送了他在古巴的事业，也给古巴经济造成了挫折，使他和菲德尔之间的友谊产生了难以弥补的裂痕。当然，这些都是后话，受命之初，格瓦拉对自己的信心甚至比菲德尔更高。他相信自己可以通过边干边学，成为一名合格的国家银行行长。

格瓦拉面对的第一项困窘是金融人才的匮乏。为此，他从其他拉美国家聘请了一批专家，并努力培养本国的金融管理人才。

在调控国家经济方面，他祭出了土地改革中发挥了效力的"法宝"：国有化。他刚刚就任国家银行行长，古巴就推出了一批针对外国企业的法律，宣布对一批企业实行国有化，特别是旅游业。

之后，国有化进程不断推进，古巴逐步将所有的私营银行都收归国有，从而控制了全国的货币基金，并以此来调控工商业活动。在此期间，他还签发了新的古巴纸币比索，在上面签下了自己的名字——一个小小的"Che"。

这时候，格瓦拉在对古巴经济状况进行深入分析研究的基础上，得出了一个基本观点：古巴之所以处处受制于美国，根本原因在于经济上受制于美国。这方面最为典型的例子是古巴经济第一大支柱蔗糖生产大部分都是销往美国，美国通过控制进口古巴食糖的份额，就可以牢牢掐住古巴经济的"脖子"，左右古巴的命运。经济上的从属地位决定了古巴在政治上、主权上不得不听命于美国。要想摆脱这种状况，首先必须使古巴经济取得独立，摆脱由来已久的对美国食糖市场的依赖。

他推出农业多样化来抵消单一生产食糖的消极影响。随着 1960 年甘蔗收获季节的结束，土地改革全国委员会几乎接管了所有原属糖厂的甘蔗田，建成了 1000 个合作社，准备实行农业多样化。为防范美国以此惩罚古巴，进一步削弱对古巴的食糖定额。他还不失时机地率团出访各社会主义国家，为古巴拿到 400 万吨食糖的定额，解除了后顾之忧。

格瓦拉关于实行农业多样化的主张得到了菲德尔的热情支持。1961 年初，古巴政府不失时机地将格瓦拉主管的、控制了全国工业近 3/4 的土地改革全国委员会工业司升格为工业部。与此同时，成立了对外贸易部、国内贸易部，取消了农业部、商业部。2 月 23 日，格瓦拉被任命为工业部部部长，兼任中央计划委员会委员，他手下的几员干将也升任为副部部长，分管不同的工业部门。至此，菲德尔已将全面改革古巴经济结构，以及经济和财政工作的全副重担都交给了格瓦拉。格瓦拉被外界称为"古巴经济的沙皇"。下半年，格瓦拉进一步集古巴革命统一组织全国委员会成员、书记处书记和经济委员会委员等

年轻的革命领袖意气风发的领导者新生的古巴

职务于一身，与卡斯特罗兄弟共掌古巴党政军大权，达到了事业的巅峰。

格瓦拉就任至关重要的工业部部长一职后，立即着手实施最艰巨的工业化计划。为此，他带领助手们夜以继日地研究工业化方针，制订开采奥连特省矿藏的计划。他的计划非常宏大，包括大力发展钢铁生产，以达到自给自足；发展大型工业，如能制造大渔船的造船厂等；发展机器生产，如研制砍甘蔗的机器等；建立新的炼油厂、发电厂，发展化学产品生产；充分开发甘蔗的利用价值，用甘蔗渣

造纸、用甘蔗腊制造荷尔蒙、发展制糖工业的副产品。同时，他还将工业与农业多样化相结合，提出在原有的甘蔗田种植多种农作物，既改变对食糖的依赖，还可以为工业提供原材料。

要完成这样的一揽子计划，对人员素质的要求很高。但古巴最稀缺的恰恰就是经济建设方面的人才。对此，他颇感头疼，并不止一次抱怨说："我们不得不冥想苦思，能在哪里找到 500 个工厂经理，而且没有一天不是因为不称职而需要开除其中的一个。"他一方面广邀外国专家来古巴帮助发展经济，另一方面在工业部门的领导和中层干部中掀起了学习各类知识，尤其是经济学知识的热潮。为了培养各类专业人才，他组织制订了专业技术教育计划，开设了各类培训班，如统计、车床、工业管理、会计知识等学习班。在这场学习活动中，他率先垂范，带头听取政治经济学、计划和其他学科的讲座，刻苦攻读高等数学和经济学专著，悉心研究马克思的《资本论》。

为摆脱古巴工业生产对美国专家和技术的依赖性，他主张向苏联和其他社会主义国家求助。苏联人自然不会放过插足这块共产主义处女地的机会。1960 年年底，赫鲁晓夫宣布，要为古巴兴建 100 多个工厂，并允诺将古巴钢产量由年产 4 万吨提高到年产 20 万吨。这无疑给面临困境的古巴经济打了一剂强心针，格瓦拉迅速对有关经济政策作出调整。从 1961 年春天开始，古巴不再花大价钱从美国购买机器，转向从苏联和东欧国家购买新机器并维持老机器运转。

但要完全摆脱经济上的困境，又谈何容易？古巴经济先天不足，如能源匮乏，需要进口石油；生产部门不齐全，需要大量进口粮食等，都严重制约了经济发展。古美关系恶化，古巴旅游业收入锐减，北美市场也向古巴关闭。另外，高度集中统一的政治制度也严重地束缚了人们的创造性和生产力发挥。

更为严重的是，普遍较低的人民文化素养、殖民时期和独裁政府时期在全社会形成的道德颓废和在政府部门中形成的官僚主义、本位主义作风，并没有因为政权的更迭而自然消亡。当新政权度过了短暂的"蜜月期"，当改天换地的热情渐渐冷却后，旧思想、旧道德的影响在不知不觉中重新抬头。当革命领袖以振兴这个国家的经济为己任、夙兴夜寐地工作时，一些工厂经理和领导干部却占据要津，玩忽职守；而在生产部门，旷工、怠工、生产上马虎大意的现象时有发生。这是比经济上被人卡住喉咙更严重的问题，这将腐蚀到整个国家的基础，损伤国家的肌体。这些隐性的问题必须予以改变，重塑国民的精神。格瓦拉作为主管全国思想政治工作的领导人，在这方面做了大量的探索。

格瓦拉为此开出的"药方"是"社会主义新人"的理念和"义务劳动"的措施。虽然义务劳动在许多社会主义国家早已有之，但恐怕没有哪一个国家像古巴这样不遗余力地推行这项活动；也很少有国家领导人像格瓦拉那样，牺牲大量的休息时间，汗流浃背地投入到工农业各项生产劳动之中。有一阵子，

向劳动者那样辛勤劳动

古巴国家银行的工作人员都被格瓦拉折磨得精疲力竭。格瓦拉命令他们周日一大早就和他一起去砍甘蔗。格瓦拉有时也会对这种简单劳动感到厌烦，但革命领袖的自觉性和责任感使他甘愿忍受身体疲累的煎熬。

在格瓦拉这里，义务劳动的概念其实是与培养"新人"的概念紧紧联系在一起的，或者说，是培育"新人"思想的具体体现。而培育"新人"的思想，可以说是"格瓦拉主义"关于建设国家的核心内容。这一思想，最早可追溯到1960年8月19日，他在给哈瓦那公共卫生部门举办的培训班开学仪式上所作的名为《革命医生》的讲话。在作为全国经济工作和思想政治工作领导人的日子里，他就培养"新人"的问题进行了深入的探索，发表了一系列文章。

1965年3月12日发表于乌拉圭蒙德维的亚《前进》周刊，4月11日被古巴《绿橄榄树》杂志转载的《古巴的社会主义和人》是其中的一篇纲领性文件，集中反映了格瓦拉关于革命与"社会主义新人"的思想。文章开门见山，一语点明所要批驳的主要观点：

> 常常听到资本主义的代言人举出一个论据来对社会主义进行思想斗争，这个论据就是说，我们的这个社会制度以及我们所处的社会主义建设时期，其特点就是为了国家而否定个人。

紧接着，他简略地回顾了在古巴革命不同阶段中人的作用发挥的特征：

> 众所周知，以1959年1月1日为最高峰的革命行动，它开始的准确日子，是1953年7月26日。……这个过程只具有社会主义萌芽，在过程中，人是基本因素。靠的就是人，单独一个个的人，具体的、有名有姓的人，而任何的成败，就取决于人的行动能力。
>
> 到了游击斗争阶段。这个斗争是在两个不同的范围中展开的，一个范围是人民，是仍有待于动员的、熟睡中的群众，另一个范围就是他们的先锋，即游击队，这是动员（人民）的动力，是革命意识与战斗热情

的产生者。这支先锋队成了一种触媒剂，为胜利创造了必要的主观条件。同样地在这支先锋队中，在我们思想无产阶级化过程的范围内，在我们的习惯、头脑发生的革命的范围内，人也是基本的因素。在革命力量中取得了某种高级地位的每一位马埃斯特腊山区战士，都有一整段杰出行动的历史。他是靠这些行动而取得自己的地位的。

在充分肯定了个人的主观能动性在古巴革命中发挥的作用后，他又指出了由于个人素质还不曾达到革命要求，在革命出现挫折时就会对革命带来负面影响：

但是有时国家是会犯错误的。当犯这样的错误的时候，就可以看到，由于组成集体的每一个分子热情的减低，整个集体的热情也减低了，工作就停顿，一直缩小到无足轻重的程度；这就到了要纠正的时候了。

他说："光是有一套系统，是不足以保证一系列的明智措施的，还缺少一种组织得更加完善的同群众的联系。对这一点，我们在今后的年代中必须加以改善。但是，在来自政府上层的倡议方面，我们目前采用的是一种几乎凭直觉的方法，探听对已提出的问题的反应。"在他看来，菲德尔是这方面的典范，但这显然不够。当然，资本主义社会中依靠价值规律的维系方式更加难以真正动员起人们内在的主动性。那么，古巴该做些什么呢？他说：

现在，我试说明，在社会主义建设这出奇怪而动人心魄的戏剧中，作为演员的个人，他既是单独的人又是集体的一员的双重身份，是怎样的。

我认为，应该干脆承认他是不完善的，是非制成品。昔日的包袱转移到了现在这个人的意识当中，必须不断地进行工作，来根除这些包袱。

这个过程是双重的，一方面是社会以自己的直接间接教育起着作用，另一方面，个人又经历着一个自觉的自我教育过程。

如何进行这"双重"的教育？他提出了一条重要的原则："同过去的东西进行比赛。"

要建设共产主义，那就要在缔造物质基础的同时缔造新人。因此，正确地选择动员群众的工具，就十分重要。这种工具基本上应该是精神上的，同时也不要忘记正确的利用物质刺激，首先是社会性的物质刺激。

这里贯穿了格瓦拉思想中一以贯之的一条原则：重视精神激励，轻视物质刺激。在下面的篇幅中，他避而不谈"物质刺激"，只谈如何进行"精神鼓励"。他提出了另一个重要原则："社会应该成为一个巨大的学校"。

"社会应该成为一所巨大的学校"

我们前面已经说过，在极端危险的时刻，加强精神鼓励是容易做到的，要把这个保持下去，就必须发展一种使良好的品质达到新的范畴的觉悟。整个社会应该变成为一个巨大的学校。

　　……在我们这里，直接教育就更加重要得多。解释能说服人，是因为这是真话；不必借助于遁词。这件事是由国家的教育机构按照一般文化水平、技术水平与思想水平，通过一些像教育部与党的宣传机关这样的机构来进行的。教育在于引导群众，使提倡的新态度趋于变成习惯，群众逐步接受了它；而对还没有教好的人施加压力。这是教育群众的间接的方法，这方法同前面一个方法是一样地有力量。

　　他设想，通过"直接教育"这一重要的过程，个人会逐渐进入"个人的自我教育过程"。

　　个人不断地受到新的社会政权的影响，觉察到自己对这个社会并不完全适应。在间接教育这一压力的影响下，他设法使自己适应一个他觉得是正确的局面，而在此之前，由于这种局面发展得不够，使得他未曾这样做。现在他在自我教育。

　　在这个社会主义建设时期，可以看到正在诞生的新人。他的形象还没有完成；也恐怕永远完成不了……

　　他们已经不是完全孤零零地通过羊肠小径向着遥远的希望前进了。他们跟随着自己的党、先进工人、先进分子组成的先锋队。这支先锋队同群众联系着，同他们密切地打成一片。先锋队的目光注视着未来，也注视着未来的奖赏，但这个奖赏已经不是表现为某种个人的东西了；奖赏就是一个新社会，在这个社会中，人们将具有另外不同的特点，这个社会就是共产主义的社会。

这条道路将是"充满着困难的漫长道路"。

尽管重视了精神鼓励，但人们分成两个主要的集团（当然这里不包括那些由于这种或那种原因不参加社会主义建设的一小部分人）的这一事实，就表明了社会觉悟的发展还不够。先进集团在意识形态上比群众先进；群众对新的事物有认识，但认识还不够。前一种人身上发生质变，使他们能以先锋的身份去作牺牲，而后一种人则只能隐隐约约看到事物，需要对他们加以鼓励和施加一定程度的压力；无产阶级专政不仅仅是施加在被打败的阶级身上，而且也施加在胜利的阶级的个人身上。

为了达成这个目标，他提出"需要一系列的程序，即革命法则""来自然而然地选择应走在前列的人，并对那些完成了任务的人和那些侵犯正在建设中的社会的人实行奖励或惩罚"。他坦承："革命的这种法制状态还没有达到。"这是因为：

已经进行了某些旨在逐步创造革命法制状态的试验，但并没有操之过急。我们已遇到的最大的障碍，是生怕任何形式上的东西使得我们脱离群众和个人，使得我们忽略最后与最重要的一个革命志向：使人摆脱其异化状态。

但这种状态是必须要达到的。

在社会主义下，人虽然表面看来是标准划一的，但却是更加完全的；尽管缺少完善的一套办法来保证，但人有了无限的大得多的可能来表现自己，使自己在社会机关当中能被感觉到。

当个人意识到了他所从事的工作与政府、社会要求他所做的一切目的是一致的，即都是"使人摆脱其异化状态"时，"他就会充分意识到自己的社会地位，这就等于说：他把异化的枷锁打破了，他作为人来说，是充分完成了"。

推理至此，格瓦拉充分表述了他的"义务劳动"的理念：所谓"解放了的劳动"，也就是"义务劳动"，是人借以恢复其天性，并摆脱异化的重要方法和衡量标准。当人们由起初略带被迫性质地参加义务劳动，并不断在这个过程中得到灵魂的净化，最终达到将义务劳动当作个人需要时，他就完全摆脱了自身的"异化"，得到了"全面发展"，达到了"共产主义"的境界。这时候，人就成为了"新人"。他是这样定义"新人"的：

> 这样的人不应代表 19 世纪的思想，但也不应代表我们这个没落的、病态的世纪的思想。我们要创造的是 21 世纪的人，虽然这只是一个主观的、没有系统化的愿望。这正是我们研究与努力的重点之一，等到我们在理论基础上取得具体的成就，或是相反的在我们具体调查的基础上得出广泛的理论结论，我们就会对马克思列宁主义、对人类的事业作出宝贵的贡献。

这就是《古巴的社会主义和人》，由一个纯粹的理想主义者格瓦拉所写的理想主义色彩最为浓重的文章之一。它所提出的种种理想，固然都可以归属于人类最崇高的理想之列，但正如他自己所意识到的，"人们分成两个主要集团的这一事实，就表明了社会觉悟的发展还不够"。他的主张只会在少数精英分子中产生共鸣，并转化为动力；对于大多数人来说，他们的认识水平和意志品质，都不足以使他们真正领会、接受并实践"新人"的理念。

事实无情地证明了这一点。作为"社会主义新人"和"义务劳动"的倡导者，格瓦拉不是简单地提提口号，而是亲身实践着这一信条。人们看到，这位事务缠身的行长，每天工作达 16 小时，却坚持每周末去参加割甘蔗。不仅他本人去，阿莱达也一起去。当时，由于战事已经结束，心情相对宽松得多，生活也有规律得多。所以，格瓦拉已微微发福，阿莱达更是明显发胖。但在甘蔗地里，人们又见到了当年那位格瓦拉司令的硬汉风采。罗萨里奥·奎托回忆说：

> 我们小组和格瓦拉的小组在竞赛中势均力敌。为了能获得胜利，我
> 们两个小组都暗中相互窥探。当时竞赛进行得非常激烈。不过，我应该
> 痛心地承认，当有人告诉我格瓦拉已经犯了哮喘病时，我当时甚至感到
> 有点高兴。

在 1964 年一个季度中，格瓦拉就因参加义务劳动达 240 小时，荣获"社
会主义劳动突击队员"的称号。

革命热情在某些特定的环境下确能发挥强大的生产力效应，古巴经济在
最初几年中取得了明显成绩：1961 年，糖产量达到 680 万吨，高于 1953 年以
来的任何年份；棉花生产达到 1000 万英亩，比 1959 年以前都多；大米产量超
过 1958 年。其他行业也呈现出一派兴旺景象。

但热情毕竟不是万能的。

革命有其内在的规律，经济建设也有其内在规律。革命需要激情，需要
热血沸腾、冲锋陷阵、舍生忘死，而建设则更需要理性，需要耐心细致地、脚
踏实地地化解一个接一个琐碎的实际问题。仅凭满腔热情，缺乏对经济规律的
把握能力，缺乏必要的经济学知识，是注定搞不好经济建设的。

在格瓦拉提出"新人"思想后，古巴人的精神面貌虽然一度发生了改观，
也确曾出现了大多数社会主义国家建立初期的红火场面，革命政府的领袖也确
实以身作则，勤奋工作，节俭克己，但很快一切又恢复到传统状态。比如，他
曾给一位摩托车装配工厂的工人写过一封信，批评了化公为私的现象。

> 你的意见有一条是错误的。负责任何生产的工人都无权占有其产品，
> 其中包括面包工人无权占有更多的面包，水泥工人无权占有更多的水泥，
> 你们也同样不能占有摩托车。

这样起码的道德问题却在倡导"社会主义新人"的古巴新社会屡屡出现，发人深省。又如，他曾为产品质量问题伤透了脑筋，并说过一段颇为风趣而又无奈的话。

革命与美并非势不两立。本来可以把一件用品制作得美一些，但却弄得又丑又俗，这就是地道的失职。

这就是冷酷的现实，让格瓦拉一筹莫展的现实。

从个人气质上来说，格瓦拉是一位崇尚激情和行动的英雄，绝非一名能在堆积如山的文牍中寻觅乐趣之人。因而，他绝非一名合格的经济工作者，更不用说做经济工作领导人了。对这一点，格瓦拉是有自知之明的，他每次都将"深奥的财政经济科学"交由自己最信任的人去钻研，自己则更多地做些拍板的事。在规划办公室里，具体的经济工作是由努涅斯·希门内斯完成的，后来，他又将这项工作交给奥兰多·博雷戈。然而，这两位起义军干将同样是经济工作的门外汉，且他们制定政策时深受格瓦拉、菲德尔等革命领袖的热情幻想的影响，没能严格按经济规律办事，因而制定出来的政策难逃失败的命运。

从 1962 年起，古巴经济开始出现滑坡，农业生产开始下降，甘蔗产量没有达到预定的指标，甚至低于 50 年代中期 500 万吨的最低收获数。另外，大米和玉米的产量也大幅度下降。这就直接导致了 1962 年 3 月 12 日菲德尔被迫宣布，将于 3 月 19 日起实行食品定量配给。

这期间，出现了古巴人纷纷离开古巴的情况。据统计，每周约有 3000 人离开。到 1962 年中，已有约 20 万人流亡国外，占古巴人口的 3% 之多。

三、加勒比旋风

20 世纪 60 年代，曾经刮起过一股强劲的加勒比旋风。这股旋风横扫整个第三世界，也给世界带来了一阵阵清新的气息。它将发生在一个新生的国家古巴的种种神奇变化展示给世人，同时也将世界对古巴的关注带回这个国家。

刮起这股旋风的，正是切·格瓦拉。

古巴新政权建立后，格瓦拉的首次正式外访是对一批第三世界国家如埃及、苏丹、摩洛哥、印度、巴基斯坦、缅甸、锡兰 (今斯里兰卡)、印度尼西亚，以及日本、南斯拉夫、西班牙的访问。当时，古美关系正日趋紧张，一下子访问这么多国家，颇有些与美国对着干的意味。

1959 年 6 月 12 日，也就是与阿莱达结婚后的第 10 天，格瓦拉率领古巴代表团，踏上了为期 3 个月，行程数万里的外访之路。

格瓦拉访问的第一个国家是埃及。其当时的国家元首纳赛尔是菲德尔和格瓦拉共同景仰的民族解放的英雄。在"格拉玛"号出发之前，纳赛尔率领埃及人民，从美英法手中夺回苏伊士运河，震动了世界，也极大地鼓舞了古巴革命者。拜会这位举世闻名的英雄是格瓦拉的夙愿。

令格瓦拉喜出望外的是，这位年长自己许多、成名也远远早过自己多年的大人物，竟然十分熟稔古巴革命和自己的情况，并表现出极大的友好。纳赛尔赠予格瓦拉"伟大的受压迫人民的大使"的称号，并将他安排在昔日法老王的宫殿下榻，让他十分激动。

格瓦拉拜会纳赛尔

格瓦拉在埃及最大的收获是领会到："埃及政府在重组经济结构时迈出的第一步便是实施涉及 1768 名大庄园主的土地改革，政府把回收来的土地重新分配给农民，然而这些土地只占总土地的 10%。农业经济的基础是由多个占有一两公顷的土地所有者共同劳动但个人获益的合作社。"

格瓦拉对埃及的访问是成功的，古巴在广大第三世界国家面前的第一次亮相是精彩的。通过报道，全世界人都从格瓦拉身上了解了新生的古巴：年轻、健康、坦率，怀有一颗正义、友善的心灵。

格瓦拉自己也对这次访问给予了高度评价，他在 7 月份从印度发给母亲的信中写道："对埃及的访问是外交上极大的成功，世界各国大使出席了我们的告别活动。"

古巴代表团第二站来到了贾瓦哈拉尔·尼赫鲁领导下的印度。同纳赛尔一

格瓦拉拜会尼赫鲁

样，尼赫鲁也是一位在古老而贫穷的国度里领导民族解放运动的英雄，是格瓦拉心仪已久的人物。尼赫鲁接见了格瓦拉，还安排他见了几名主导印度未来命运的尼赫鲁家族的成员。但是，当格瓦拉提出购买武器的要求时，尼赫鲁却开始装聋作哑。格瓦拉在他的访问记录

里写道："（在印度）进步无处不在。土地改革指导员们教农民把他们原来习惯用作燃料的牛粪变成电。小变化带来了大效用，自此，农民们就可以把更多的粪便留作肥料了。"同时他又断言："印度既不想实行激进的土改，又不愿与宗教传统决裂，因而人民还将生活在贫困中。"

出访途中，格瓦拉在日本做了短暂停留。他对日本的兴趣在于其战后经济腾飞的奥秘。丰田、索尼等许多知名日企总裁接待了他。在比较了日本与古巴后，他总结道："可以说我们（古巴）同他们（日本）一样，什么都没有，几乎不出产石油，不炼钢，不产煤；但他们有稻米，我们有甘蔗。然而他们用稻米所获取的利益远超过我们用甘蔗所获得的利益。要进步，就必须学会利用平常的物质材料。"访问期间，他没有完全按照规定的行程活动，而是去了遭受原子弹轰炸的广岛。他自豪地说："我对广岛的一切感受都收集在我拍摄的四个胶卷里面。"但巨大的文化差异、短暂的访问时间、不同的政治背景，都注定了他不可能真正窥见日本经济腾飞的奥秘。

接着，格瓦拉马不停蹄地访问了苏加诺的印度尼西亚、所罗门·班达拉奈克的锡兰、穆罕默德·阿尤布·汗的巴基斯坦。后来，他在《橄榄绿》杂志上撰文，谈了访问印尼的体会："由一群身着橄榄绿军装、蓄满大胡子的年轻游击队员组成的印尼军队取得了民族独立。他们的总统苏加诺还不足 40 岁，他不仅是一个共产党员，也是伊斯兰教徒。他把印尼的政体定性为领导民主制。""不久，我们两国人民就建交了，因为位于地球两端的我们都将各自解决自身内部的平衡问题。"

古巴代表团还来到了南斯拉夫。在以苏联为首的共产主义阵营中，铁托元帅领导下的南斯拉夫可是个"不听话"的

格瓦拉拜会铁托

"硬脖子"。只有它敢违逆"老大哥"的旨意，于 1948 年与之断交，并自命为不结盟国家。对于这一点格瓦拉饶有兴趣。

格瓦拉见到了集南斯拉夫总统、南共联盟主席、元帅和军事学博士于一身的传奇式英雄。事实上，古巴大使馆全体人员都受到了铁托的接见。但是，铁托同样拒绝了古巴人购买武器的要求。而当古巴代表团坐飞机离开南斯拉夫时，他们却从一份英文报纸上获悉，铁托刚卖了一些武器给一个阿拉伯国家。

格瓦拉发现了一个秘密：在这个巴尔干联邦内部，各种分歧错综复杂，不同民族、信仰、政见、性格的人们就像一盘散沙。这个脆弱的国家之所以没有分崩离析，甚至还有能力与苏联闹别扭，全仗着有个魅力十足的领袖。这既是这个国家的大幸，也何尝不是一种不幸？

但不管怎么说，格瓦拉此行可谓"收获颇丰"。他是古巴第一位访问了这么多亚、非第三世界国家的领袖，也是拉丁美洲第一位不受美国拘束，自由访问了众多东方国家的政治家。他的出访本身就是向世界宣告，古巴人已经摆脱了美国的左右，可以独立自主地进行外交活动了。这在拉丁美洲地区是开了先河的。格瓦拉本人作为出色外交家的地位也牢固地确立了。

1960 年，古巴的社会主义色彩不断浓重，古美关系进一步恶化，菲德尔再次派遣格瓦拉展开大跨度的外交活动，去敲开广大社会主义国家的大门。

此次格瓦拉率领的古巴经济代表团先后访问了捷克斯洛伐克、苏联、中国、朝鲜和民主德国等一批社会主义国家。其中值得一提的是对苏联和中国的成功访问。

格瓦拉到达苏联时，正值十月革命胜利 43 周年之际，他被邀请坐在贵宾席上观礼，并参观了最高苏维埃主席团的办公地。这是苏联接待最高级外国政府官员的礼节。在红场上，莫斯科市民齐声欢呼，欢迎格瓦拉的到来。

然而在会谈中，当格瓦拉向赫鲁晓夫提出希望苏联帮助古巴建立一批钢铁厂时，赫鲁晓夫却建议古巴建一个小一点的钢厂，而且以废旧钢铁作为原料。显然，苏联是想让古巴成为其废钢加工基地。由于分歧较大，这件事最后不了了之。

但这只是一朵小小的浪花，真正的分歧则是围绕着赫鲁晓夫提出的"和平共处"的口号引发的。

赫鲁晓夫所谓的"和平共处"，并非倡导国际间放弃对立，走向和平，而是出于两大阵营冷战的战略考虑，提出各自划定势力范围，互不插手，"和平共处"，以避免矛盾激化，引发第三次世界大战或核战争。在这一战略中，古巴是一枚小棋子，苏联人要求它作为社会主义阵营与资本主义阵营冷战的前哨站，不要像一颗火种，去点燃属于美国势力范围的拉丁美洲的革命火焰。

虽然会谈中有分歧，但格瓦拉的第一次苏联之行还是充满了愉快的气息。图为他在泳池边和苏联运动员交谈

这显然是与格瓦拉的"全洲革命""世界革命"的理念不相符合的，出于古巴利益考虑，访苏期间，格瓦拉并没有针对这个问题表态。但他随后对中国的访问及发表的讲话，使苏联人嗅出了他身上异己的味道。

11 月 17 日，结束了对苏联的访问后，格瓦拉的专机降落在北京的机场。

这是一块他神往已久的土地。在这块土地上，发生了足以改变世界历史进程的重大历史事件。这些事件对于万里之外的古巴、拉丁美洲，也都有着深

与周恩来总理亲切握手

刻的启示意义。虽然远隔重洋，但在第一任妻子伊尔达的指引下，他很早就接触到了发轫于这块土地的革命思想。毛泽东的著作是他的政治和军事教科书，经常挂在他嘴上的一句话是："不到长城非好汉"。

　　格瓦拉一行受到了中共中央副主席、国务院总理周恩来的接见。在第二天的欢迎宴会上，他又见到了国务院副总理、外交部部长陈毅元帅，国务院副总理、财政部部长李先念，以及郭沫若、林枫、包尔汉、张治中等重要人物。在宴会上，格瓦拉用法语向周恩来提出了一个"最恳切的要求"："我从古巴出发时，菲德尔·卡斯特罗和劳尔·卡斯特罗要求我到中国后，一定要见到毛泽东主席。这也是我的热切期望。"

周恩来爽快地答复他:"会安排你见到毛主席的,他也很想见到你们。"

11月19日,格瓦拉终于在中南海见到了毛泽东。当这位高大而慈祥的伟人出现在面前时,格瓦拉显得很紧张,他竟连一句话也没说出来。倒是毛泽东先开口了:"你好年轻哟,切!"

在整个交谈过程中,他都在努力营造一种轻松、幽默的气氛。当格瓦拉赞赏中国的清茶"真像是马黛茶,阿根廷的马黛茶!"毛泽东就说:"你喝到家乡的茶叶味了,这说明你是真的到家了。"他还说:"切,我现在大概可以断定这样一个事实:你可能是世界上最年轻的国家银行行长了。"格瓦拉承认自己"没有攻读过任何一所金融学校或银行学校",毛泽东却说:"是啊,你不是经济学家,又没有银行家的头衔,可你却是古巴革命政府的银行行长。全古巴的钱,现在都抓在你的手里,揣在你的口袋里哟!"

受到毛泽东主席的接见

接着,毛泽东又将李先念介绍给格瓦拉。他说:"中华人民共和国邀请的古巴革命政府经济代表团访华,用李先念的名义邀请你,是出于国家礼仪规格对等的考虑。你切·格瓦拉同志，是古巴国家银行行长，我们知道你事实上也是古巴革命政府的财政部部长，所以我们邀请你率经济代表团访华，用的是他李先念的名义。因为他不仅是我们中国共产党的中央政治局委员、书记处书记、国务院的副总理，而且还兼任着我们国家的财政部部长。他可是大富翁哟，我们全中国六亿五千万人的钱，全装在他的腰包口袋里，谁也不敢惹他生气呢！谁惹了他，谁就别想从他那里得到一块钱。因此，他可是个厉害人。"

李先念和格瓦拉确有不少相似之处：军人出身，却掌握着国家的经济和财政大权。

毛泽东宴请了格瓦拉。席间，格瓦拉详细介绍了古巴的革命与现状，以及来自美国的威胁。双方还就古巴革命的经验进行了深入探讨，达成了共识，并以格瓦拉与李先念共同签署联合公报的形式公诸于世。

> 中国方面对古巴人民坚持团结，坚持武装斗争，由小到大，由弱变强，推翻巴蒂斯塔反动独裁统治的伟大胜利表示钦佩和高兴，并且认为，古巴人民的斗争和胜利提供了丰富的经验，为全世界一切被压迫人民特别是拉丁美洲人民争取和维护民族独立的斗争树立了一个榜样。

公报毫不含糊地向全世界传递了这样一个信息：中国认为，古巴经验可以作为拉丁美洲的经验向整个地区推广。这就把以前中国对古巴革命的认识推动了一大步。

辞别了毛泽东，格瓦拉立刻以新的身份神情严肃地坐在经济谈判桌前，他首先发言说：

> 我们向伟大的中国推销的货物，首先可以说是大量的，其次可以说是最甜的。这就是我们古巴最丰富、最美好的结晶：糖。同时，我们还带来了一些钱，而且，我们带着的是世界可以流通的美元。……我们必须把每一个比索掰成两半来花。……我们必须把钱花好，把一切事情办

好，这是我们的期求，也是我们的原则。

谈判进行了整整 10 个小时，进行得非常顺利。最后，中方负责人李先念以一种大国气度表态。

格瓦拉少校，我们这一次的贸易谈判，来往贸易额一共不过 6000 万美元。你们放心好了，我们愿意保证你们的任何一美元都不会打水漂儿。你想吃亏，我也不会让你吃亏。

之后，格瓦拉还会见了刘少奇、邓小平、彭真、贺龙等领导人，访问了西安、成都、武汉、上海等地，参观了一些工厂和企业……

格瓦拉的中国之行取得了巨大成功，也使中国人对他本人留下了良好印象。后来，尽管古中关系几经波折，但即便是在古中关系最紧张的时候，中国人对格瓦拉还是认可的。1966 年古中论战达到高潮时，中国人指出，判断"古巴离开革命道路有多远或多深"的一条重要标准，就是看一看"古巴最重要的领导人之一埃·切·格瓦拉是否已经退出了古巴政治舞台"。[①]

---

① 引自亲华的锡兰共产党的声明，《北京周报》，1966 年 2 月 25 日，第 24 页。

四、游击大师

1960 年 5 月，格瓦拉在繁忙的国事之余，通过对古巴革命的回顾与反省，总结了古巴革命的经验，出版了《游击战》一书。如果说，《古巴的社会主义和人》一文是格瓦拉政治思想的结晶，则《游击战》一书当之无愧地成为他军事思想的精华。在这本书中，格瓦拉提出，古巴革命对"美洲革命运动的方式"作出了"三个基本贡献"，即："人民力量可以战胜反动军队；并不一定需要等待一切革命条件都成熟，起义中心可以创造这些条件；在不发达的美洲武装斗争的战场基本上应该在农村。"

他还提出："某一政府通过人民协商的形式而上台，不管它是不是骗局，至少表面上还是维护了宪法的尊严，游击队由于不是所有合法斗争手段都用完了，所以不能发动游击战。"

这几条原则，是格瓦拉游击战理论的指导思想，他关于游击战的具体战略战术思想的阐述，都根源于此。

"人民力量可以战胜反动军队""并不一定需要等待一切革命条件都成熟，起义中心可以创造这些条件"这两条是格瓦拉坚定的信念。针对当时有人以革命条件不成熟为托词，不敢在拉丁美洲各国开展游击战争，他认为，只要拉丁美洲的社会政治情况已经蕴含了爆发革命的条件，革命就可以立即开展；问题不在于革命条件是否成熟，而在于有没有人去发动革命；即使是在所谓"条件不成熟"的情况下，只要有合适的人来领导、发动群众，革命同样可以到来；

由于反动势力是腐朽的，所以革命的结果只能是人民战胜反动军队。这些想法，是产生"游击中心论"，以及"全洲革命""世界革命"的理论来源。

苏联人对拉丁美洲道路的设想，则是走非武装斗争的道路。他们强调党在工人组织中的影响，并建立广泛的民族阵线。

"在不发达的美洲武装斗争的战场基本上应该在农村"的原则，显示出格瓦拉的游击战思想与苏联离得很远，与中国又是如何地息息相通。这原本是中苏两国根据各自革命经验总结出来的各具特色的理论，无所谓对错，但在中苏分裂的过程中，却成为衡量是亲苏还是亲华的一个重要标志。而格瓦拉的理论与中国是不谋而合的。

至于"游击队由于不是所有合法斗争手段都用完了，所以不能发动游击战"这一条，在六十年代没有得到很好体现，直到七十年代，才又被人记起。

提出了游击战的基本原则后，格瓦拉提出了具体的战术思想："游击中心论"，即由少数人组织、准备，在农村建立一个秘密的"游击中心"，然后发动游击斗争，在人民的支持下，由农村包围城市，最后夺取政权。按格瓦拉的设想，这个斗争可以分为三个阶段。

第一阶段，秘密建立"游击中心"。严格挑选 25—30 岁、作战勇敢、不怕牺牲的年轻人，组成一支 30—50 人的队伍，隐藏在密林中，进行开荒、种植、打猎，共同劳动、集体生活，与世隔绝，从而使人员思想"无产阶级化"。同时，进行体力上的严格训练，以培养游击队员的意志、毅力和耐力，进行识别地图、使用枪支、进行破坏活动等训练。之后，开始进行游击活动，采取"一打就跑"的战术，以奇袭方式摧毁敌人的哨所和兵营。通过这种方式，可以激发群众对革命的信心、吸引农民或其他阶级青年参加。同时，还要进行革命宣传，使当地农民都成为游击中心的热心参与者，从而建立解放区。然后，再在解放区建立小型工厂、医院、电台和法院，颁布法律等。这第一个"游击中心"是整个运动的首脑，是未来人民军队的核心。

第二阶段，不断建立新的"游击中心"。当第一个"游击中心"的规模不断扩大后，分出一部分人开辟第二个、第三个……乃至许多个"游击中心"。

各个"游击中心",通过奇袭、破坏等方式,不断打击敌人,制造紧张气氛。

第三阶段,夺取胜利。当"游击中心"发展到一定数量后,在第一个"中心"的统一领导下,各地游击队联合行动,同政府军展开一系列战斗,先占领村镇,开展城乡游击战,再由农村包围城市,彻底摧毁政府军,最后夺取政权。

……

不难看出,格瓦拉的"游击中心论"三阶段,其实就是对古巴革命几个阶段的理论概括。他认为,古巴革命的经验,对整个拉丁美洲地区"具有普遍意义"。他还说:"少数果敢的人,得到人民的支持,必要时不怕牺牲,就一定能压倒一支训练有素的正规军,并把它彻底消灭。"

这是典型的格瓦拉式的英雄气概,却被以后的历史证明是轻率的,注定要招致失败。他还认为:"古巴革命所吸取的马克思主义的精神,是他放下科学而拿起革命武器时的精神。……这就是说,马克思主义的规律在古巴革命过程中也起作用,不管他的领袖们是否从理论观点上完全信奉或者认识这些规律。"

他提出:"起义军就是古巴人民的先锋队""'游击中心'是革命先锋的先锋。"

格瓦拉的游击战思想,对菲德尔产生了重要影响,并被他吸收进自己的思想之中。他在 1962 年 2 月 4 日发表的关于古巴革命道路的重要文件《第二个哈瓦那宣言》,就显示出与《游击战》一书有着很多一致的地方。在书中,菲德尔论证了在许多拉丁美洲国家,革命是"不可避免"的。接着他自问:革命在什么条件下才能产生?并作出回答。

在美国垄断控制越厉害、寡头势力的剥削越残忍、工农群众的处境越无法忍受的那些国家里,政权必然更加严酷,必然经常实施戒严令,群众的一切不满表示遭受武力镇压,民主道路完全堵塞,统治阶级的残酷本性比以往任何时候更加暴露无遗。那时,才是爆发人民革命的时机。

关于革命走哪条路的问题，他也做出了回答。

在那些人民无路可走的地方，在那些工人和农民受到残酷镇压的地方，在那些美国垄断组织统治特别强的地方，首先和最重要的是应该懂得，使人民沉醉于以为现在或将来可以合法手段推翻统治阶级的徒然无益的如意幻想，那是不适当的，也是不正确的……

凡是和平道路被堵死的地方，只能举行武装起义，"所有革命者的任务就是干革命"。

菲德尔进而指出，在不发达国家，工人阶级"比较弱小"，农民是"具有决定性意义"的力量，但由于农民没有文化、闭塞，因而"需要工人阶级和革命知识分子的革命的政治领导，没有这点，他们就不能自己单独地开展斗争并赢得胜利"。

《游击战》和《第二个哈瓦那宣言》是格瓦拉和菲德尔关于游击战的最重要的著作中的两部代表作。其后，格瓦拉还写作了《拉丁美洲革命的战略和战术》《游击战争：一种手段》等著名作品，构成了完整的"游击中心论"，并进而衍生出"全洲革命""世界革命"等在当时世界上引起强烈反响的游击战理论。

格瓦拉之所以成为游击大师，不仅在于他对游击战作了理论概括，还在于他将其付诸实践，不断在拉丁美洲乃至第三世界创建"游击中心"，用实践来检验自己的理论。

1959 年古巴革命胜利后不久，他就派遣在古巴受训的尼加拉瓜游击队员回国从事反政府的游击活动。后来，他还建立了许多训练营地，训练来自洪都拉斯、多米尼加、尼加拉瓜、玻利维亚等国的游击队员。他还设立了"革命奖学金"。

1962 年 10 月，有人宣称，安第斯山脉的科尔迪那拉有可能成为南美洲的马埃斯特腊山。这是来自格瓦拉故乡的召唤。9 月，在格瓦拉的指导下，马塞蒂负责制订了在阿根廷建立革命根据地的计划，并率领一支小分队赴萨尔塔省开展游击战。

这项活动得到了菲德尔的支持。因为菲德尔和格瓦拉有一个共识：古巴只有使自己的意识形态在整个拉丁美洲地区扎根，才能从根本上改变被美国挤压的困境。苏联人则不这样想。他们要维护"和平共处"的现状，不想在美国传统的势力范围内阿根廷插一手。结果，马塞蒂的游击小分队只能孤军奋战，得不到任何来自社会主义阵营的帮助，其结局可想而知。到 1964 年 4 月，他们就被阿根廷侦缉队消灭了。

1962 年起，古巴政府就开始支持委内瑞拉游击队推翻菲德尔昔日好友、民选总统罗慕洛·贝当古。1963 年，委内瑞拉政府发现在法尔孔州沿岸地区有一批苏联和捷克制造的武器，这些武器正是古巴政府提供给委内瑞拉游击队的。这件事，成为美国攻击古巴的口实，导致了在 1964 年 7 月的第九次美洲国家组织外长会议上，拉丁美洲国家对古巴进行的"集体制裁"。

第七章　三巨头

格瓦拉是三人执政中最引人注目和危险的一位。他脸上充满使许多妇女为之动心的带有伤感的微笑，他用冷静的头脑、超凡的能力、过人的智力以及幽默的情绪领导着古巴。

——《时代》周刊1960年8月8日

一、猪湾战役

随着古巴新政权的渐行渐远，美国政府如坐针毡。它再也无法坐视后院起火，决心要教训一下这个不安分的"小兄弟"。根据经验，它不直接卷入对古巴的入侵，而是利用古巴流亡者和多米尼加等国家来对付古巴。

1961 年 1 月中旬，多米尼加宣称，"一旦出现对革命的不满"，多米尼加就要征募雇佣军在古巴登陆。它发动了多次针对古巴的袭击事件，侵犯了古巴领海，为埃斯坎布拉伊山的反革命小组空投武器。古巴政府于 6 月底断绝了与多米尼加的外交关系，并狠狠教训了它。

1 月 28 日，流亡美国的古巴人在联邦调查局和中央情报局的支持下，成立了第一个武装组织"白玫瑰"。

2 月 2 日，古巴破获了一起非法潜入古巴，妄图刺杀菲德尔的阴谋，逮捕了一个美国人。4 月份，格雷拉市发现了第一个由美国人操纵、巴蒂斯塔分子资助的特务组织……

2 月份开始，一些美国公民和古巴籍雇佣军从美国出发，入侵古巴领空和领海，轰炸和扫射村镇、工厂、发电厂，烧毁甘蔗田、炼油厂，向土匪、间谍空投武器、炸药和各种装备，网罗古巴新政府的反对分子，送到迈阿密，在人民中间制造恐慌……

在公开场合与美国政府针锋相对的同时，私下里，菲德尔深知古巴新政权的实力根本无法与"北方邻国"相抗衡。他接受了美国报纸编辑协会访美的

  格瓦拉，格瓦拉

邀请，以期修补两国关系。

美国国内对菲德尔来访出现了两种截然不同的态度。新任驻古巴大使菲利普·邦斯尔是一位精通西班牙语的外交家[1]，他认为"根据大量尽管是自相矛盾的材料判断，卡斯特罗不是一个共产党人。"他还指出，菲德尔在国内享有很高威望，美国必须尊重他，尽管他有点桀骜不驯。美国驻墨西哥大使罗伯特·希尔和驻哥斯达黎加大使惠廷·威劳尔则不同意邦斯尔的看法。希尔指出，菲德尔是一个有共产主义倾向的人，美国应该利用美洲国家组织来对付他。美国中央情报局的报告则称："卡斯特罗政权越来越走向彻底的独裁。"

争论的结果，美国既准许菲德尔来访，又批准艾森豪威尔总统在菲德尔访问期间休假，到卡罗来纳州打高尔夫球，避开菲德尔。

1959 年 4 月 15 日，菲德尔终于踏上了访美的飞机。他此行没有带上格瓦拉和劳尔等反美的强硬派，而是带了 70 名具有民主倾向的人士。

访问期间，他反复强调古巴革命是"完全民主主义的"，否认与共产主义有任何关系，也闭口不谈向美国要援助之事，只是大谈古巴经济"好极了"。有趣的是，在古巴国内，格瓦拉在接受一家私营电台访问时却表达了另外一番观点。

> 假如您认为我们所做的有利于人民的事情是共产主义表现的话，那么您就算我们是共产党员好了，假如您问我们是不是属于人民社会党，那么，我们回答说："不是。"

个中的滋味相当微妙。格瓦拉不仅间接地承认了古巴的共产主义色彩，还与代表苏联利益的人民社会党（古共）划清了界线。

菲德尔访美期间最重要的活动是与时任美国副总统的理查德·尼克松之

---

[1] 菲利普·邦斯尔生于 1903 年，先后在圣保罗斯、康科德和耶鲁大学读书。1926-1935年，他先后在西班牙、智利、古巴为国际电话公司工作。1938 年，他担任了驻哈瓦那副领事。1942 年起，担任美国国务院美洲国家司司长。1944-1947 年，担任美国驻西班牙一等秘书。

间的会晤。尼克松对这位"共产主义独裁者"心存偏见，一见面就指责他处死了许多人，在美国造成恶劣影响。菲德尔则坚持说，新政府的政策是公正的，且不影响北美利益。

当菲德尔结束访美，准备前往加拿大时，巴西和阿根廷同时向他发出邀请。菲德尔欣然接受。

在布宜诺斯艾利斯，菲德尔看望了格瓦拉的家人，这是对格瓦拉的格外礼遇。有幸陪同塞莉亚会见菲德尔的玛蒂尔德·拉德隆·德格瓦拉在接受记者采访时，充满幸福感地说：

> 菲德尔走了进来，神采奕奕，容光焕发，这位泰坦巨人、阿波罗式的人物，坦诚直率、和蔼可亲。他给人的第一个印象是他的外貌仪表，他几乎有两米高，腰杆挺拔，魅力无穷，威风凛凛。我觉得他好像是一个希腊的神。
>
> 他微笑着走进来，人们从心里感到他的亲切。我们很快就熟悉了，他向人们致意，当然首先向塞莉亚打招呼。我们把他团团围住，我们不想讲什么，只是想听他讲。看来他有些累了。
>
> ……这个夜晚是令人难忘的、是不同寻常的、是无法比拟的。菲德尔用"你"称呼我们，他觉得像在他家里一样，他说："我是在我兄弟的家里"，他对塞莉亚说，"您是我的妈妈，我们和切一起谈了那么多次妈妈，我们行军时总是想着您，那么温馨，我像他一样爱您"。
>
> 这个晚上我和塞莉亚的友谊达到了顶峰，它将永存下去，是她的亲热的感情做出的贡献，一位杰出人物的母亲邀请所有她的亲属和我一起分享幸福的时刻，她说，她同我是"思想上的联合，诗歌上的联合"。

通过面对面的接触，古美领导人都更深地了解了对手。美国更加坚定地将菲德尔列为危险的共产主义分子。5月12日，美国驻南美洲各国大使在智利召开会议，议题就是如何协调反古的地区性行动。

菲德尔也进一步坚定了走自己道路的决心。5月17日，他签署了土地改革法令，要求美国垄断资本家退出在古巴的土地。这引起了美国人的更大不满。同一天，第一个针对古巴革命的电台天鹅电台开始广播，美国资助了这个电台。

格瓦拉被视为古巴改革的"罪魁祸首"。1960年8月8日的《时代》周刊称他是"卡斯特罗的头脑"。

在那期《时代》上，格瓦拉的头像上了封面，

《时代》周刊称格瓦拉是"卡斯特罗的头脑"

而在他的两边，分别是赫鲁晓夫和毛泽东。《时代》周刊认为，他是介于赫鲁晓夫和毛泽东之间的人物。文章的标题是《卡斯特罗的头脑》，文章还给他加了好几个头衔："古巴马克思主义的思想家""古巴经济的沙皇"。文章从多角度详细分析了格瓦拉。说当美国飞行员驾驶F-47飞机在危地马拉上空飞行时，他在城里乱跑，企图组织一支抵抗力量。当阿本斯不战而降时，他受到伤害的理想主义和他对战斗的渴望，同他对美国的反感交织在一起，形成了一种深仇大恨。《时代》还分析说：

> 菲德尔这个满脸胡须的面庞是当前古巴的心脏、灵魂、声音；劳尔卡斯特罗是握紧革命匕首的拳头；格瓦拉是头脑，他要为古巴向左转，疏

远他所鄙弃的国家——美国，自愿同苏联结盟负主要责任。他是三人执政中最引人注目和危险的一位。他脸上充满使许多妇女为之动心的带有伤感的微笑，他用冷静的头脑、超凡的能力、过人的智力以及幽默的情绪领导着古巴。

1959年6月，美国向美洲国家组织成员国施压，要求他们采取集体行动反对古巴。8月，在智利圣地亚哥召开的美洲国家组织外长协商会上，一些美洲国家准备谴责古巴，但由于古巴代表团与之进行坚决的斗争而作罢。同时，美国海军部部长声称："已经在加勒比海发现苏联潜艇，整个地区都受到共产主义的威胁。"

12月10日，美国中央情报局的J·G·金上校起草了一份备忘录，上面写着：经过仔细考虑，感到非除掉卡斯特罗不可。许多了解古巴情况的朋友都相信，只有干掉他，才会加速古巴现政权的垮台。杜勒斯局长很快就批准了这份备忘录。

尽管如此，外交上的斗争与磋商还在进行。转眼已是1960年。1月8日，古巴土地改革委员会接管了7万英亩美国人的地产。这些地产在当时的市值为600万美元，这进一步触怒了美国人。美国政府反应非常强烈，邦斯尔大使向古巴提出了抗议。对此，菲德尔没有任何让步。

在对待古巴的问题上，美国总统艾森豪威尔和副总统尼克松态度上有所不同。艾森豪威尔对古巴仍抱有希望，他表示，自己将尽可能防止古巴变为敌对国。尼克松则对古巴态度强硬。

此间，阿根廷驻古巴大使胡利奥·阿莫埃多充当了居间人。通过他的斡旋，双方都答应做出让步。奥斯瓦尔多·多尔蒂科斯总统还发表了讲话，表示古美分歧可以通过外交途径解决，而古美的传统友谊是牢不可破的，古巴愿意同美国发展外交和经济关系。古美关系的改善似乎又看到了希望。

然而，就在多尔蒂科斯总统发表讲话后没几天，古巴流亡者就从美国起飞，轰炸了古巴的甘蔗田，袭击了政府设施。

紧接着，苏联外长米高扬访问了古巴，受到了菲德尔和格瓦拉、劳尔·卡斯特罗等人的热情欢迎，并同古巴签订了一系列经济协议，包括：1960年，苏联向古巴购糖 42.5 万吨，以后 4 年中，每年 100 万吨。苏联给古巴 1 亿美元贷款，期限 12 年，利息 2.5%，供古巴购买新机器和建造房屋。另外，苏联还同意向古巴供应原油和炼油，以及其他许多产品，如小麦、生铁、轧钢、铅、白报纸、硫黄、烧碱和肥料等。

苏联的介入扩大了古美之间的裂痕。美国驻古巴大使馆对舆论界宣称，苏联同古巴签订的购糖合同，按照的是世界市场的价格，而美国付的是比这多 3 倍的价钱。对此，古巴并不领情。

在意识形态领域，古巴进一步倾向共产主义。人民社会党 (苏共) 开始了公开活动。2 月 24 日，古巴政府第一次宣布：不准在哈瓦那公园举行反共的示威游行。前共产党主席马里内略公开宣称："谁在古巴举起反共的旗帜，就是举起卖国贼的旗帜。"菲德尔没有对这种激烈言辞提出异议。

同时，主导经济改革的格瓦拉主持出台了不利于美国商品进口的关税法案和削弱旅游津贴的措施，其他的一些法令还规定，涉及外国资本的商业广告一律不许在电视和广播中播出，外国生产的化学产品均须换上古巴包装才能上市，还将电话公司中的美国雇员尽数开除。

美国人对古巴彻底绝望了。艾森豪威尔放弃了最后的努力，批准中央情报局的建议，开始装备和训练古巴流亡分子，并采取了针对古巴政府的直接行动。

3 月 4 日，哈瓦那港口，装载着来自比利时武器的法国船"库弗尔"号发生爆炸。引爆装置是美国中央情报局在欧洲港口安装的，让它在卸货时爆炸。爆炸造成了 70 名工人死亡、200 多人受伤，酿成了惊世惨案。正是这一事件使古美关系彻底破裂，古巴完全倒向共产主义。

3 月 5 日，古巴举行了追悼"库弗尔"号遇难者大会。会议上，菲德尔做了慷慨激昂的讲话，格瓦拉则心情沉重地只在主席台露了一会儿面。

这一天，主席台上还有两位特殊的客人：法国作家保罗·萨特和西蒙·波伏瓦。他俩出现在这个场合，绝对富有历史意味。

菲德尔指引着古巴航船的方向

"库弗尔"号爆炸事件绝不意味着针对古巴的阴谋的终结，恰恰相反，一场更大、更为险恶的狂风骤雨正在不平静的洋面上渐渐生成。中央情报局反古行动的组织者弗兰克·德罗勒赶往危地马拉，在靠近太平洋的埃尔贝蒂亚咖啡大农场筹建一个训练古巴流亡分子的基地，所谓的"民主革命阵线"的将近100名流亡分子在此接受军事训练。

菲德尔很快就察觉了这一动向。他向美国发出警告："古巴不是另一个危地马拉。"

5月1日，在古巴的第二个"五一"节大规模群众游行集会上，菲德尔向群众揭露了美国计划训练古巴流亡者入侵古巴的事件。现场群情激愤，人们高呼格瓦拉提出的"要古巴，不要美国佬"的响亮口号。

5月8日，古苏恢复了外交关系。"3·13革命指导委员会"领导人福雷·乔蒙被派到莫斯科，担任古巴驻苏联大使。人民社会党领导人布拉斯·罗加则应邀访问了中国，受到毛泽东接见，后于5月中旬来到莫斯科，受到赫鲁晓夫接见。他在给国内的信中兴奋地说：

> 古巴不可能被美帝国主义者在经济上封锁。我们的工厂不会因缺乏石油而瘫痪，如果美国垄断资本决定削减食糖定额和拒不供应我们日用品，我们的主妇也不会缺少面包。

接着，苏联塔斯社驻哈瓦那记者A·阿列克谢耶夫给菲德尔带来了赫鲁晓夫的口信："苏联政府愿意对你表示，它不认为任何党派是它和你之间的居间人。赫鲁晓夫同志认为，你是革命的真正领袖！"

得到了社会主义阵营中的"老大哥"苏联的支持，古巴新政权的改革力度进一步加大。从8月6日到10月24日的两个月时间里，几乎把所有美资企业和绝大多数古巴私营大企业都收归国有。此外，土地改革委员会几乎接管了所有原属糖厂的甘蔗田。

8月，美洲国家组织第七届外长协商会议在哥斯达黎加的圣约瑟召开。会上，美国指责古巴接受了苏联的援助，说这是来自一个美洲之外的强国的干涉。会上，美国政府允诺给与会各国6亿比索贷款。

古巴政府和人民强烈反对《圣约瑟宣言》，哈瓦那人民云集五月广场，召开了古巴人民全国大会。会上，通过了有100多万古巴人签字的《第一个哈瓦那宣言》。

这个宣言是一份非常重要的文件，它谴责了《圣约瑟宣言》，因为它剥夺了古巴人民的自决权、主权和尊严；抨击了美国对拉丁美洲各国的干涉；维护了古巴接受苏联或其他国家援助，以及在遭到军事入侵时得到军事援助的权利。《宣言》进而谴责了大庄园制、文盲现象和饥饿工资等，以及对黑人、印第安人的歧视，对人民的镇压，对殖民地的剥削。

10月11日，格瓦拉召见了古巴糖业大王胡利奥·洛沃，告诉他，自己和助手们仔细审查了洛沃的账目，发现没有任何不合法的痕迹。但是，"我们是共产党人，我们不能容许你这个代表古巴资本主义'这个概念'的人物保持原状"。这是一个非同寻常的讲话，代表着古巴政府的基本政治立场。

10月14日，古巴政府又颁布了城市改革法，其核心是要解决古巴人的住房问题。这项政策得到了广大人民的欢迎，大房产主们的利益却受到了很大损失。

10月15日，菲德尔向古巴人民宣称，蒙卡达纲领已经实现，革命直接进入社会主义性质的改造阶段。

10月18日，美国副总统尼克松对迈阿密选民说：古巴新政权是一个令人无法忍受的肿瘤，必须将其清除掉。10 月 20 日，参加竞选的肯尼迪的幕僚发出挑战性声明，要求加强古巴自由战士的力量。

训练古巴流亡者的计划在一步步实施着，美国专门拨款 1300 万美元。他们准备仿照"格拉玛"号起义军，先由 1000 名左右流亡分子登陆古巴，然后沿途招募对古巴新政府不满的人，最终一举推翻古巴政府。

为抵抗强邻，古巴新政府中三个最重要的组织——菲德尔领导的"7·26运动"、人民社会党、"3·13 革命指导委员会"——迅速一体化。12 月 2 日，在纪念"格拉玛"号登陆 4 周年之际，建立了由利昂内尔·索托领导的革命指导学校制度，吸收各个组织的优秀分子入校。这个制度后来发展为稳定的学校制度。

1960 年的最后一天，古巴下达了全国总动员令。

两天以后，也就是 1961 年 1 月 2 日，古巴纪念革命胜利 2 周年，哈瓦那举行了隆重的检阅仪式，数以千计的武装民兵和大量武器，如火箭筒、反坦克炮、高射机枪、重型坦克等，列成长队，浩浩荡荡地在菲德尔面前走过。其中包括来自苏联的坦克。不久，古巴宣布将派 1000 名青年赴苏联学习农业合作社建设。与苏联关系的进一步密切，让古巴反抗美国侵略的信心进一步增强。

1 月 3 日，美国断绝了同古巴的外交关系。这是个危险的信号，几乎等同于宣战。

1 月 4 日，古巴果敢地宣布了一批反革命罪犯的死刑。

美国飞机轰炸了比那尔德里奥和埃斯坎布拉伊山，并在靠近古巴的海域进行了大规模的军事演习，参加演习的包括"罗斯福"号航空母舰、1 艘原子潜水艇、3 艘潜艇、10 艘驱逐舰，以及 1000 多名海军陆战队员。

迫于美国压力，一些拉丁美洲国家也加入了反对古巴的行列。危地马拉加紧对古巴流亡者进行军训。1 月 14 日，乌拉圭宣布古巴大使马里奥·加西亚·印恰乌斯特吉为"不受欢迎的人"。这一事件，引发该国历史上规模最大的游行示威。

1 月 20 日，肯尼迪正式就任美国第 35 任总统。一周后，他专门就入侵古巴事宜，召开了第一次会议。会上，他的顾问施莱辛格不赞成入侵古巴，认为这样做会"造成新政府的恶劣形象"。但中情局局长杜勒斯却极力主张这样做。他说，如果不把古巴流亡者送到古巴去打仗，他们会埋怨美国政府无能的，美国政府的形象将大大受损。肯尼迪接受了他的意见，他说："最简单的事也许就是让那些古巴人到他们想要去的地方——古巴。"他同时还提出，美国不应直接以军事力量干涉此事，因为风险太大。

面对日益迫近的入侵，3 月 4 日，菲德尔说，必要时，古巴将以"大量的共产主义武器"保卫自己。到了 4 月份，已有价值 500 万美元的苏联武器运到古巴。而且，世界上所有社会主义国家都已派代表访问过古巴。

古巴政府一方面做着积极的战争准备，另一方面也深知战争的利害关系。3 月中旬，在讨论古美关系的圆桌会议上，格瓦拉亲自出面，做谋求和平的尝试。他说：

> 如果美国愿意的话，古巴政府准备在对等的、没有附加条件的情况下进行对话，不一定是我来进行对话，而是由古巴政府委派一名适合的人选来进行。

但事到如今，战争已没有回旋的余地。3 月 13 日，肯尼迪召集拉美各国大使，向他们宣布准备成立"争取进步联盟"的计划。同时还表示，美国准备"提供近 200 亿美元的经济援助，以便满足美洲各国人民在住房、工作、土地、保健和教育方面的基本要求"。

私下里，美国则加紧对古巴流亡者的训练，他们甚至为菲德尔找好了替代者。当时，古巴新政府第一任总理何塞·米罗·卡尔多纳已来到迈阿密。美国人认为他是替代菲德尔的合适人选，决定由他担任"古巴的临时总统"，并成立了一个以他为首的"古巴革命委员会"。

一场决定古巴命运的战斗终于拉开帷幕。

4 月 15 日清晨，8 架带着古巴标记的 B-52 轰炸机从美国在尼加拉瓜的卡贝萨斯港基地起飞，对古巴圣地亚哥机场、圣安东尼奥·德洛斯巴尼奥机场和革命空军部队在哈瓦那的营地进行了轰炸。古巴遭受了惨重损失，共有53人死亡，7人受伤。但美军希望摧毁弱小的古巴空军力量的企图并没有得逞，古巴不仅对美机进行了高射炮还击，还击落了一架敌机，打死了2名飞行员。

轰炸一结束，菲德尔就下令搜捕一批潜伏在古巴，准备趁乱与入侵者里应外合的敌对分子，稳住了局面。他在电台发表讲话，号召人民团结起来，抵抗入侵者。格瓦拉也发表演讲说：

给我们教训最多的老师，向来就是帝国主义。每当我们精神松懈或者想要休息的时候，帝国主义就像今天这样地指示我们：在革命中，我们是决不能休息的。

4月16日，古巴举行了向空战死难者告别的仪式。这是一个极其重要的仪式，它不仅是要求古巴人民反抗美国入侵的动员会，更是宣布古巴社会主义性质的一次大会。会上，菲德尔说，美国人"不能容许我们竟敢在这里，在他们鼻子底下进行一场社会主义革命。"他号召"工人和农民同志们"：这是一场贫苦人的、由贫苦人进行的、为了贫苦人的社会主义民主革命。他还指出："昨天的袭击是雇佣军侵略的前奏。各个部队应该开往所属的营地。"他号召全体人民高唱国歌，高唱爱国歌曲，高呼着投入战斗，以"为祖国而死虽死犹荣""戴着锁链而生就是生活在屈辱和欺凌中"的信念，向民兵营房前进，组织战斗营，准备好迎击敌人！

古巴社会主义性质的确立，让长期以来得不到正式承认的共产党人欣喜若狂。古巴工人联合会宣传秘书阿吉莱拉兴奋地说："现在可以无所畏惧、膝盖不抖、声音不颤、昂首挺胸地说，我们正在我们的国土上坚决地走向社会主义！"

当天傍晚，由古巴流亡者组成的雇佣军和美国海军从韦克斯空军基地派来的登陆舰，在西恩富戈斯以南30英里处集结，准备登陆。

这支由美国人训练的 1600 人的雇佣军，被编成了一个代号为"2506"突击旅的单位，下辖 4 个步兵营、1 个摩托化营、1 个空降营、1 个重炮营和几个装甲分队。美国则派出了 8 架 C-54 运输机、14 架 B-26 轰炸机、10 艘登陆舰支援。前古巴土地改革全国委员会督察员曼努埃尔·阿蒂梅任政治领导人，何塞·佩罗斯·圣罗曼任军事指挥官，下面分成 6 个大队，队长都是年轻军官，且都是在 1959 年 1 月革命胜利时逃离古巴的。从队员出身看，大多数人都属于中产阶级或上层阶级，他们当初在古巴共拥有 100 万英亩土地、1万所房屋、700 家工厂、5 处矿山、2 家银行和 10 家糖厂，这些家产目前均被收归国有了。他们是怀着"国仇家恨"来参加这次入侵活动的。队中还有三位神甫，其中名叫伊斯迈尔·德卢戈的神甫在出征前宣读了"出征宣言"。

17 日凌晨 2 时，雇佣军在离海岸 2000 码的地方抛锚，特种潜水部队的潜水员率先爬上古巴中部拉斯维亚斯省西南部萨帕塔沼泽区的猪湾 (吉隆滩和长滩) 海岸。

雇佣军之所以选此处登陆，是因为这里交通不便，有利于建立桥头堡，发动进攻。而且这里靠近埃斯坎布拉伊山，那里盘踞着独裁政府的残余势力。

在长滩巡逻的一支 5 人的古巴民兵小分队最早发现了入侵者，他们一边与之交火，一边用话报机向司令部报警。由于寡不敌众，5 人全部战死，只留下了三句话："敌人登陆""我们拼死战斗""誓死保卫祖国"。

雇佣军顺利登陆。一上岸，他们就兽心大发，一路上烧杀奸淫，还用刺刀捅死了几名不愿为他们带路的妇女和孩子。

菲德尔是凌晨 3 点一刻才听到雇佣军登陆的消息的。"一场恶战开始了！"他说，"我们要把敌人包围在这里，歼灭在这里！"

战斗在从长滩到吉隆滩长约 8 英里的海滩上展开了。

17 日上午，古巴第 180 民兵营、马坦萨斯训练中心民兵营和古巴起义军第一纵队等部队，唱着国歌和民兵进行曲，冒着敌机轰炸与扫射，飞奔着开赴前线。

下午，得到加强的古巴军队开始反攻，雇佣军节节败退。双方炮火齐鸣。

18日拂晓，古巴军队展开全面反攻，炮兵集中火力，猛轰敌军阵地。雇佣军伤亡惨重，开始向吉隆滩总撤退，被压缩在一块很小的三角地带负隅顽抗，等待美舰、美机的营救。

出人意料的事情发生了，古巴空军的2架"海神"式飞机、2架T-33喷气式教练机和一架B-26飞机升空了，对停泊在猪湾的敌舰发动了进攻。原先美国人掌握的情报是，古巴订购的苏制米格歼击机还没运到，因而对掌握制空权胸有成竹。但他们忽视了一个细节，在消灭巴蒂斯塔政权的战斗中，起义军曾缴获过一批飞机，如今，这些飞机正好派上用场。

空军在战斗中发挥了突出作用，他们炸毁了美国的"豪斯顿"号和"里奥·埃斯孔迪多"号弹药运输船，又驱散了企图救出被困雇佣军的美机。

在战斗激烈进行的同时，古巴政府又在另外两条战线上与美国人和古巴流亡者展开斗争。外交方面，古巴外长罗亚在苏联的支持下，在联合国安理会谴责了美国对入侵行动的支持，赫鲁晓夫也给肯尼迪写了一封信，表示他将给古巴"一切必要的帮助"。另一方面，古巴国内展开了监禁反革命分子的行动，共有2500名间谍被抓获，前农业部部长索里·马林等一批人被枪毙，局势稳住了。

18日晚，雇佣军被2万名古巴军人和大炮、坦克团团包围，危在旦夕。正当他们仰头盼望美国援助之时，肯尼迪为避免引发世界大战，决定退让，只象征性地派几架飞机飞抵猪湾上空，掩护来自尼加拉瓜的雇佣军飞机对古巴部队进行的袭击，并帮助起卸供应品。

19日，雇佣军在最后一次反攻后开始撤退，来不及撤退的都做了俘虏。

在不到72小时的战斗中，野心勃勃的雇佣军被打得一败涂地，共有89人被打死、250人受伤、1197人被俘。古巴也付出了巨大代价，共有157名战士牺牲，他们被称为"祖国不朽的英雄"。

猪湾战役期间，格瓦拉受命驻守比那尔德里奥，负责保卫哈瓦那和整个西部地区，随时准备应付敌人强大的攻势。由于敌人很快被击溃，他的部队没有投入到战斗之中，但满世界还是流传着他被打死的消息。

猪湾战役中被俘虏的古巴流亡者

战斗胜利后，格瓦拉参加了扫尾工作，包括做俘虏的思想工作。据当时一位前来采访的西方女记者说，她亲眼看到了格瓦拉同一名黑人战俘握手，苦口婆心地开导他，令她感动得热泪盈眶。

1962 年三四月间，古巴对被俘的雇佣军进行了审判。这些人被剥夺了古巴公民的身份，并被课以赔款。最后，美国答应用价值 6200 万比索的婴儿食品和药品换回这些人。这是美国历史上第一次支付战争赔款。

庆功会上，菲德尔称这次胜利是伟大的胜利，宣布古巴已是社会主义大家庭中真正的一员。他说，革命就是表达人民的意志；革命没有发给每个公民一张选票，却给了他们每人一杆枪。他还宣布，1940 年的资产阶级宪法已经太老了，过时了，古巴需要一部新的宪法……通过这场战斗，古巴人的自信达到了一个巅峰。而且，正如菲德尔所言："美洲各国人民更加自由一些了。"

二、导弹危机

猪湾战役的失败不仅是美国政府在军事上的重大失利，更是其在政治上的"奇耻大辱"。长期以来，美国的政客们一直信奉："美洲是美洲人的美洲"，反对一切外来势力插手美洲事务。而所谓的"美洲人的美洲"，本质上是"美国人的美洲"。美国始终致力于将美洲国家纳入自身的利益体系。特别对于古巴这样的家门口小国，很多美国人干脆认为古巴就是美国的领土，应该对美国唯命是从。但就是这样一个弹丸小国，不仅对美国的号令和利益置若罔闻，还再三再四地自作主张，在军事上打败了由美式武器武装的军队。这绝对是开了一个坏头，在所有对美国俯首帖耳的国家面前树立了一个"坏榜样"。是可忍，孰不可忍。如果听任这种趋势发展下去，用不了多久，美洲地区就会涌现第二个、第三个、第四个古巴。一时间，遏制古巴成为美国拉丁美洲政策的头等大事。

4月25日，美国对发往古巴的货物进行了禁运。同时，美国还加强了破坏、间谍和暗杀行动，并向公众宣传，国际法允许美国陈兵古巴。

建立在古巴国土上的关塔那摩基地策划了一次自我侵略，以此作为美国入侵古巴的借口。海军陆战队员不断向古巴领土开枪，对古巴领空、领海的侵犯连续不断，造成了人员伤亡。

针对美国的敌对行动，古巴人大力发展自己，不断增强实力。到5月份，古巴已与社会主义国家签订了建造100多家工厂的合约，包括炼钢厂、汽车制造厂，大批社会主义国家的专家也来到了古巴。

古巴社会主义进程也在进一步加快。"7·26运动""3·13革命指导委员会"和人民社会党正式合并为"古巴革命统一组织"。1962年3月，该组织定名为"古巴社会主义革命统一党"。

12月20日，菲德尔宣布："我是一个马克思列宁主义者，并且直到我活着的最后一天，将永远是一个马克思列宁主义者。"

1961年年底到1962年年初，美国制订了"埃及獴"计划，通过了33项反对古巴的计划。

1962年1月31日，美洲国家组织外长会议再次在埃斯特拉角召开。在这次会议上，古巴被开除出了美洲国家组织。乌拉圭、玻利维亚、智利和墨西哥一开始反对排斥古巴，但迫于美国人取消"争取进步联盟"计划贷款的压力，除墨西哥外也都断绝了同古巴的外交和经贸关系。

2月4日，100多万人聚集哈瓦那，召开了古巴人民全国大会，通过了《第二个哈瓦那宣言》。这是古巴历史上一份占有突出位置的文献，提出了一系列重要概念。这些概念，后来均被视为"卡斯特罗主义"的重要组成部分。比如，在许多拉美国家，革命是"不可避免的"；凡是和平道路被阻断的地方，必须举行武装起义，因为，"所有革命者的任务就是干革命"。

4月10日，即将迎来猪湾之役一周年之际，肯尼迪会见了米罗，以典型的外交辞令说了一段模棱两可的话："我离开白宫时，深信古巴的解放不久即将实现，以古巴人作为战斗的先锋。"听到肯尼迪的话，米罗不假思索地判定：美国人准备再次组织古巴流亡者入侵古巴。沉浸在失败感中的古巴流亡者备受鼓舞。

消息传到菲德尔耳朵里，菲德尔也信以为真。

4月下旬，美国在加勒比海举行了大规模的、针对古巴的军事演习。接着，古巴流亡集团，特别是"A66"，也从迈阿密和其他国家偷渡到古巴，进行袭击破坏活动。与此同时，菲德尔获悉，美国将于10月下旬在加勒比海举行一次更大的军事演习，演习的假想敌是加勒比海岛国的一位名叫奥尔萨克的暴君。众所周知，这个假想的"暴君"就是菲德尔。

　　古巴国内也出现了不稳定的因素。6 月 16 日，卡德纳斯市爆发了大规模的群众游行示威。一些家庭主妇走上街头，敲锅砸盆，要求提高生活质量。圣克拉拉、哈瓦那附近的埃尔卡诺也相继发生了群众的示威游行活动。革命政府缺乏应对人民不满情绪的经验，采取了一些不太妥当的措施，酿成了悲剧。在卡德纳斯市，省军区司令员豪尔赫·塞尔格拉少校派出坦克去吓唬游行者。总统多尔蒂科斯在群众集会上发表讲话，把困难归咎于"美帝国主义的封锁"，指责游行示威是"一种可耻的和反革命的挑衅行为"。而在圣克拉拉和埃尔卡诺，由于警察态度强硬，发生了冲突，一名青年民兵在冲突中被警察打死，还有一人受了伤。埃尔卡诺的商店被没收，当地民兵组织受到了清洗和改组……

　　所有这一切都表明，革命政权与民众在革命胜利初期短暂的"蜜月期"已然结束。面对严峻的现实，革命政权必须拿出卓有成效的措施，切实提高人民的生活水平，满足人民的需求，才能不断巩固自身的威信和执政地位。同时，还要防止美国人和本国流亡分子趁火打劫，颠覆这个新生的政权。

　　内忧外患交迫之下，菲德尔想到了苏联。7 月份，劳尔被派往苏联求援。

　　自从 1959 年革命胜利后，古巴这个共产主义色彩浓重的加勒比小国备受社会主义阵营的"老大哥"苏联的关注，被视为社会主义阵营向资本主义阵营对抗的前沿阵地。对于这个共产主义"小兄弟"的军事援助的请求，苏联"老大哥"可谓是有求必应。在古巴与美国针锋相对的日子里，苏联武器也确实起了很大作用。它不仅大大增强了古巴军队的战斗力，更作为一种象征性力量，对美国起到了威慑作用。因而，当古巴再次面临美国入侵的威胁时，他们首先想到的就是向苏联寻求军事援助。

　　苏联一口答应给予古巴军事装备和军事人员。然而，赫鲁晓夫想到的援助之道却足以陷古巴于灭顶之灾。他要在古巴装置导弹。后来赫鲁晓夫回忆说：

　　　如果我们秘密地装置导弹，如果导弹已经装好可供发射之后才被美国发现，美国人在试图用军事手段摧毁我们的设备之前就得仔细考虑考虑。我知道美国能够毁掉我们的某些装置，但不是全部，如果四分之一，甚至只有十分之一的导弹能够留下来，即使只留下一两枚大的导弹，我们仍旧能够击中纽约，而纽约将所剩无几。我不是说纽约的人会死光。但是一大部分人将不会存在了。

更主要的问题在于，我们在古巴设置了导弹，就可以抑制美国对卡斯特罗政府采取轻率的军事行动。除了保护古巴，我们的导弹也可在达到西方所谓的"均势"中起些作用。美国人用军事基地包围我国，用核武器威胁我们，而现在他们就会知道当敌人的导弹对准着你的时候是什么滋味。我们干的也不过是小小地回敬他们一下。

现在正是让美国人知道自己的国土和人民遭受威胁是什么味道的时候了……

当时，肯尼迪总统和前国防部部长麦克纳马拉一直致力于保持美国在核武器和载运系统方面对苏联的绝对优势。到 1962 年，美国已拥有 200—220 枚洲际导弹，而苏联只有 50—57 枚。其中，苏联核载运武器总数只达到美国的五分之一。从轰炸机数量上看，当时，苏联有 200 架洲际轰炸机，美国有 600 架。另外，两国各有约 1000 架中程轰炸机。美国约有 130—150 枚导弹装在"北极星"潜水艇上。如果能在美国的脚后跟附近部署几枚导弹，力量的天平就会朝着苏联倾斜。但是，如果从古巴的利益来看，这几乎是将这个岛国放在火炉上烤，其后果足以让古巴全岛重演当年广岛、长崎的悲剧。

可悲的是，苏联人的私心并没有被古巴新政权年轻的领袖们识破。他们简直被拥有向美国叫板的强大武器的美妙情景所诱惑。卡斯特罗兄弟、格瓦拉、多尔蒂科斯总统全都一口答应赫鲁晓夫的建议，他们甚至没有想过，这些安装在古巴领土上的导弹将由谁来调度。其实，真正有权调度它们的只会是苏联人，不可能是古巴人。苏联人是不会放手把如此重要的战略武器交由古巴人管理的。古巴只是核战争的一个平台而已。

经过苏联专家的周密思考和计算，将要部署在古巴的核武器装备和人员为：24 组半径 25 英里的地对空导弹、100 架米格战斗机、核防御导弹和舰对舰导弹、伊尔 28 型轰炸机，还要装置弹道导弹，另有 4 个战斗群的配有战略核武器的特种地面部队。在古巴圣克里斯托瓦尔部署 3 个中程导弹大队，瓜纳哈伊部署 2 个中远程导弹大队，雷梅迪奥部署 2 个中远程导弹大队，萨瓜拉格兰德部署 3 个中程导弹大队。

大事宜秘。古巴和苏联一边紧张地开展着运送武器和人员的工作，一边对外守口如瓶。然而，如此庞大的军事行动，是不可能瞒过美国人的眼睛的。美国中情局局长麦康凭着职业敏感，早就预感到苏联正在将导弹运往古巴。8 月 10 日，他将自己的猜测告知有关部门。8 月 23 日，他正式报告肯尼迪，根据流亡分子报告和空中摄影，他敢肯定，苏联正准备在古巴部署导弹。但是麦康的猜测没有受到足够重视。

就在麦康报告的第二天，也就是 8 月 24 日，美国国务院情报司司长罗杰·希尔斯曼向华盛顿记者团透露了一个"不许记录"的内幕：据美方观察，近期苏联运送到古巴的武器中，可能包括地对空萨姆导弹。

运送导弹的苏联船只

8月29日，一架美国 U-2 飞机在比那尔德里奥上空发现了有萨姆导弹基地的迹象。越来越多的迹象都在强化一个结论：苏联确实在古巴部署了导弹。

古苏方面的步伐也在加紧。8月27日，格瓦拉赶到莫斯科，与苏联进行了为期一周的会谈。8月31日，他和赫鲁晓夫在克里米亚签署了核导弹协议。9月2日，古苏发表联合声明称，古巴向苏联政府提出请求，希望苏联为之提供武器和专家，以强化武装力量，抵御来自美国的威胁。另外，苏联还将为古巴建设一座炼钢厂和一座价值 1300 万美元的渔港。

9月4日，肯尼迪公开宣布，美国已经看到了古巴的萨姆导弹。他还说，如果"进攻性的地对地导弹"被发现，美国将不得不采取行动。同时，肯尼迪征得国会同意，动员 15 万预备役人员，准备参加对古巴的军事行动。

9月11日，塔斯社在一次声明中说："人们现在不能指望进攻古巴而侵略者可以不受惩罚。"但这份声明同时又说，为了击退侵略者，苏联用不着将核武器运到其他国家，如古巴。几天后，赫鲁晓夫还向肯尼迪写了一封信，向他保证，苏联在任何时候都不会把地对地导弹运到古巴。

列宁说过"政治上诚实是有力量的表现"。如果这句话成立，则赫鲁晓夫距离"政治上诚实"的标准实在太远。事实上，他是强有力的，在本质上又是虚弱的。这一点在古巴导弹危机中表现得尤为明显。他在这场危机中的真实想法和多端变化至今仍是人们费解的难题。但有一点是明确的，他一直将这件关乎人类命运的大事当作一次赌博来玩。他又骗得了谁呢？

很快，美国人又发现了新的证据：在9月8日和15日分别抵达古巴的苏联"奥姆斯克"号和"波尔塔瓦"号中，隐藏着一批中程弹道导弹。

9月13日，肯尼迪再次发表声明：如果古巴"为苏联积聚一种进攻性的军事力量"，美国将做"任何必须做的事"。

又过了几天，消息再度传来，说有比 60 英尺的比萨姆导弹大一倍的导弹已经在古巴部署。这是典型的中程导弹的特征。而到了9月下旬，第四个远程导弹基地已开始在萨瓜拉格兰德动工了。

古巴导弹问题使全世界的神经为之紧绷，人类骤然来到生死存亡的临界

部署在古巴的苏联导弹基地

点上。《美国新闻与世界报道》称，古巴正在取得射程达 400 英里的苏联导弹，苏联军队也来到了古巴。这是自拿破仑三世远征墨西哥以来，非美洲国家第一次在美洲大陆立足。《时代》周刊则认为应对古巴采取军事行动。

时值美国国会选举期间，各政治派别都拿这件事做文章。亨利·卢斯夫人在《生活》周刊上撰文批评肯尼迪总统的"冷静"态度，并用煽动性的话语说："在拉丁美洲，时间有限了，冷战仍然在那里失利。对古巴进行干涉和不干涉的决定，现在所牵涉的，不仅是美国的威望，而且是美国继续存在的问题。"

U-2 高空侦察机继续在古巴上空徘徊。10 月 14 日，U-2 拍摄到确有一些供机动的 1000 英里中程导弹大队使用的基地正在圣克里斯托瓦尔兴建。还有迹象表明，古巴还在建造供 2000 英里半径的中远程导弹使用的坚固的永久阵地。苏联在古巴部署导弹已是不争的事实。

以核打击为主要手段的第三次世界大战的危机现实地摆在人类面前。这个关头，最需要的是政治家的远见卓识和政治智慧。肯尼迪总统的冷静和耐心使人类避免了毁灭。他一直在忍耐，同时对古巴进行全面封锁。

苏联人则继续自作聪明、瞒天过海。苏联外交部部长葛罗米柯来到华盛顿，向肯尼迪保证，苏联不会把进攻性武器交给古巴。接着，赫鲁晓夫又信誓旦旦地向美国大使保证，苏联安置在古巴的装备是和平性质的。

10月22日，肯尼迪发表公开讲话，宣布古巴正在建设进攻性导弹的基地。由于这是一个"同美国有特殊的历史关系"的地区，它实际上构成了曾在30年代引起第二次世界大战的"侵略行为"。他还说，美国反对核战争；但核战争面前美国决不退缩。肯尼迪同时宣称：美国将对古巴实行"隔离"行动，以防止进一步输入进攻性物质。最后，肯尼迪呼吁苏联从古巴撤走轰炸机和导弹，放弃建立发射场。

这一天，美国已作好了打一场核战争的准备。所有美国工作人员全部奉命处于"高度戒备"状态，800架B-47轰炸机、500架B-52飞机、70架B-58轰炸机都已实弹待命。在大西洋地区，90架B-52轰炸机携带25兆吨至50兆吨的氢弹随时待命，100枚阿特拉斯、50枚大力神、12枚民兵洲际弹道导弹也在发射架上准备就绪了。此外，美国所有的陆上基地、航空母舰和潜艇上的导弹轰炸机也都准备完毕。世界绝大多数人口在毫不知情的情况下被美苏绑架着来到生死的关头。

作为事件焦点的古巴，此时更是如坐火山口。在对抗强敌的革命激情和几无生还希望的恐怖心理共同作用下，这个岛国呈现出前所未有的紧张景象。虽然菲德尔和格瓦拉不断地动员和鼓励人民，但他们的声音是如此低微。因为此时，较量的主角只能是美苏两个超级大国。

美国派出了16艘驱逐舰、3艘巡洋舰、6艘运输船和1艘反潜艇航空母舰参与对古巴的封锁。从10月24日开始，这些军舰从佛罗里达到波多黎各排列成一条弧线，检查进出古巴的苏联船只。一些苏联舰只遭到搜查，另一些则"掉头回去了"。

赫鲁晓夫终于意识到了事态的严重性。他通过好友伯兰特·罗素、美国威斯汀豪斯国际公司的威廉·诺克斯、联合国秘书长吴丹，以及华盛顿驻苏联大使馆情报人员亚历山德尔·福明等人，时而强硬地指责美国正在冒一场世界大战的危险，时而又表示只要美国保证不入侵古巴，苏联就同意撤走核武器。肯尼迪则表现出了毫不妥协的强硬立场：苏联必须撤走导弹，美国才会考虑解除对古巴的"隔离"。10月27日，赫鲁晓夫在写给肯尼迪的信中，提出以美国从土耳其撤出导弹基地为条件，交换苏联从古巴撤出导弹基地。虽然美国人早就想从土耳其撤出导弹基地，但在重大历史关头，反而不同意将两件事牵扯到一起。

10月28日，肯尼迪将写给赫鲁晓夫的一封信的副本交给苏联驻美大使，除非美国在24小时之内得到保证，否则美国将于10月30日采取军事行动。经过一夜的紧张思索，赫鲁晓夫终于退缩了。他告诉最高苏维埃，美国将在两三天内入侵古巴，苏联必须停建在古巴的导弹基地，并将其撤除。这个想法遭到了勃列日涅夫和科兹洛夫的反对，但由于赫鲁晓夫的坚持，它还是得到了通过。

赫鲁晓夫此举虽然不失为理智之举，但他色厉内荏的秉性已暴露无遗。在重大考验面前，肯尼迪的坚毅使他声名远扬，赫鲁晓夫则只能吞下性格弱点的苦果，不久便被排挤出政治中心。此外，他背着古巴和美国订立这样一份关系古巴命运的"城下之盟"，实在大大伤害了古巴的利益和情感。古巴无法不认为，自己在不知情的情况下被出卖了。

牵动全世界神经的"导弹危机"戛然而止。肯尼迪"热情称赞"赫鲁晓夫所作的"政治家风度的决定"，并要求美国舆论避免使用"投降""丢脸"之类的措辞。

古巴人可悲地失败了。当电台广播播放苏美之间达成协议的消息时，菲德尔和格瓦拉正在讨论如何保卫古巴。听到消息，两个人都充满了被愚弄、被欺骗的感觉，而大发雷霆。菲德尔一下子将一面镜子砸碎了，格瓦拉则在激愤中不慎将手枪掉到地上，打伤了自己。

苏联和赫鲁晓夫也是大输家。无功而返是小事，重要的是让社会主义阵营在全世界面前颜面扫地。但好大喜功的赫鲁晓夫反而硬说是取得了胜利。他在回忆录中写道：

古巴导弹危机的漫画

　　把世界引向原子战争的边缘而赢得了一个社会主义的古巴。我个人很引以自慰的是，我们这一方的行动是很正确的。我们没有给美帝国主义吓倒，而完成了一件革命的壮举。加勒比海危机是苏联外交政策的胜利，也是我本人作为一个政治家和集体领导一员的经历中的一次个人胜利。我可以这样说，我们没发一枪就取得了一次辉煌的成功。

　他还给菲德尔写信说：

　　加勒比海危机的主要意义，在于它保证了社会主义古巴的存在。如果古巴没有经历这场考验，美国人就很可能组织一次入侵来消灭古巴的社会主义生活方式。既然紧张局势的顶点已过，我们和美国政府相互承担了义务，美国人再要干涉就很困难了。如果美国现在入侵，苏联就有权反击。我们那样做决定，就为社会主义的古巴至少保证了两年的生存时间，即肯尼迪在白宫里的时间。我们有理由相信肯尼迪会再次当选，所以他总共可能再执政 6 年。在当今这个时代里，能保证安度 6 年不是一件小事。6 年以后，世界力量的对比很可能有所转变，转向对我们有利，对社会主义有利。

导弹危机发生之前，格瓦拉对苏联这个社会主义"老大哥"抱有很大敬意。毕竟它是世界社会主义的"嫡传""长子"，也是世界上许多社会主义运动的策源地。但苏联在导弹危机中的表现却使他一下子看清了苏联外强中干的实质。从此，他与苏联之间埋下了永难消除的隔膜。

危机也彻底结束了古美近 200 年的亲密关系。古巴的生存环境进一步恶化。12 月，肯尼迪总统决定处罚那些停泊在古巴港口的资本主义国家的船只。接着又宣布，凡与古巴保持贸易关系的船只，均不准承担将美国货运到古巴的任务。美国甚至将所有与古巴保持贸易关系的国家列成"黑名单"，威胁说要处罚它们。在美国国内，财政部冻结了所有的古巴财产，包括银行存款。禁止一切从古巴来或到古巴去的美元转账。古巴航空公司的财产，包括其所有的几架飞机，也都被美国查封了。

古巴国内也危机四伏。以埃斯坎布拉伊山为例，这里残匪猖獗，原属埃斯坎布拉伊全国第二阵线的人在执行土改政策时也制造了许多失误，激化了农民同政府之间的矛盾。

美国继续发挥在拉丁美洲的巨大影响力，要求拉美国家孤立古巴，采取集体行动反对古巴。

1963 年 3 月，肯尼迪说："我们要在古巴四周建立起围墙。"

古巴新政权在取得一系列辉煌成绩后，遭遇了最惨痛的失败。这次失败影响了这个国家几十年的历史。

三、裂　痕

　　在新政权成立之初人民社会党是古巴国内唯一宣布自身为社会主义性质的政党。由于菲德尔并没有明确古巴的社会主义性质，甚至矢口否认与社会主义有任何瓜葛，加之国内的反共势力比较强大，因而一直处于地下状态。随着古苏关系的不断升温，特别是菲德尔宣布了国家的社会主义性质后，人民社会党从幕后走向前台，在国家政治中扮演了重要角色。

　　同时，该党在古巴政坛的地位多多得益于苏联的支持，因而是铁杆的"亲苏派"。菲德尔与苏联之间虽然有过数次不愉快经历，特别是导弹危机及其后的古苏论战，但作为政治家和战略家，他却忍辱负重，长期努力保持与苏联的关系。格瓦拉则不同，虽然他是古苏友好的最早倡导者之一，但导弹危机后他就开始走向苏联的对立面。这导致了当古巴经济出现滑坡后，人民社会党敢于站出来与他进行思想交锋，更导致了日后他与菲德尔之间的深刻分歧。

　　其实，这场争论的源头在苏联。1962年，苏联经济学界发动了一场对20年代新经济政策以来一系列政策的大胆争论和改革。人们开始对中央集权的计划经济体制进行深刻反思，并提出了用价值规律、企业自主权和物质刺激来增强生产的观点。这场争论犹如一次能级巨大的地震，引发了社会主义国家的强烈震撼。大多数东欧国家持谨慎态度，捷克则引发了对政治体制的挑战，并演变为"布拉格之春"这样的政治灾难。中国则认为这是资本主义、修正主义复辟。

在关于经济政策的论战中，格瓦拉颇有些孤军奋战的味道

　　争论波及古巴，古巴领导人分裂成两派，一派是以农业改革委员会主席卡洛斯·拉斐尔·罗德里格斯为首的人民社会党人，另一派则以格瓦拉为首。

　　论战从 1962 年一直延续到 1965 年，围绕着是否应该运用价值规律的问题，进行了激烈的交锋。人民社会党人主张实行非中央集权的独立核算制，企业自负盈亏，通过市场和其他企业交换产品，个人收入根据其劳动量而定。

　　一些在古巴帮助工作的来自西欧的马克思主义经济学家也积极地加入论战。法国人夏尔·贝特海和雷纳·杜芒站在罗德里格斯一边，强调马克思主义经典作家对物质基础的重视，认为物质条件为经济和社会体制的转变设置了界限，社会主义道德不能单靠教育来灌输。针对格瓦拉的"新人"理想，他们认为只有创造出新的生产力和组织形式，人的习惯和行为才会根本改变，教育的作用只是把已经创造出来的新生产力及其道德标准灌输下去。在此之前，只能利用物质刺激来调动劳动者的积极性。杜芒还在古巴全国调查了很多国有化以后建立起来的生产效率低下的农场，回到哈瓦那后他建议格瓦拉，对农闲时留守农场维护设备的工人和超额劳动的工人发放津贴和超时工资，让他们意识到自己是农场的主人。格瓦拉断然拒绝了他的建议。

格瓦拉把这场论战看成一场道德动力和物质动力的斗争，一场他的"新人"能否培养成功的斗争。他发表了《关于价值观》《关于财政预算制度》和《社会主义计划及其意义》等文章，主张"根据古巴情况实行经济集中组织的原则"，认为每个企业都在国家的预算之内，都是国家计划下的生产单位，产品在企业之间的交换不具有商品性质，个人收入与劳动量并不挂钩。他指出，只有这样，才能真正达到"社会主义"，否则只会滋长人们的私有观念。

他还在不同场合，更具体地表述过自己的观点。比如，在1963年的一次采访中，他说：

> 我对乏味的、经济的社会主义不感兴趣。我们同贫困作斗争，但我们也和异化作斗争。马克思主义的一个基本目的是消除利益、个人利益的因素，并从人们的心理上找到发展的动力。如果共产主义没有这一点，那只是一种分配的方法，而不是一种革命的生活方式。

在1964年最后一次访苏时，他还邀请一些苏联学生到古巴大使馆座谈这个问题。当有人问他对正在进行的经济讨论怎么看时，他说："坦率地说，你们所发现的企业的利润在市场经济下既不新奇，也不是什么秘密，资本家知道所有这些获利的方法；当你鼓励所有的企业去竞争时，你就是释放了无政府的力量，必然导致不可收拾的危机，最后除了发动另一场革命，恢复社会的理性以外别无他法。"

……

这是古巴革命胜利后，领导集团中第一次重大的意见分歧，直接关系到古巴走哪条道路的问题。

在这场争论中，一向以雄辩著称的菲德尔一直保持沉默。沉默本身就是表态，表明他与格瓦拉的经济思想与实践存在分歧。

1962 年 3 月份，罗德里格斯接替了格瓦拉的老部下努涅斯·希门内斯，担任土地改革全国委员会负责人。这说明罗德里格斯在争论中占据了上风。

1963 年 4 月 26 日，菲德尔再次踏上了访问苏联的飞机。

菲德尔·卡斯特罗的来访使赫鲁晓夫喜出望外，他没想到古巴人会这么快就忘却不愉快，主动递来橄榄枝。他曾一度对苏联能否继续控制这个拉丁美洲前沿阵地心存担忧，这下子总算松了口气。他决定给予菲德尔任何社会主义国家元首都不曾享受过的高规格接待。

苏联人对菲德尔的欢迎果然非同一般。赫鲁晓夫派了一架当时世界上最大的图-114 客机前往哈瓦那迎接菲德尔；苏联邮政部门发行了 3 张新邮票，纪念菲德尔的到访；航天部门以向古巴革命致敬的名义发射了一枚卫星。

菲德尔的专机在苏联摩尔曼斯克停留一夜，于 28 日下午 5 点抵达莫斯科伏努科沃机场。赫鲁晓夫亲自来到舷梯下迎接菲德尔，并给了他一个拥抱，按传统方式在他脸颊上响亮地亲吻。接着，他递给菲德尔一个袖珍收音机，里边正在实况转播欢迎仪式。

从 4 月 28 日到 6 月 3 日，菲德尔在苏联度过了一生中难忘的 5 个星期。在莫斯科，菲德尔站在赫鲁晓夫身旁检阅了"五一"节的阅兵和游行，会见了苏联官员和代表，参观了莫斯科的名胜古迹，还穿着军服和战斗靴前往莫斯科大剧院观看芭蕾舞剧《天鹅湖》；在乌兹别克，他参观了苏联农业革命化的实验地；在远东的伊尔库茨克，一个农学院的学生给了他一条小狐狸，他牵着它在贝加尔湖边散了一会儿步；在俄国革命圣地列宁格勒，他受到了只有列宁当年才享受过的盛大欢迎，参观了工厂、幼儿园、斯莫尔尼宫①、拉兹里夫湖②和"阿芙乐尔"舰③……他还在发动价值规律大论战的苏联总理柯西金，以及外长葛罗米科、国防部部长马林诺夫斯基的陪同下，接受了莫斯科大学授予的名誉博士头衔。5 月 23 日，在列宁体育场，赫鲁晓夫当着 12 万群众的

① 斯莫尔尼宫是十月革命时列宁的指挥部。
② 拉兹里夫湖是列宁避难和写作《国家与革命》之处。
③ "阿芙乐尔"舰是十月革命时炮轰临时政府发出起义信号的军舰。

面，授予菲德尔代表最高荣誉的金星列宁勋章。这也是苏联第一次授予外国领导人如此殊荣。赫鲁晓夫在讲话中吹捧菲德尔说："普罗米修斯把永恒之火传给了人类……你，古巴的为了自由而战的勇士，把十月革命的圣火传到了西半球……"

6月3日，当菲德尔结束对苏联的访问，登上图-114客机时，《真理报》赠给他一本有关此次访问的装帧精美的书。20年后，古巴也出版了一本纪念此次访问的书，名为《菲德尔在巨人的国土》，并附有大量照片，但没有一张是有赫鲁晓夫的，也没有一个字提及他。

菲德尔的到访在苏联民众中引起巨大反响。在5个星期时间里，菲德尔成为苏联人街谈巷议的主题，一些父母把他们刚出生的孩子取名"菲德尔"。在中亚的塔什干，农技师把一种第一次开花的杂交植物也起名"菲德尔"。而此前，只有古巴人为孩子取苏联名字，如格瓦拉的一个孩子就取名阿留沙。

菲德尔显然被赫鲁晓夫的出色表演深深打动，对苏联人的怨艾一扫而空，代之以涌泉相报的极大热情。返古当晚，菲德尔就在电视节目中回答4个记者的提问。他告诉古巴人，苏联的一切都是世界上最好的：苏联已经消灭了阶级；苏联不像古巴那样，还有许多小私有者；苏联创造了世界奇迹，在莫斯科可以按动电钮来操纵西伯利亚的水电站；苏联人充满了热情，"从每一个毛孔里都往外洋溢着乐观主义"。他的结论是"苏联的今天，正是古巴的明天"！

菲德尔还说，反观古巴，自己觉得很羞愧："我们没有充分地重视经济，我们还是一种理想主义的革命者。我们宣传鼓动得太多，动员得太多……"

不可否认，菲德尔的这几句话，点中了古巴经济建设的弊病。但菲德尔非但没有从中找到古巴经济发展的正确途径，反而被苏联的繁荣景象所激励，试图仿造苏联人，在短时间内创造辉煌的成果。事实证明，在经济建设实践上，如果说格瓦拉像一个好幻想的青年的话，菲德尔就简直是一个莽撞的孩童。无论是对经济规律的无视方面，还是所采取政策的偏激方面，菲德尔比格瓦拉都有过之而无不及。他所提倡的培育"新人"的理念，也都没跳出格瓦拉的认识范围。

他极度自信地认为，技术问题也和闹革命一样，只要有决心就行，特别是当他亲自关心这项工作时。针对 1963 年蔗糖歉收的情况，他定出 1964 年的糖产量应是 550 万吨，1965 年则应是 700 万吨。而当 1964 年 1 月再度秘密访苏后，他更提出到 1970 年，古巴糖产量应达到年产 1000 万吨。这表明，菲德尔已下定决心，要在苏联的庇护下，重新拾起已被格瓦拉抛弃的发展单一的甘蔗经济的思路。

由此，格瓦拉苦心孤诣地摆脱单一经济束缚的理想宣告破灭；古巴工业化的道路也中途夭折了。古巴人付出如此巨大代价的效果是什么呢？人们看到的只是古巴由美国的"糖罐"，变成了苏联的"糖罐"。

1964 年是古巴的"经济年"。这一年，菲德尔到处大谈农业，宛如一名农业专家。他嘲笑农学院的专家教授连一粒粮食也没从人行道上种出来，指出今后农学院必须办到乡下去。他对农学院大学生说："我们没有做到，只是因为我们不敢去想。"后来又说，在社会主义的古巴，问题不在于生产多少，而在于需要多少。他在好几个省都开辟了实验农场，兴致一来便开着吉普车下农场，还自豪地向记者介绍他砍甘蔗的新方法，是借鉴了打棒球的动作。"打棒球帮助我砍甘蔗，砍甘蔗也帮助了我打棒球。"1964 年在农业中没有见到奇迹，他又宣布 1965 年是"农业年"，要在"鸡蛋的战斗"中取得胜利……

他对畜牧业情有独钟，房间里到处堆着有关畜牧和家禽业的书，家里还养了不少良种莱克亨鸡；他主张对奶牛实行自然放牧，这样不但牛奶和牛肉更有利于健康，而且对环境也好，他甚至亲自给公牛取精，为母牛授精……

如果说格瓦拉错误地认识了人们的思想觉悟，对义务劳动过分依赖，那么，菲德尔则几乎是在直接干预国家的经济。他每年规定糖、奶、肉、鸡蛋等的生产指标，直接指挥基层的具体经济技术问题。曾经在古巴担任经济顾问的法国马克思主义经济学家杜蒙曾生动地描绘过当时的场景。

> 他就像一股旋风刮过整个古巴……他要亲自做每件事，他的想法如喷泉一般每天每分钟地涌出来，往往在还没有搞清楚全部情况时，就

下令把他的想法付诸实行……他的吉普车在路上遇到了一座不太结实的桥，他命令立刻修好它。跑了 50 公里，他的吉普车陷在了泥里，"你给我在这里造一条真正的路，一条沥青路！"另一次，他看到一片庄稼地明显处于干旱状态，"你立刻给我在这里造一个小水库！"到了另一个地方，"这里没有农业技术学校？马上造一个！"

……

不可否认菲德尔迫切地想把古巴经济搞上去，想为古巴人民谋求幸福。但动机的良好并不能必然导致路径的正确，更不能替代最终的结果。

自然是无情的。当人类蔑视它的存在，妄想用自身的精神战胜它所定下的法则，得到的往往是严厉的惩罚。当所有问题出现后，需要找一个责任人。格瓦拉和菲德尔都是责任人，但统帅毕竟是统帅，是不能受到指责的，最后的承担者只能是格瓦拉。

1963 年，在收获甘蔗失败后，菲德尔宣布："古巴应该放弃实现工业化的梦想。"

格瓦拉主动承担起了责任。在一系列自我批评的文章中，他深刻剖析了自己所犯的错误。

我们所犯的第一个错误是，实行多种经营时采用了那种方法：我们不是逐步着手干多种经营，而是一下子做得太多了。甘蔗种植的面积减少了，空出来的地用来种新的作物。但是，这样一来，农业生产就普遍下降。整个古巴经济史已经证明，任何其他农业活动都不能够获得像种甘蔗那样大的利润。革命开始时，我们有许多人都没有注意到这个重要的经济现实，因为有一种迷信思想把甘蔗和我们对帝国主义的依赖性联系在一起了……第二个错误是把我们的资源分散在许多农业产品上面……从单一作物改变为发展多品种农业生产，是在短短几个月内实行的。这是一次激烈的改造，只有基础极为巩固的生产组织，才经得起这样迅速的改变。而在一个不发达的国家里，这种改变在农业生产组织中造成了更大的弱点。

他也从自身决策失误的角度，谈了工业化改造失败的原因。

对那些年里建立起来的新工业，在工业和经济因素上都缺乏应有的确切理解。在现存的失业问题的影响下，再加上受到了外贸问题的压力，我们就建立了许多工厂。其目的是既为了要提供进口替代品，又为了要解决就业问题……后来我们发现，许多厂的技术生产效率很差……而其他替代进口的真正效果也是有限的。

但格瓦拉始终没有放弃作为他的社会理想的一些根本性的东西。他认为，在美国对古巴实行经济封锁的情况下，摆脱对单一经济的依赖，实现工业化，不仅是必须的，也是可能的。

1965 年年初，菲德尔用一句话为古巴的价值规律大论战作了总结："革命者的责任不是在哲学领域进行抽象的论辩。"

这短短的一句话，已把对格瓦拉的一切褒贬都包括在内了。格瓦拉知道，他在古巴经济改革中的使命走到了尽头，菲德尔已经"抛弃"他了。但他相信，菲德尔这样做，并不是从个人的荣辱、意气出发，对领袖的道德境界他从未有过半点质疑。虽然菲德尔的经济方略未必见得高明，古巴跟着苏联跑未必能得到什么好结果，但统帅就是统帅，任何一位忠诚战士都不该让统帅为难。他明白，自己下一步最明智的选择，就是平静地"走开"，离开古巴。

还有一件事也促使格瓦拉选择离开。当时，劳尔·卡斯特罗已成为副总理，明确了作为国家第二号领袖人物的地位。这表明，菲德尔要用自己的弟弟来取代自己。

格瓦拉是了解劳尔的。多年来，劳尔一直在古巴政坛相对沉寂，有时候甚至显得有些无能。但事实正相反，劳尔不仅是菲德尔的广大追随者中最坚决、也最受菲德尔信任的一位——他俩毕竟是亲兄弟——同时也是一位杰出的领袖。早在 1953 年，格瓦拉作为一名青年学生漫游拉丁美洲时，他就作为革命运动的骨干，参加了在维也纳举行的世界青年代表大会，并于当年加入共产主义青年团。在以后的革命经历中，他作为一名优秀的领导者的素质不断得到体现：他是马埃斯特腊山的著名指挥官和改革家，是古巴军队的总司令，并参加了多次保卫古巴的斗争。他执行菲德尔的政策从不打折扣，但深入了解他的人都明白，他有着自己独立的见解……他的声名之所以长期处于菲德尔和格瓦拉之下，一来是菲德尔为避"任人唯亲"之嫌而刻意为之，二来也是他本人韬光养晦，不善张扬的性格所致。他的才干足以充当"第二号人物"。另外，毕竟"血浓于水"，菲德尔在关键时刻更信任自己的弟弟也是无可厚非的。

正视自己在古巴的尴尬处境，回顾自 1955 年起与菲德尔缔结的坚不可破的战友情谊；追忆多年来，无论是在监狱的铁窗内，还是在战火纷飞的疆场上，菲德尔都像一位导师兼老大哥一样地关心和教诲自己，给予自己这个外国人种种殊荣，格瓦拉下定决心，要让自己与菲德尔的友谊，超越许多英雄人物只能共患难，不能同富贵的俗套，他决定牺牲一己的权力，续写一段崇高的友情。

他选择了离开。

四、神秘离去

1963 年下半年，美国对古巴的封锁和打击继续升温，古巴的生存环境进一步恶化。不幸的是，这时候古巴又遭受了有史以来最大飓风"弗洛拉"的袭击，损失相当惨重。

11 月 22 日，肯尼迪在德克萨斯州达拉斯遇刺。当时谣言四起，矛头大多指向古巴。古巴面临着巨大的威胁。

12 月 26 日，美国查封了古巴航空公司在美国的财产。针对古巴的劫持事件增多。1964 年 2 月，美国以停止援助为要挟，逼迫英国、法国、西班牙和摩洛哥等国家参加对古巴的封锁……

逐渐卸下经济重担的格瓦拉日子越来越不好过，他只能在外交上为古巴奔波。随着渐生去意，他在外访活动中越来越挥洒自如，有时候甚至有点率性而为的味道。

1964 年 11 月 14 日，格瓦拉开始了一生中最没有光彩的一次长时间外访。奉菲德尔之命，他首先来到了冰雪覆盖的莫斯科。

当时，赫鲁晓夫已经下台，代之以更为保守的新任部部长会议主席勃列日涅夫，1960 年那种万众欢迎他来访的场面踪迹全无，代之以各怀心事的猜忌。他此行的主要任务是对即将在古巴召开的第一届拉丁美洲共产党会议的各项细节作最后安排，并申明古巴在这次会议中所执的立场。

豪尔赫·卡斯塔涅达在《红色的一生》中细致地描摹了他此时的心态：

1964 年，格瓦拉再次来到莫斯科，气氛比天气更加严寒

1964 年格瓦拉在内心已对某些"社会主义国家"有了明确和肯定的看法。他认为，某些"社会主义国家"在与西方的竞赛中失败了，其原因并不是由于他们接受了马克思列宁主义，而是因为他们背叛和放弃了马克思列宁主义。

第一届拉丁美洲共产党会议是古中关系和苏中关系的转折点。按照菲德尔和苏联人共同商定的原则，中国和所有拉美亲华组织都没受到邀请。会后发表的宣言，针对中国人提出的必须与世界各地许多占据重要位置的"修正主义者"决裂的号召，提出了国际共产主义运动保持团结的口号，充分表明了古巴站在苏联一边的立场。中古关系走到了危险的边缘。

随后，格瓦拉去了纽约，作为古巴代表团团长，参加在那里举办的联合国第十九届大会。

这是格瓦拉第二次踏上美国国土。他第一次来到美国，是即将结束首次拉丁美洲之行，到这里作短暂停留。当时，他只是一个默默无闻的穷大学生。而这一次，他是拉丁美洲唯一的社会主义国家的代表、赫赫有名的英雄、古巴第二号人物、美国的死敌，兼形象俊美颇有魅力的政治人物。他的到来，理所当然吸引了媒体的广泛关注。

不能不说美国是个神奇的国家。无论是它的盟友还是敌人，都能找到属于自己的一方活动空间。当年，菲德尔就是在这里获得资助，推翻了美国一手扶持起来的巴蒂斯塔。这一次，格瓦拉这个与美国势不两立的敌对者来到这里，自由发表自己的观点。

会议从一开始就充满火药味。会场上有人散发传单，要求美国取消对古巴的经济封锁，撤除在关塔那摩的军事基地，并谴责了美洲国家组织。

格瓦拉穿着一身劳动服，坐在西装革履的与会者中间，非常显眼。12 月

身穿劳动服的格瓦拉在国际论坛格外引人注目

  格瓦拉，格瓦拉

11日，他发表了长篇演讲，猛烈抨击了美国对古巴的侵略和封锁等一系列罪行。

今天我们用获得了自由的双眼，可以看到昨天我们还是殖民主义奴隶时被禁止看到的现象。这种现象就是："西方文明"在其令人眼花缭乱的外衣掩盖下的那种狼狈为奸的行为。

为入侵古巴提供帮助的尼加拉瓜也受到格瓦拉的嘲讽挖苦。

但愿尼加拉瓜的代表在我的发言中找不到美国的腔调。否则，那就很危险。

苏联人也挨了一巴掌。

我们所坚持的国家之间的和平共处，不包括剥削者和被剥削者以及压迫者和被压迫者之间的和平共处。

格瓦拉还不失时机地表达了一腔温情。

我出生在阿根廷，这对谁都不是一个秘密。

我是古巴人，也是阿根廷人，如果拉丁美洲各位尊敬的先生不介意的话，我认为我是一个绝不比任何人逊色的拉丁美洲的爱国主义者；任何时候，只要需要，我甘愿为拉丁美洲任何一个国家的解放献出自己的生命，而决不会向任何人索取任何代价，提出任何要求，也决不剥削任何人。

由于没有了任何压力，格瓦拉这篇演说可谓直抒心曲，一泻千里，深深地震撼了全场。第二天，他依然沉浸在兴奋之中，并给母亲写了一封信，信中说："革命者的心是红色的，墨水也是红色的，尤其是当蓝墨水用完的时候。"

1965年2月2日，格瓦拉以古巴社会主义革命统一党全国领导委员会委员、书记处书记的身份，再次率团访问亚非诸国。

他首先来到中国。由于中古关系恶化，这一次毛泽东没有会见他，但他还是受到了中国方面的热情接待。

2月3日，当格瓦拉乘坐的专机从广州抵达北京时，时任中共中央总书记、副总书记的邓小平、彭真，以及2000多名北京市民在机场欢迎他。在交谈中，邓小平盛赞了古巴建设的成绩。

> 格瓦拉同志，你们古巴的同志们都比较年轻。但是，你们却都能够头脑清醒，善于把握得住自己而不轻易被他人左右。你们根据古巴的具体情况处理古巴的问题，是可以令我们欣赏、敬佩和学习的。……

在华期间，格瓦拉一行与中国方面商谈了一些合作项目，参观了一些工厂、农村、学校，然后于2月9日乘机离开。

接着，他去了法国，然后再次来到阿尔及利亚，参加亚非团结组织第二届经济讨论会，完成他在国际外交舞台上最后一次重大任务。

2月27日，格瓦拉发表了震惊整个社会主义阵营的著名演讲。这篇演讲最具轰动效应的是对苏联的公开"炮轰"。

> 如果不改变思想意识，以新的兄弟般的态度对待人类，社会主义就不可能存在。就已经建成或者正在建设社会主义的国家而言，这既指这些国家每一个成员的态度，也指作为一个整体对经受帝国主义压迫的各国人民的态度。
>
> 我们认为，要以这种精神看待帮助附属国家的责任，不应该再谈论同后进国家发展以价值规律为基础的互利贸易，以及由此规律产生的不

平等交换的国际关系。

以世界市场价格出售后进国家用无限的辛苦和汗水生产的原料，又以这种价格购买当前大型自动化工厂生产的机器，这难道能称得上是"互利"吗？

如果在这两类国家之间建立这种关系，那么，我们就不得不承认，在某种程度上社会主义国家成为帝国主义剥削的同谋者。……这种交换的不道德并不因此而消失。

社会主义国家在道义上有义务结束他们与西方剥削国家不言而喻的同谋。……

格瓦拉在阿尔及利亚酣畅淋漓的发言，使他胸中郁积已久的闷气一吐而空，却把古巴推到了左右为难的境地。其实，正是在格瓦拉外访的这段日子里，古巴与苏联已于 2 月中旬签署了两国之间的贸易协定。该协定规定了古巴经济从属于苏联的地位。虽然它保证了苏联对古巴的援助将越来越多，但古巴又回到了过去单一经济的老路上去了。

西方媒体如获至宝地大肆报道了格瓦拉在阿尔及利亚的演说，并断言古巴将脱离同社会主义阵营的关系。

3 月 15 日，格瓦拉结束了长达 3 个月的外访回到了古巴。他连家也没回，就匆匆赶去见菲德尔、劳尔、多尔蒂科斯等人。

格瓦拉受到古巴最高领导层的批评是肯定的。但外界的报道却刻意渲染了这种批评，给人造成了种种错觉。

格瓦拉的阿尔及利亚演说成为古巴史学家们一道棘手的难题。该如何评价这篇演说出炉的背景呢？因为，这关系到格瓦拉离开古巴的性质。

格瓦拉传记作者、美国人安德森认为，菲德尔对格瓦拉的批评只是做做样子而已，其实，这篇演讲是格瓦拉和菲德尔合作的产物；菲德尔所怪于格瓦拉的，只是他措辞过于激切，将会给古巴带来麻烦。加上来自苏联方面的巨大压力，菲德尔还是建议他去其他国家。

另一位格瓦拉传记作者、法国作家让·科尔米耶认为，"切·格瓦拉不能留在古巴，他也不愿意留在古巴"，因为他明白，"他已经得罪了莫斯科，并因此而使菲德尔代他受过"。科尔米耶一向是公开支持菲德尔的，他的这一说法也只能作为参考。

墨西哥的卡斯塔涅达认为，是格瓦拉与菲德尔的激烈争吵，而不是别的原因，促使格瓦拉离开。

传记作家帕科·泰沃在涉及这个问题时，反问了一句："他为什么在那个时候留在古巴呢？"

经济改革的失败、与菲德尔的分歧、同苏联的决裂，以及保存友谊的考虑，这种种因素形成合力，促使格瓦拉下定离开古巴的决心。

这时候，一个声音从遥远的历史中传来。那是1955年，他就参加菲德尔的远征提出的重要条件："如果革命能够获得胜利的话，在革命胜利后，请恢复我本人作为革命者的自由。"革命胜利后，特别是在最初几年领导古巴的时间里，他几乎忘记了这个约定。只是繁重而琐碎的事务性工作让他产生厌倦时，他才会说出"我整天只能坐在办公室里批公文，其他人却在为他们的理想出生入死。我根本就不想当部部长，也不想这样庸庸碌碌虚度年华"之类的话。但这只是一时的抱怨。而当他在古巴的使命面临终结之时，这个历史的回声却又一次黄钟大吕般在他耳畔响起，重新点燃他作为旅行者和革命者的生命之火。

而这又引发了格瓦拉的另一种情绪，即由于对自己身体状况的担忧而引发的急躁情绪，这使他甚至等不及时机成熟便迫不及待地投身到新的革命中去。对此，菲德尔回忆道：

> 他着急。他想做的事很难。根据我们自己的经验，我对切说，可以创造更好的条件。我们向他提出，需要时间，不要着急。我们想让其他不太有名的干部迈出最初的几步，为他想做的事创造更好的条件。他知道游击生活是怎么回事，知道需要身体结实，一定的年龄。虽然他能克服局限，也有钢铁般的意志，但他知道，如果再等时间，就不是身体的

最佳状态了。

关注这些因素的时刻到了，虽然他没有表露出来。[①]

1965 年 3 月底，格瓦拉在工业部作了一次演讲。在这次演讲中，他介绍了自己访问非洲诸国的经过，其他事则一概不提。就是从这次演讲之后，他突然神秘地"失踪"了。

人们注意到这样一些细节：

4 月 12 日，古巴内阁全体成员到卡马圭省砍甘蔗，格瓦拉却没有出现。这是一件怪事，按说，格瓦拉是义务劳动最积极的参与者。

5 月 1 日，在"五一"节游行中，格瓦拉又没有出现在观礼台上。

……

全世界都注意到了这些细节。一时间关于格瓦拉政治命运的传闻哗然而起：

有人说，由于格瓦拉在阿尔及利亚发表了批评苏联的讲话，他被派去参加一个苏联驻哈瓦那大使馆的招待会，向苏联人赔礼道歉。有人说，格瓦拉和菲德尔就阿尔及利亚讲话发生了激烈的争吵，格瓦拉躲进了墨西哥驻哈瓦那大使馆避难去了。有人说，格瓦拉由于受到菲德尔的批评，哮喘病发作，还发了疯，进了哈瓦那郊区的疯人院。还有人说，格瓦拉被撤掉了工业部部长一职，向自己开了一枪。甚至有人说，他是美国中央情报局的特务……

格瓦拉究竟到哪里去了？谁也搞不清楚，连格瓦拉的母亲塞莉亚也被满天飞的各种自相矛盾的消息搞得心神不宁。这时候，这位母亲已患上了绝症，却还要时时为自己最宠爱和引以为豪的大儿子提心吊胆。

4 月中旬，病入膏肓的塞莉亚在阿根廷布宜诺斯艾利斯一家医院中收到了格瓦拉的一封信。在信中，格瓦拉谈到，自己打算辞去国务工作，去砍一个月甘蔗，然后住到阿尔贝托·格拉纳多那里，下厂劳动 5 年，当一名普通工人……

---

① 引自《卡斯特罗访谈传记：我的一生》，［古巴］菲德尔·卡斯特罗著，社会科学文献出版社 2008 年版。

塞莉亚凭着敏锐的政治洞察力，一下子就意识到这封信背后有着更深的原因。她拖着病体，一连把信读了十几遍，也没参透文字背后的深意。4月14日，她终于忍不住给儿子写了一封信。

我不知道我们是否失去了交谈的纯朴与坦然，是不是我们从来没有坦率地谈过话，是不是我们从来都像生活在拉不拉他河两岸的人们所惯用的略微嘲讽的口吻讲话，这种口吻由于我们家的惯用语而具有更加讽刺和隐晦的色彩。现在的问题是，总有一种十分不安的情绪使我放弃了这种嘲讽的语调，而直来直去地说……我读你最后一封信就像读布宜诺斯艾利斯的《新闻报》或《民族报》上登载的消息一样去揣摩，或企图去揣摩每句话的真正含义和每句话的目的。结果是脑中一片混乱，心中更加不安。

　　……

不论是什么原因如果你在古巴的道路已经堵死了，那么在阿尔及利亚还有一位本贝拉先生，他会感谢你在那里为他做出的贡献；或者在加纳还有一个恩克鲁玛先生，对他你也做了同样的事。是的，你将永远身居异乡，这好像就是你的命。

5月18日，塞莉亚终于在对大儿子的无限牵挂中走完了人生的道路。在她的棺材上，覆盖着阿根廷、古巴的国旗和民族解放运动的旗帜。阿根廷的大学生都在悲悼她，民族解放运动的成员为她守灵……

5月19日的《理性报》报道了葬礼的情况。

塞莉亚·德拉塞尔纳·德格瓦拉·林奇夫人的葬礼是在严肃的气氛中举行的。灵车于11时25分从位于梅洛街1976号的殡仪馆出发，为数不多的人——约100人——走在灵车后面。……

首先讲话的是里卡多·罗霍，他说，几天前他还同塞莉亚·格瓦拉夫人谈过多米尼加共和国的形势，他回忆她说的话："把武器发给挨饿的人们，他们会胜利，他们的革命会成功"。第二个发言的是代表保卫石油全国运动的德拉培尼亚博士。他突出了死者在世时有着善良和善解人意的品德，能洞察未来，站在妇女的最前面。

……约翰·威廉·库克在充满着诗意的发言中指出"解放了的群众在他们的歌声中怀念她"。……

最后，苏萨娜费奥里托代表民族解放运动念悼词。在结束时，她说道："塞莉亚·格瓦拉，这不是诀别。我们不把你留在这儿。我们每个人的手里都握着你身上最美好的一部分，用我们自己的一生加以丰富，然后一起交给我们的后来人。"……

报道中还提到"关于格瓦拉要来的消息"，引起了人们的极大关注。但格瓦拉最终没有来。5 月 22 日，格瓦拉接受了奥斯马尼·西恩富戈斯的采访。后者带来了菲德尔的信，信中叙述了塞莉亚的病情。大家注意到，格瓦拉看信时离开了大伙，独自坐在一块石头上，沉默良久。他明白发生了什么，眼圈发红。

1965 年 4 月 20 日，菲德尔在卡马圭省砍甘蔗时，第一次向记者们透露了格瓦拉的消息。

关于格瓦拉少校的情况，我唯一可以奉告的，就是他总是待在对革命最为有益的地方，至于我同他的关系，非常之好。我们的关系就同我们相识之初一样好，我甚至还可以说，比那时更好啦！

6 月 17 日，菲德尔再次谈到格瓦拉的行踪。

我们没有义务向任何人报告切的去向……格瓦拉身体很好，他没有害病，要说有的话，他生了怕出头露面的过敏症了……格瓦拉少校过去一直是进行革命活动的，今后自然也进行下去。……不管他在什么地方，也不管他做什么，我们可以十拿九稳地说，他将永远为革命奋斗到底。

7月23日，哈瓦那电台广播了由原工业部副部部长阿图罗·古斯接替格瓦拉的工业部部长一职的消息。庆祝"7·26运动"12周年前夕，哈瓦那突然出现了格瓦拉的巨型画像，书店里也摆满了《游击战》《革命战争回忆录》等书。此前，只有菲德尔和卡米洛·西恩富戈斯的巨幅画像。

阿莱达搬出了在哈瓦那的住宅，回到了父母家里。

……

格瓦拉行踪进一步扑朔迷离。

古巴社会主义革命统一党正式改名为古巴共产党。1965年10月3日，在古巴共产党中央委员会成立大会上，菲德尔在讲话中说：

我们中央委员会缺少了一个人，这个人无论就其功绩而言，或者就其美德而言，都完全有资格进入这一机构。然而，在我们中央委员会的委员中间，却没有这个人……形形色色的预言家、翻译家、"古巴问题专家"和电子计算机夜以继日地不停工作，力图揭开这个谜，他们还有什么没有说过呢？他们说，埃内斯托·格瓦拉成了"清洗"的牺牲品；埃内斯托格瓦拉患了病；埃内斯托格瓦拉同领导发生了分歧，诸如此类，不一而足。……人民不消说是相信我们的，信任我们的。但是我们的敌人都散布这类谎言，主要是在国外散布，借以诽谤我们：瞧，这就是狰狞可怖的共产主义制度，人无影无踪地消失了，而且不作任何交代，莫明其妙地消失了。至于我们，当人民发觉这个人已经不在的时候，我们便及时地告诉了人民，必要时我们会把情况讲给他们听的，而目前由于种种原因还不能讲，还要等等……

接着，菲德尔宣读了格瓦拉写于4月1日的一封辞别信。这封信后来成为格瓦拉遗作中最有名的一篇，广为流传。

菲德尔：

此刻我忆起很多往事，忆起在玛丽亚·安东尼娅家跟你结识的情况，忆起你建议我到这里来，忆起当时的筹备工作是何等的紧张。

有一天，有人问我们，万一我们死了，应当通知谁。这种事的实际可能性使我们大家为之震惊。后来我们知道了，在革命中（如果这是真正的革命的话），的的确确不是胜利就是牺牲。在通往胜利的道路上，很多同志都倒下了。

今天，这一切已经不再具有那么浓厚的戏剧色彩了，因为我们更加成熟了，但这种情况是会重演的。我觉得，我已经完成了把我同古巴土地上的古巴革命结合在一起的部分职责，因此我要向你，向同志们，向你的人民同时也是我的人民告别。

我正式辞去我在党的领导机构中的职务和我的部部长职务，放弃我的少校军衔和我的国籍。从此，我和古巴不存在什么法律上的联系了，仅存的是另一种联系，而这种联系是不能像职务那样辞去的。

回顾我过去的生活，我认为，为了巩固革命的胜利，我鞠躬尽瘁地工作。我唯一严重的错误是，我上马埃斯特腊山之后，未能从最初一刻起就更充分地信任你，未能尽快地看出你身上那种领袖和革命家的品德。

我度过了壮丽的岁月。在加勒比海危机期间那些光辉而又不幸的日子里，在你的身旁，我感到属于我们的人民而自豪。

你作为国务活动家，很少有比在那些日子里表现得更光辉夺目了。我同样也为我当时能够毫不动摇地追随你，能够在考虑和观察问题、估计危险和坚持原则方面都同你一致而感到自豪。

世界的另外一些地方需要我去献出我微薄的力量。由于你担负着古巴领导的重任，我可以做你不能去做的工作。我们分别的时刻到了。

你要知道，我此刻的心情是悲喜交集。在这里，我留下了我作为一个创业者的最美好的希望，留下了我最亲爱的人……留下了把我当作一个儿子看待的人民，这使我的内心深感痛苦。我将把下面这些东西带到新的战场上去，即你灌输给我的信念，我的人民的革命精神和履行我最神圣的天职的心情；哪里有帝国主义就在哪里同它斗争。这一切足以鼓舞人心，治愈任何创伤。

我再说一遍，我不要古巴负任何责任，我只是学习了古巴的榜样而已。如果我葬身异国，那么我临终时想到的将是古巴人民，特别是你。我感谢你的教导和榜样，并将努力做到至死不渝地忠于你的教导和榜样。我过去一贯同意我们革命的外交政策，并将继续如此。无论到什么地方，我都将意识到作为一个古巴革命者的责任，并且将像一个古巴革命者那样行事。我没有给我的子女和妻子留下任何财产，我并不为此难过，反而感到高兴。我不为他们提出任何请求，因为国家会对他们作出充分安排，让他们能够生活和受教育。

我还有许多话要向你和我们的人民讲，但是我觉得没有必要多讲了，千言万语表达不了我要说的一切，又何苦浪费笔墨呢？

祝永远胜利！誓死保卫祖国！

用全部革命热情拥抱你。

切

写于哈瓦那"农业年"

会议还印发了格瓦拉"致双亲"和"致孩子们"的两封信。这些信件，同样是格瓦拉留给世界的珍贵遗产。

两位亲爱的老人：

我的脚跟再一次挨到罗西南特的肋骨。我挽着盾牌，重上征途。

将近10年前，我曾给你们写过另一封告别信。据记忆所及，当时我感到遗憾的是，我不是一名比较优秀的战士和比较优秀的医生。而今，我对医生一行已无兴趣，但作为战士，我却不是那么差劲的。

我基本上没有什么变化，只是觉悟大有提高，我的马克思主义也正在生根，逐渐纯粹起来。我相信武装斗争是各族人民争取解放的唯一途径，而且我是始终不渝地坚持这一信念的。许多人会称我为冒险家，我是冒险家，只不过是另一种类型的，是一个宣扬真理而不惜捐躯的冒险家。也许结局就是这样。我并不找寻这样的结局，但这是势所难免的。如果是这样的话，我在此最后一次拥抱你们。

我热爱你们，只是不知如何表达我的爱；我办事是非常坚决的，我认为你们有时对我并不理解。另一方面，要理解我也不容易。不过，这一次请相信我说的话。

我以艺术家的趣味所渲染过的意志，将会支持虚弱的双腿和疲惫的肺。我一定要做到这一点。

有时候也请不要忘记20世纪这个渺小的征人。吻塞莉亚、罗伯托、胡安·马丁和波托丁，吻贝娅特里斯，吻所有的人。你们倔强的浪子热烈拥抱你们！

埃内斯托

这封迟到的信，塞莉亚在临终前没能看到。

亲爱的小伊尔达、小阿莱达、卡米洛、塞莉亚和埃内斯托：

如果有朝一日你们读这封信的话，那就是说，我已经不在你们身边了。

关于我，你们将来几乎会记不起来的，小的几个就更是如此了。

你们的父亲是这样一个人：他怎么想就怎么行动，不容置疑，他是忠于他的信仰的。

望你们都成长为优秀的革命者。你们要努力学习，以便掌握技术，征服自然界。你们要记住，革命是最主要的，而我们每个人，作为个别的人来说，是无足轻重的。

　　主要的，你们应当永远对于世界上任何地方的任何非正义的事情，都能产生最强烈的反感。这是一个革命者最宝贵的品质。

　　再见，孩子们，我希望还能见到你们。

　　爸爸寄给你们一个长吻，并紧紧地拥抱你们。

　　小伊尔达是格瓦拉最疼爱的一个孩子。他专门给她写了一封信。

亲爱的小伊尔达：

　　我今天给你写的这封信，你却要在很久之后才能收到。但我希望你知道我在惦念着你，并希望你过一个非常快乐的生日。你差不多是个大人了，所以给你写信，就不像给小孩子写信那样瞎扯几句，讲些无聊的话。

　　你应当知道，我正在遥远的地方，我将和你分别很久，为了同我们的敌人斗争，做我力所能及的事情。我正在做的虽不是什么了不起的事情，但毕竟是在做一件事吧。我想，你是可以永远为你父亲感到骄傲的，就如我为你而感到骄傲一样。

　　你要记住，今后斗争的岁月还长着呢，甚至在你成人之后，你也要为这一斗争作出贡献。同时，你应当作好准备，做一个优秀的革命者，就是说，在你现在的年纪，要尽可能多学习些东西，并随时准备支持正义事业。除此之外，要听妈妈的话，不要过于自负。而这种情况将来是可能产生的。

　　你要争取成为学校里最好的学生之一。在各方面都要比较好，你知道我所指的是学习和革命态度。说得清楚些，就是要品行端正、严肃认真、热爱革命、与同志友好相处等等。我在你那么大时，没有做到这些，但我是在另外一个社会里长大的，那是一个人吃人的社会。而你呢，现在的条件很优越，生活在不同的时代里，因此你应当无愧于这个时代。……

　　　　　　　　　　　　　　　　　　　　　　　　　　　你的爸爸

告别了菲德尔和古巴，告别了牵挂的亲人，他20世纪的堂·吉诃德，再一次提矛出征了。

第八章 幻 灭

请不要忘记 20 世纪这个渺小的征人。

—— 格瓦拉 " 致双亲 " 的信

Revolutionary Che Guevara (1928-1967) relied on his Rolex while waging guerilla warfare.

一、刚果河畔

1965 年 4 月 1 日，一个商人模样的中年男子离开了古巴。他一头光亮的短发十分整齐地往后梳着，胡子修剪得非常别致，嘴里还装了假牙。这位长相平庸的中年人的离开没有引起任何人的注意，包括无处不在的各国情报部门。

17 天之后，这位名叫"拉蒙·贝尼特斯"的"生意人"来到坦桑尼亚。该国与刚果（金）的交界处聚集着非洲大陆几乎所有的革命领袖。当时谁也没想到，这位新来的、被称为"穆甘加·塔图司令"的中年人才是这个风云际

格瓦拉化身神秘的商人

会之地最具新闻效应的大人物。他就是失踪多日的切·格瓦拉。告别了古巴，格瓦拉将目光投射到远隔重洋、位于中非的比利时殖民地刚果，他要在这块被殖民与专制的洪流冲刷得一穷二白的土地上重新点燃革命的火种，使它成为非洲的越南。

促使格瓦拉选择刚果的另一个重要原因，是 1961 年刚果（金）民族运动党主席帕特里斯·卢蒙巴的被害。

这位中非民族解放运动领袖以反抗殖民主义的异常决绝著称于世。虽然他所领导的刚果（金）民族运动党奉行非暴力，但他本人对于殖民主义与外国干涉却毫不妥协。1960 年 6 月 30 日，刚果（金）结束比利时统治宣布独立，卢蒙巴就任总理。就职典礼上，作出重大妥协的比利时国王博杜安将刚果（金）的独立归功于比利时政府慈爱的结果，对此，卢蒙巴毫不客气地反驳道：

> 我们宣布独立，虽然是按照比利时的协议进行的，但刚果（金）人民永远不会忘记，独立是经过斗争才赢得的。那是一场旷日持久的斗争，一场火与剑的斗争。……我们的心仍在流血，我们的伤口还在疼痛，我们怎能忘记这一切呢？我们经受过轻视、侮辱和殴打，这并不是因为别的，而仅仅是因为我们的皮肤是黑色的。

同年 8 月 26 日，美国中央情报局局长杜勒斯在一份电报中说："如果卢蒙巴继续占据高位，将使刚果（金）变得更加混乱，并为共产党国家接管刚果（金）铺平道路。"

新生的刚果（金）政府面临一系列严重的危机，它的敌人既包括以科纳特党人莫伊塞斯·冲伯为首的国内反对派，也包括比利时、美国，甚至还包括联合国。非洲同命运的兄弟国家则是卢蒙巴的坚强后盾。

正当卢蒙巴的军队对冲伯的老巢发起攻击的千钧一发之际，卡萨巴武总统的背叛给了卢蒙巴沉重一击。更严重的是，美国用 100 万美元收买了卢蒙巴的学生、国民军总参谋长约瑟夫·蒙博托。卢蒙巴与蒙博托彻夜长谈，还是没能说服后者，后者甚至指使士兵殴打了卢蒙巴。

在这种情况下，卢蒙巴的失败是不可避免的。他的被捕具有一种真情英雄的气概：他原本已摆脱了追兵，但听说妻儿被捕后，他便返回去，落入追兵之手。

1961年1月，冲伯杀害了卢蒙巴。即将卸任的艾森豪威尔听到这个"喜讯"，抑制不住内心的喜悦，兴奋地说："感谢帕特里克①，我们要是早知道他要来的话，一定会烤一条蛇来款待他。"

刚果（金）落入了冲伯和蒙博托之手。蒙博托后来成为20世纪最血腥的独裁统治者，这也印证了其背叛者的阴鸷心理。

卢蒙巴的悲剧是整个20世纪60年代世界民族解放运动中的重大事件，自然会引起格瓦拉的注意和施以援手的愿望。这恐怕也是当时全世界革命者共同的心愿。但只有格瓦拉才有可能付诸实践，也只有20世纪60年代的政治生态才能为格瓦拉提供这种机会。那时，古巴与一些非洲国家建立了基于追求民族解放的共同理念之上的友谊。

早在1964年年初，格瓦拉就以外访的形式考察了坦桑尼亚、刚果（金）等一批非洲国家，并对刚果（金）进行了重点考察。当时距卢蒙巴去世已近3年，刚果（金）处在冲伯和蒙博托的黑暗统治之下。更严重的是，该国起义军内部发生了分裂，形成了两支队伍：一支由卢蒙巴的老部下皮埃尔·穆莱尔领导，在西部开展斗争；另一支则由民族解放委员会领导，在东部和北部开展活动。在后一支起义军中，有许多赫赫有名的人物，如洛朗·德西雷·卡比拉。1997年，在美国人的支持下，他推翻了"不听话"的蒙博托，掌握了政权。

格瓦拉在对刚果（金）考察期间，专门会见了金沙萨的起义军领导人，并在刚果东部坦喀尼喀湖畔的起义军秘密基地作了一个多月的秘密考察。

当时，刚果（布）的阿方斯·马桑巴·代巴总统正在支持金沙萨的武装斗争。他的宏伟计划是：将两个刚果[刚果（布）、刚果（金）]联合起来，实现统

———————
① 帕特里克是爱尔兰的守护神。

一领导，再向非洲中部其他地区扩展，控制东部的坦桑尼亚和西部的加蓬。在控制了具有战略意义的非洲中部后，进一步向北部和南部扩展，从而将整个非洲地区联合起来。这一计划，与格瓦拉"全洲革命"的思想颇有点异曲同工。由于缺乏游击战经验，马桑巴·代巴向格瓦拉请求帮助，格瓦拉欣然接受。

从非洲回到古巴，格瓦拉立即着手筹备远征刚果（金）。筹备工作得到了菲德尔和古巴保密部门的支持，进展顺利。从1月份起，150人左右的远征军战士陆续到古巴的皮那尔德里奥军营报到。这些人都拥有黑色皮肤，但都是格瓦拉在古巴的追随者，这就造成了在刚果的水土不服。遥想当年，古巴革命除了格瓦拉这个大名鼎鼎的阿根廷医生，绝大多数都是本籍战士，对古巴有着深切的了解和情感。这是革命成功的重要保证。而这恰恰是格瓦拉的刚果（金）游击队所欠缺的。此外，古巴革命的中坚力量（主要是"7·26运动"成员）许多来自社会中上阶层和知识阶层，这就确保了革命在理论认同上的充分性和队伍的基本素质。相比之下，刚果（金）当地游击队的人员素质非常低下，跟随格瓦拉来到刚果（金）的维克多·德雷克少校后来回忆说：●

在刚果为当地游击队员上课

我们原先的设想在那里行不通。他们不能睡吊床，怕从上面掉下来几条蛇压在自己身上……他们认为菲德尔是黑人，直到我们让他们看了照片之后，他们才弄明白。那里很多人都是文盲，连收音机也没有。他们不知道谁是格瓦拉，只知道穆甘加·塔图。

难以得到当地人的认同和支持是格瓦拉领导的游击队的致命弱点。事实早已证明：格瓦拉并不缺乏教育、凝聚、动员人民的能力，但这需要一个过程，需要辅之以给民众切实的优惠，使之对革命成功有良好的愿景。古巴革命系统地、充分地解决了这些问题，确保了成功。格瓦拉领导的革命则是在没有充分准备的情况下仓促开展的，举步维艰是在所难免的。在如此恶劣的情况下急于开展新的革命，招致失败就不难理解了。

在孤军奋战的情况下，虽然古巴人战斗勇敢，也打了几场漂亮仗，但还是很难有所作为。战事刚开始就发生了参谋长米图莱德淹死在湖里的惨剧。

在极度失望的情绪中，格瓦拉在日记中毫不掩饰对当地游击队首领的厌恶之情。他写道，这些人整天过着舒适的酒店生活，还提出要到古巴去接受军事训练。当格瓦拉告诉他们，他们将在当地接受训练时，他们都大失所望。就连后来大名鼎鼎的卡比拉，在格瓦拉眼里也是个"不成器"之徒，是个缺乏政治意识、好大喜功、贪恋女色、酗酒无度的家伙。他把很多时间用在了巴黎、开罗或达累斯萨拉姆，尽干些印刷战事公报的勾当。卡比拉本人还算有自知之明，他回忆说："他当然感到失望，但他没有跟我谈过。"古巴驻坦桑尼亚大使巴勃罗·里瓦尔塔更是一针见血地指出："这些人只想离开刚果，根本不想再回到这儿来。"在他们看来，参加游击队只是通向花花世界的一条捷径。

胸无大志、贪图享受，同时又极度迷信、好逸恶劳，当地游击队员的习性固然是历史的产物，是遭受精神剥夺的悲剧，值得同情。但在现实中却让人好气又好笑。每次出征前，他们都要举行驱赶死神的仪式。格瓦拉在日记中还写道：

  格瓦拉，格瓦拉

他们懒惰到了不愿去基地拿食品的地步……如果交给他们一些东西让他们背着走，他们就说，我又不是运货卡车。要不然他们就会说，我不是古巴人。

　　在刚果（金）的7个月里，格瓦拉很少有仗可打。就算有，也是小型的战斗，与他原先想象的出入很大。而且他每次出征，还必须得到当地游击队的"批准"。对方的理由是格瓦拉的名声太大，贸然出击的话，一旦引起敌人注意，整个刚果（金）的游击运动都会面临来自外界的巨大压力。为了与当地人协调一致，格瓦拉只能接受这种可笑的调度。

　　在日记中，格瓦拉抱怨说：

　　刚果人最大的缺点便是他们不懂得射击，这就导致了大量弹药被浪费；他们应该从学习射击开始。这里纪律涣散……

　　但也有让他高兴的事：

　　农民们对我们特别好，最起码这很好，为了答谢他们，我又重操行医旧业，当然鉴于形势比起以前有所减少。我给他们注射盘尼西林来治疗传统病、淋病，并给他们一些治疗疟疾的药片。

　　但总的来说，格瓦拉在刚果（金）的经历是黯淡无光的。更糟糕的是，这一年10月发生了一系列不幸事件，格瓦拉称之为"不能原谅的灾难之月"。

　　由于刚果（金）游击队的涣散无能，他们在阿特肖玛的游击基地被攻破了。古巴游击队也无任何骄人的成绩。于是，格瓦拉给菲德尔写了一封信，总结了在刚果（金）的经验：

在无产阶级国际主义名义下，我们犯了一些错误，并付出了昂贵的代价。另外，我个人担心的是，也许是由于我写信时不够认真，或者是你没有完全理解，因此你可能会认为，我已患上了可怕的不明原因的悲观症……必须有实实在在的、久经锻炼的意志，才能面对这里所发生的一切。这里缺少的是出类拔萃的人，而不是缺少好人。

紧接着，菲德尔在古共中央委员会上宣读了格瓦拉的辞别信的消息传到游击基地。令菲德尔想不到的是，这封信造成的直接影响却是格瓦拉与战友们的隔膜。原来是辞别信让刚果游击队员突然意识到，格瓦拉根本不是一个刚果人，他迟早要离开刚果，不会永远为刚果奋斗。这就造成了彼此之间的距离。

格瓦拉没有责怪菲德尔，但他还是忍不住要说，这封信公布得真不是时候。他说：

这封在古巴国内和国外都博得众人赞赏的信，使我和战友们分隔两地……战友们对我的看法和我几年以前进入古巴山区时一样，他们把我当成了外人。那个时候我是刚来的外人，而现在，我却成为要走的外人……

在刚果日记中，他还写道：

我的特殊处境使我变成一名陌生场合下的士兵，外国政权的代表、古巴和刚果人的教官、战略决策者、重要的政治家。

他唯独不是"古巴人和刚果人"的"自己人"。

格瓦拉在刚果（金）指挥游击战的传闻也不断被外电披露。为此，刚果革命最高委员会领导人、金沙萨游击队首领加斯东·苏米亚洛不得不在达累斯萨拉姆召开记者会，进行"辟谣"。

同时，由于操劳过度和心力交瘁，格瓦拉受到了痢疾和哮喘病的折磨，古巴革命后已微微发胖了的身体一下子降到 50 公斤以下。格瓦拉意识到，他这个来自万里之外的古巴的"外人"，不可能在刚果 (金) 有所作为。唯一明智之举就是离开刚果 (金) 这块曾燃起他希望之火，最终又带给他极大失望的伤心地。

在迟至 1994 年才公诸于众的格瓦拉的刚果日记中，他将刚果游击战失利的重要责任归于自身，并作了极为尖锐的自我分析。

> 现在我必须开始最难的分析——对我自己担任的角色的分析。……从与革命领导的关系来看，我曾经对我到达刚果的不正常方式耿耿于怀，而且我在一段时间内无法克服这个障碍。我的反应有点变化无常：长久以来，我一直都是非常乐于助人的，然而有时我的表达方式却过于尖锐并很伤人，也许这是我与生俱来的行为；我唯一能与之保持良好关系的是农民，因为我更习惯政治语言、习惯直接解释和举例说明，我相信我在这一方面是取得成功了的。我没能迅速、深入地掌握斯瓦伊利语：这个不足之处大概可以归咎于我的法语知识，因为我可以用法语与头领们交流，却因而与基层群众疏远了。我缺乏提供必要努力的意愿。

11 月底，格瓦拉不得不离开刚果。他的心情很沉重："我不能做可耻的逃兵，扔下我们遭难的兄弟不管，听任外国雇佣兵残杀。"但是刚果已经不再需要他。

在与追随自己的古巴游击队员们告别时，他对他们说："你们回到古巴，12 月 24 日吃上圣诞大餐时，千万不要忘记这个受尽屈辱的民族，不要忘记那些留在刚果的同志们。"大家都哭了，只有格瓦拉没哭。他后来说："在刚果这最后的时刻里，我只觉得孤独。在我漫游世界的日子里，无论是在古巴还是在其他地方，我从来没像现在这样孤独。"

最后他亲手放火烧毁了茅屋和弹药库，然后渡过坦喀尼喀湖，离开了刚果。

二、布拉格的摇滚

离开刚果（金）后，格瓦拉首先来到了古巴驻坦桑尼亚大使馆，在那里度过了 3 个月。

在达累斯萨拉姆，他埋头写作。期间，菲德尔曾多次给他写信，劝他重回古巴。但由于菲德尔公开了那封信，格瓦拉觉得自己回到古巴的可能性已降为零。作为一名行动主义者，他不愿让铮铮的誓言变成世人的笑柄。他已是箭在弦上，不得不发。

1966 年 1 月，忠诚的阿莱达不远万里，风尘仆仆赶到坦桑尼亚，以亲情和儿女的名义劝他回家，但还是没有说服他。阿莱达知道格瓦拉志不可违，只能黯然神伤地离开了坦桑尼亚。

11 月，菲德尔在会见《迈阿密先驱报》拉丁美洲编辑艾尔·伯特时谈到了格瓦拉："他认为自己还有责任要尽。我无权说明他在什么地方，革命是他的职业，有许多革命，有许多战场，其中也包括他的

1965 年 11 月 21 日，格瓦拉离开刚果，前往坦桑尼亚大使馆

祖国。"

这里隐晦地透露了格瓦拉的下一步行动计划。这也是格瓦拉长期思考的结果。当庇隆被推翻后，格瓦拉这位在别国土地上成就了盖世英名的阿根廷人就想在祖国的土地上发动一场真正的革命。对于一个阿根廷革命者来说，再没有比在阿根廷发动一场惊天动地的革命，为阿根廷人带来福祉更有诱惑力的事了。他计划当阿根廷的革命取得成功后，再把革命推向玻利维亚、巴西、智利、巴拉圭和乌拉圭等国，最后推向整个拉丁美洲，实现他的"全洲革命"的理想。

格瓦拉的这个战略设想最早被人记录下来，还是在 1959 年出访日本之时。当时，一名随行人员记下了一段他的讲话。格瓦拉说："在南美的玻利维亚或者巴拉圭，找一块与巴西、乌拉圭、秘鲁和阿根廷接壤之地，在那里投进一支游击队，革命就会扩散到更南面的国家。"不同的是，当时，格瓦拉想的是派游击队前往那些国家和地区，自己则坐镇古巴指挥。而到了 1965 年，他却想亲自前往了。

为此，1964 年开始，他积极支持豪尔赫·里卡多·马塞蒂在阿根廷边境地区开展游击活动，并希望马塞蒂能在阿根廷同智利、玻利维亚、巴拉圭交界处具有战略意义的三角地带站稳脚跟。

然而，到了 1964 年年底，拉丁美洲形势发生了很大变化，对开展游击战非常不利。更糟糕的是，马塞蒂的游击队还没有正式开展斗争就已被消灭，马塞蒂本人也牺牲了。格瓦拉在祖国进行革命的计划遭受了严重挫折。与此同时，巴西也发生了军人政变，推翻了反美的古拉特总统；玻利维亚则发生了雷内·巴里恩托斯·奥图尼奥将军推翻具有民族主义倾向的帕斯·埃斯滕索罗和胡安·莱钦政府的事件。

这一切都预示着，此时在拉丁美洲地区开展游击活动，其结果未必良好。但对格瓦拉这位具有坚强意志的英雄来说，无论是身处顺境还是逆境，都不能动摇他斗争的意志。正如阿根廷文学大师豪尔赫·路易斯·博尔赫斯 1968 年5 月20 日在回忆中所写：

他的意志迫使他养成了一丝不苟的纪律性。他将去做事先确定的事情，将在事先设定的道口拐弯，将触摸到事先指定的树林和铁栅门，以便未来的前途也像过去的那样留芳人间。

由于马塞蒂的游击队刚刚在阿根廷遭到灭顶之灾，格瓦拉认为此时在阿根廷重新发动革命，成功的可能性微乎其微。于是，他把目光投向了玻利维亚。

早在漫游拉丁美洲时，格瓦拉就曾以医生的身份，在这个国家服务过，并进行过考察。他比较熟悉该国的情况，觉得那里的政治、经济状态适合开展游击活动。

以总结古巴革命经验而闻名于世的法国人德布雷对玻利维亚做过深入考察，得出了同样的结论。德布雷是法国巴黎大学哲学系毕业生，1959年赴美国实习，随后到了古巴。古巴领导人热情地接待了他，并向他介绍了古巴革命的经验。此后，他用了一年半的时间，对拉丁美洲政治、经济形势进行了深入研究，特别是对玻利维亚安第斯高原的印第安人的社会状况作了近3个月的实地考察。在此基础上，形成了《拉丁美洲：革命战略的若干问题》和《卡斯特罗主义：拉丁美洲的长征》两篇作品。年底，他两次来到古巴，深入研究古巴革命运动史。由于他的作品能忠实地反映菲德尔关于革命战略的思想原貌，他成为菲德尔的座上客，有幸翻阅了大量未经发表的古巴革命的战地命令、指令、军事报告等内部文件、资料，写下名噪一时的《革命的革命？》一书。他本人也成为总结古巴革命的著名理论家。

就在《革命的革命？》一书中，德布雷详细分析了在玻利维亚开展游击运动可能遇到的困难：在安第斯高原的村落中，任何一个外来人，即使是玻利维亚人，都无法逃过印第安土著人的眼睛，并立即会引起他们的怀疑。特别是克丘亚人或卡克契内尔人不信任"外来人"。这里的人民长期生活在最底层，思想保守，畏惧统治者，很难动员他们参加革命。

对此，格瓦拉并非一无所知，但他更加相信，革命者犹如火种，其势可

第八章 幻灭　　265

以燎原。玻利维亚游击运动必将因为古巴革命精英的到来而蓬勃兴起。毕竟，这里是他熟悉的拉丁美洲。

选择玻利维亚的另一个考虑是，格瓦拉的最后一个情人塔玛拉·邦克已在玻利维亚开创了一个良好的局面，为下一步的游击活动打下了基础。

塔玛拉最早出现在格瓦拉的视线内，是在 1960 年对民主德国访问期间。塔玛拉是民主德国提供给格瓦拉的翻译。她被推荐者介绍为"一位拉美事务专家，又是一位兼懂西班牙语和德语的天才语言学家"。当时的塔玛拉年方 23，身材婀娜、面容姣好，毕业于德国著名的洪堡大学。不要说是格瓦拉这样的情种，即便是刻板的政治教员，恐怕也难以拒绝这番美意。遗憾的是，这位美女翻译的真实身份使这段英雄美人的佳话自始至终蒙上了一层灰色的阴影。

塔玛拉的父母都是德国共产党人，1935 年为躲避纳粹迫害迁居阿根廷，参加了阿根廷共产党地下活动。1937 年 11 月 9 日，塔玛拉出生在阿根廷。1952 年，她随父母回到民主德国，在斯大林施塔德念中学，后考入柏林洪堡大学语言文学系，加入社会主义青年联盟，后加入民主德国统一社会党。

受父母影响，少女时代的塔玛拉已培养出了强烈的"党""国家""事业"等基本观念，但这并不妨碍活泼聪慧、善解人意的她成为交际场上的明星，经常被崇拜者们誉为"舞场皇后"。很快，东德情报部门就盯上了她。

"国家"的召唤是不容拒绝的。但也不排除她确有爱国主义的真挚情感，总之，她心甘情愿成为民主德国情报部门的一员，接受了秘密工作和策反工作的训练，被认为是"一块潜力无限的璞玉"。

15 年生活在阿根廷的经历，使塔玛拉对阿根廷的一切都抱有浓厚的兴趣。阿根廷出生的拉丁美洲英雄格瓦拉很早就是她仰慕的对象。当民主德国情报部门突然命令她去接待格瓦拉时，她愉快地接受了任务。在 1960 年年底那一段短暂而美好的陪同格瓦拉的日子里，与其说她是在完成一项困难的外交和间谍任务，不如说是在陪同自己崇拜的偶像愉快地漫游。风流多情的英雄和美丽可人的女翻译很快坠入了情网……

其实，连塔玛拉自己也没搞明白这项任务的来龙去脉。直到格瓦拉离开民主德国，而她大学毕业后被派往莫斯科进一步深造，她才搞清楚，把她安插在格瓦拉身边的主意是克格勃（苏联国家安全委员会）出的。

塔玛拉圆满完成任务，为民主德国情报部门立了一功。民主德国情报部门得意地向克格勃报功说："塔玛拉是块间谍的料。她很有潜力、很有前途。"

1961年5月12日，在克格勃的训练结束后，塔玛拉立即受命飞往古巴。

塔玛拉的到来，没有引起格瓦拉的怀疑。他已经被爱情冲昏了头脑。但由于地位特殊，他不能与她公开地在一起，只能安排她在教育部工作，并在哈瓦那大学新闻系学习。后来，塔玛拉参加了筹备拉丁美洲革命的工作，并接受了专业训练。

通过塔玛拉，苏联人完全掌握了格瓦拉的思想发展动向。在格瓦拉创作《游击战》和《拉丁美洲的策略和战略》期间，苏联人就掌握了他的"游击中心论"思想，并且知道，在"游击中心论"基础上，格瓦拉的思想又发展为"全洲革命"思想，最后发展成为要进行一场世界性游击战的思想。

而当1964年，格瓦拉的第三本著作《游击战：一种手段》即将杀青时，苏联人更在第一时间内获悉了格瓦拉将采取一个重大的行动。因为塔玛拉告诉他们："格瓦拉很快就要离开古巴，到拉丁美洲去传播他的马克思主义革命的教义。他选择的国家将是玻利维亚。"

塔玛拉的报告令苏联人大为震惊。他们感到，整个拉丁美洲大陆的形势将会发生重大变化，而这种变化将打破两大阵营间的均势。据此他们认为，当务之急是将塔玛拉派往玻利维亚，让她先在那里开辟一片天地。这样，当格瓦拉到达玻利维亚时，自然就会对塔玛拉产生依赖，塔玛拉也可以继续对他施加影响。于是，塔玛拉离开了古巴，进入玻利维亚。

此时的塔玛拉，已是经过几个国家特工训练的经验老到的女间谍，懂得如何将自身优势发挥到极致。她化名为罗拉·古提列兹·鲍尔，以有德国血统的阿根廷业余民族志学者的身份，于1964年11月18日抵达玻利维亚首都拉巴斯。克格勃要求她："当你在拉巴斯小心地建立起各种联系时，不得有任何可能引起人们怀疑的行为。"塔玛拉恪守了这一戒律，对于一般性的社

扑朔迷离的塔玛拉·邦克

交活动，能推则推。然而在上流社会，她却极尽交际之能事，很快结交了玻利维亚总统办公厅新闻和情报处处长贡萨洛·洛佩斯·穆尼奥斯，内政司法部部长安东尼奥·阿赫德斯·门迪埃塔及其私人秘书安妮塔·海因里希等人。她甚至同玻利维亚总统雷内·巴里恩托斯也建立了关系。她给上流社会的印象是"一个可爱的姑娘，聪明伶俐、见多识广、精通医学，从不讨论政治问题。"后来，她还取得了玻利维亚国籍。

之后，塔玛拉就开始在玻利维亚全国旅行，物色志同道合者。同时，通过古巴拉丁美洲事务司负责人曼努埃尔·皮涅罗·洛萨达少校，她同古巴保持着联系。

1966年3月，格瓦拉在马埃斯特腊山的战友何塞·马里亚·马丁内斯·塔马拉上尉（化名里卡多）到达拉巴斯。按照格瓦拉的要求，就在玻利维亚建立"游击中心"的具体工作，与玻利维亚共产党进行联系。他不辱使命，先后与塔玛拉（此时已化名塔妮亚）、因蒂兄弟接上了头。大家一致表示愿与格瓦拉合作。

正当玻利维亚的筹建工作紧张进行的同时，1966年3月，格瓦拉秘密地抵达了布拉格。与他同往的是胡安·卡雷特罗和乌里塞·埃斯特拉达。他们两人原来都是往来于马塞蒂游击队和玻利维亚之间的联络员，马塞蒂游击队失败后，他们离开了那里。

在布拉格，格瓦拉沿袭了自己一贯的做法，坚持记日记。但他在布拉格的日记始终没有现世，因而，人们只能大略了解他在布拉格3个月的活动。

也许是心力交瘁，需要彻底放松一下，也许是正在思索着一些重大问题，也许诗人出身的他童心未泯，总之，格瓦拉一到布拉格，就将自己整天关在只有一个房间的公寓套房里，着魔般地研究下棋，足不出户。

为了不让外人察觉自己的行踪，他不允许两名随从叫他"少校"，只许他们叫他"拉蒙"。此外，由于埃斯特拉达是黑人，走在大街上十分抢眼，他要求哈瓦那派人来替换他。

在布拉格的3个月，格瓦拉过着几乎与世隔绝的日子，但一个偶然的机缘，却使他与整个世界发生了一次强烈的碰撞。

有一天，埃斯特拉达从外面带来了两张唱片，一张是米里亚姆·马凯瓦，另一张则是甲壳虫乐队。格瓦拉长期处于紧张的革命工作之中，无暇顾及乐坛的事情，更别说是来自敌对阵营的音乐。他对摇滚乐缺乏最起码的了解，一开始并不适应这种不久前才流行起来的曲调。但随着时间的推移，他却渐渐领悟了这种音乐的内涵，并喜欢上了这两张唱片，尤其是甲壳虫乐队的唱片。最终，他成了一名摇滚迷，几乎每天天一放亮，就打开那架老式的手摇唱机，聆听甲壳虫乐队的歌声。

格瓦拉并没有意识到，他已经在无意中打开了这个世界的另一扇陌生而精彩的大门。他所接触到的，是作为他那个年代的大合唱中同样气势磅礴的另一个声部。

经过了至少在表面上是政治稳定、经济增长、生活富足的50年代，历史进入60年代以后，以美、英为代表的西方社会日渐显露出矛盾重重的一面。以美国为例，不仅50年代早已有之的贫富悬殊、种族歧视、青年人对现实严重不满等矛盾依然如故，又增添了诸如教育变质、越战等新的问题。于是，由作为先驱的50年代的"垮掉的一代"们所开创的传统，到了60年代可谓"后继有人"。新左派运动、嬉皮士运动、性解放、女权主义，无不煽动着年轻人狂躁与反叛的情绪，井喷为一幅幅独特的画卷。

早在1950年，对新左派运动影响最大的赫伯特·马尔库塞就出版了《爱欲与文明》一书，指出了文明对人的本能的压抑这样一个严峻的现实问题。1960年，他的《单向度的人》出版，一夜之间成为反叛青年的教科书。书中指出：当代的工业社会是一个新型的极权主义社会，通过技术进步，成功地压制了人们心中的否定性、批判性与超越性的向度，于是整个社会变成了单向度的社会，人变成了单向度的人。文章指出，反抗这种压制的希望，存在于非生产性的社会阶层，即激进的大学生、社会青年及一些受排挤、被遗弃的阶层。

马尔库塞们的著作、文章，犹如黑暗中的一盏盏明灯，让抱怨社会现实又不知原因何在的青年看到了方向。于是，一场声势浩大的青年运动——新左派运动——拉开了帷幕。

60年代，4个来自英格兰利物浦的小伙子登陆美国，凭借着温文尔雅的形象和节奏感十足的英伦曲风，征服了梦幻破灭的美国摇滚乐迷。现实是那样令人乏味，只有摇滚乐依然振奋人心。美国的"虫迷"们认定，甲壳虫的摇滚不仅仅是一般意义上的音乐，而是一种"政治媒体"，代表对乏味的现实的反叛……

这种能振奋人心的摇滚，同样打动了远在布拉格的格瓦拉。因为他和美国的甲壳虫迷们一样，也在为现实的无奈与乏味叹息。

于是，历史上就出现了这样一幅有趣的画面：1966年，坚定的共产主义者格瓦拉被甲壳虫的摇滚所倾倒；而在格瓦拉死后，他又反过来成为激进的西方青年顶礼膜拜的"神"。虽然从表面上看，两者无论在哪一个方面都存在着巨大的鸿沟，但上升到精神的层面，他们却是惊人的一致。他们都要反对这个世界现存的秩序，创造一个"合理的""公正的""理想的"新秩序。另外，他们矛头所指的对象，几乎也是一致的。

第九章　血色星空

最纯真、最勇敢的游侠骑士，你在哪里？

你在黑暗之中点燃了游击队的篝火……

——摘自米尔塔·阿吉雷《献给格瓦拉的歌》

一、基　地

在布拉格逗留了 3 个月之后，格瓦拉精心化装一番，又回到了古巴。由于已经宣布了要离开古巴，所以他不便暴露自己的行踪，连家也没回，直接投入到训练游击队的活动之中。在比那尔德里奥的游击基地，他加紧锻炼身体，以便以一副强健的体魄去迎接即将到来的战斗。

在此期间，他又给一些人写了辞别信。在给昔日的论战对手，人民社会党的卡洛斯·罗德里格斯的信中，他写道：

> 我高兴地踩上了罗西南特的马镫，特向你致意。别处的阳光将使我的理论闪闪发光，并将使它成为有用的武器。但是我感到，当你找不到别人开展辩论的时候，你将会觉得缺少了什么。我仍像往常一样向你告辞；但愿我是对的，但愿我能像前一次那样打个胜仗（我们会打胜仗）。

格瓦拉仍然保持着坚定的理念和革命者的激情本色。但此次的胜算有多少，他似乎并没有十足的把握。

古巴也没有忘记格瓦拉所作的贡献，一批马埃斯特腊山和工业部的老部下被选出来，跟随格瓦拉去开创新的天地。共有约 20 人入选格瓦拉的队伍，这些人被介绍给了一个商人模样的老头。谁也没认出来，这就是他们的领袖格瓦拉。此时，格瓦拉已化装成一个前额光秃、戴一副黑色宽边眼镜、体态略显臃肿的老商人的样子。从他所持有的护照看，他是一个名叫拉蒙·贝尼特斯的乌拉圭商人。

格瓦拉就是以这副模样向家人告别的。他深爱着他们，却不能让孩子们认出自己。他是以"拉蒙舅舅"的身份来看他们的。孩子们默默地向他吻别，女儿塞莉亚不明就里，还对母亲说："妈妈，你看，这个老头儿爱上我啦。"

在玻利维亚南部靠近阿根廷的地区，也就是圣克鲁斯省省会以南有一条尼阿卡瓦苏河。河边有一座名叫"卡拉米那"的农场。该农场面积1227公顷，除了一间面朝公路的铁皮房子外，再没有其他可供人居住的地方。离农场不太远的地方，是玻利维亚第四军区所在地卡米里城。农场附近有两个村子：拉古利亚斯村和古铁雷斯村。1967年年底格瓦拉来此创建游击战据点之前，这里一直默默无闻。

早在7月份，游击队员哈里·比列加斯（化名"彭博"）和卡洛斯·科埃略（化为"图马"）使用哥伦比亚护照进入玻利维亚，为游击队物色基地。他们考察了4个地区——东北部贝尼省的上贝尼地区、与贝尼交界的拉巴斯省东部亚热带地区洛斯永加斯、中部省份科恰班巴、东南部圣克鲁斯省，并和当地同行进行了分析比较，最终选择了圣克鲁斯省的卡拉米那农场。当地人迹罕至，不容易被发现；美国"玻利维亚海湾石油公司"的几个油田就在附近，一旦开展游击战争，容易得到工人支持。缺点是环境极其恶劣，水资源奇缺，蚊蚋扁虱猖獗，不适合长期居住。另外，当地居民多为讲瓜拉尼语的印第安人，以小佃户和小农场主为主，政治上非常落后。而玻利维亚最富革命精神的矿业工人集中区离此很远……但最后他们还是把游击基地选在这里，以科科的名义花3万玻利维亚比索买下了卡拉米那农场。

游击队员们陆陆续续地赶往农场。9月份，帕乔从智利抵达拉巴斯，察看基地情况后，赶回哈瓦那迎接格瓦拉。

德布雷也赶到了玻利维亚。塔妮亚为他从洛佩斯·穆尼奥斯那里搞到了一张记者证，允许他在玻利维亚各地自由旅行，为一本有关玻利维亚的地理政治书搜集资料。德布雷在玻利维亚盘桓几周后前往智利，1967年2月返回玻利维亚。

接着，安东尼奥也到达了玻利维亚……

格瓦拉在玻利维亚的游击队聚集起一批忠诚于他的精英分子，包括：里卡多·古斯塔沃·马钦·奥埃德少校，化名"亚历杭德罗"，曾任工业部副部部长；赫苏斯·苏亚雷斯·加得尔上尉，化名"黄头发"，曾任糖业部副部部长；阿尔维托·费尔南德斯·蒙特斯上尉，化名"帕乔"，曾任工业部所属的矿业局局长；奥尔兰多·潘托哈·塔马约上尉，化名"安东尼奥"，曾任内政部所属边防部队司令；安东尼奥·桑切斯·迪亚斯，化名"马科斯"，曾任松树岛军区司令……

人们往往为格瓦拉在位居古巴政府"二把手"的高位后毅然去职，重新踏上征途唏嘘不已。其实，他的游击队员们也都值得如此赞叹。

除了这群游击精英，格瓦拉的游击队周围还有一群由玻利维亚共产党领导的不服从格瓦拉命令的军人。事实上，玻利维亚共产党总书记马里奥·蒙赫是为苏联人服务的，他的存在对格瓦拉的游击队反而是一种不确定因素。

11月初，格瓦拉离开古巴。在古巴的最后一个晚上，他和菲德尔共进了晚餐。此时，他们两人已将一切意见分歧尽数冰释了，剩下的只有浓浓的战友情。天快亮了，格瓦拉去了机场，菲德尔则一直等到飞机起飞……

格瓦拉首先来到法兰克福，并在那里买了一个日记本。然后离开欧洲，飞往巴西圣保罗，最后到达玻利维亚首都拉巴斯。塔妮亚已经为他准备好了一张证件，上面写明他是"美洲国家组织研究和搜集玻利维亚农林地区经济和社会情况的特派员"。他的名字变成了阿道弗·梅纳·冈萨雷斯。凭这份证件，他可以在玻利维亚各地自由居住与考察。

11月6日，格瓦拉从拉巴斯出发，前往卡拉米那农场。一路上，为他开车的游击队员盯了他半天，突然认出他就是赫赫有名的格瓦拉，惊得吉普车失去控制，差一点葬身悬崖。

11月7日深夜，格瓦拉一行到达卡拉米那农场。

这时候，他的游击队员也陆续赶到了，队伍中共有17名古巴人，还有一些玻利维亚人。阿根廷人奇罗·布斯托斯负责与阿根廷布宜诺斯艾利斯的联络工作；德布雷则负责与古巴和东欧共产党的联络。

　　格瓦拉的游击基地终于建立起来了，革命的烈焰即将在这块苦难的土地上燃起。

二、玻利维亚日记

1966 年 11 月 7 日，格瓦拉开始在日记本上记录在玻利维亚开展游击战的情况："今天，一个新的阶段开始了。"这本名为《玻利维亚日记》的小册子后来成为了解格瓦拉这一段历史的最权威的资料。格瓦拉的游击队在玻利维亚的活动，也因这本日记而轨迹分明。

在最初的几天里，格瓦拉对周围环境进行了实地考察。他发现，这是一个狭长的峡谷，长约 19 公里，深约 90 多米，峭壁边穿过一条河流。峭壁以上，是一片茂密的原始森林，野生动物在这里频繁出没，人类活动的痕迹很少。更为有利的是，这里北通瓦耶格朗德和玻利维亚中部，南通阿根廷，进可攻，退可守，是开展游击战的"宝地"，只要能够严格按纪律办事，严守机密，这里可作为一个长期开展游击斗争的据点。

然而好景不长，正当游击队员纷纷进驻农场时，有一双诡秘的眼睛正在窥视着农场上发生的一切。那是农场的一个名叫西罗·阿加尼亚拉斯的农场主。当地是非法制造古柯碱的乐园，他从农场骤然增多的人流判断，可能又有一批非法制造古柯碱的人在这里聚集了。他打算在掌握确凿的证据之后，敲这些外来人一笔。

阿加尼亚拉斯的异常举动早就引起格瓦拉的注意，但却无可奈何，因为没有理由为了自身安全伤害他人；何况任何异常行动非但阻止不了当地人窥视的目光，反会打草惊蛇，引来政府军。唯一的选择就是迁徙。于是，好不容易建立起来的游击基地很快就失去了价值。这对于格瓦拉来说，无疑是一个沉重的打击。

一个新的基地在距离卡拉米那农场 8 公里的地方建立起来。几间存放食物、药品的简易房，一间露天的茅草屋，里面用泥巴垒起了一个烘面包的炉子，还有几条长凳和一张桌子，旁边是一个厕所。此外，附近的一个山洞里还有一台大型无线电发报机。

基地的条件远没有农场优越；同时，为了避人耳目，基地选址于蚊蚋扁虱出没的地方，游击队员深受其苦。

格瓦拉在 11 月 11 日的日记中写道："蚊子可恶极了。……不得不在吊床上安上蚊帐 (仅我一个人有蚊帐)。"

11 月 12 日："我的头发正在长，尽管很稀疏，白发已经变成金黄色；长出了胡子。在两个月内，我又将恢复本来的面目。"

11 月 27 日，从拉巴斯开来的第一辆吉普车到了，同车来的人中有一个叫华金的。同时，里卡多带来了一个令人"不愉快的消息"，人称"中国人"、有中国血统的秘鲁革命领导人胡安·巴勃罗·张·纳瓦罗提出要与格瓦拉合作，并派来 12 个人加入格瓦拉的游击队。

队伍扩充本该是一件令人愉快的事，但根据古巴"输出革命"的经验和刚果经验，条件尚未成熟时，外国人的介入有时反而会使局势复杂化。格瓦拉在日记中忧心忡忡地写道：

> 这就带来一些麻烦，因为这样一来，在还未取得埃斯塔尼斯劳的支持前，我们就会使这场斗争成为国际性的斗争。

最大的问题是始终没能发动当地农民主动参与到游击队中来。格瓦拉写道：

> 在这个偏僻地区，情景是良好的，一切表明，我们简直可以在这里随意住下去。但玻利维亚人只占极少数，计划等待其余人，把玻利维亚

人的数目至少增加到 20 人，然后开始行动。

新基地建立起来后，格瓦拉着手做的第一件事就是提高游击队员的政治觉悟和文化水平。以往的斗争经验告诉他，只有创造出大量"新人"，实现宏伟目标才有保障。

游击基地开设了政治课和文化课教学。格瓦拉亲自为战士们介绍古巴革命的经验和游击队的战略、战术；讲述玻利维亚历史、地理、政治、经济；数学、西班牙语成为重要课程；玻利维亚的凯楚阿语也成为必修课程。此外，格瓦拉还为大家讲授法语。

12 月 2 日，"中国人"张赶到了。他和格瓦拉讨论了在的的喀喀湖靠近秘鲁一边的普诺地区建立"游击中心"的问题，并建议将 20 名参加过秘鲁游击活动的秘鲁人交由格瓦拉指挥，他自己则取道拉巴斯，前往哈瓦那。格瓦拉没有理由拒绝这 20 个人。

玻利维亚人也开始加入格瓦拉的队伍了。11 月 27 日，因蒂·佩雷多和一

1966 年 12 月 2 日游击战士的合影

名玻利维亚医学院学生埃内斯托·迈穆罗·乌尔塔尔加入了游击队。

随着队伍的不断扩大，开始出现违纪现象。里卡多违反了地下工作单线联系的规定，擅自将格瓦拉到达玻利维亚的消息告诉了他在拉巴斯的玻利维亚联系人罗多尔福·萨尔达尼亚和科科·佩雷多。马科斯和帕乔则一唱一和，制造了不少麻烦。同时，阿加尼亚拉斯则继续在窥视游击队的活动……

格瓦拉觉得，出现这一系列情况，是队伍纪律不严造成的。而纪律问题关系到队伍的安全，是个至关重要的问题。他在重大问题上从来都是不肯妥协的。12月4日，他专门就这个问题向队员们作了一次讲话。讲话中，他列举了阿根廷、秘鲁等国游击队被消灭的教训，要求大家一定要高度重视部队的安全。

12月12日，他向游击队员们朗读了关于战争现实的《手册》，强调了统一指挥和纪律，并对队伍进行了调整：华金为第二军事指挥；罗兰多和因蒂为委员，亚历杭德罗为作战指挥；庞博负责后勤；因蒂负责财务；"塌鼻子"暂时负责供应和装备；莫罗负责医务。

在这次调整中，马科斯因为表现不良，排名第二的位置由华金来接替。这足以显示格瓦拉治军的严格。

阿加尼亚拉斯的窥视欲日益旺盛。看来，他已决心要从游击队的"古柯碱生意"中大捞一把了。12月下旬，他干脆雇了一名猎手，以打猎为名，探究基地的情况，引起了格瓦拉的警觉。

> 发生了一起危险事件：猎手瓦耶格朗德人发现了我们的足迹和几条小路。看来他还看见了我们的一个人，并发现了庞博丢失的一只手套，这件事改变了我们的计划，我们应该十分当心。

12月的后半个月，游击队的主要任务还是构筑新的基地。这段时间玻利维亚的气候很糟糕，经常是大雨滂沱，而劳动又异常繁重。格瓦拉的哮喘病发作了，恶劣的自然环境和毒蚊扁虱加剧了他的痛苦。但他还是像以前一样，咬咬牙就挺了过去。倒是身体健全的游击队员们受不住了，连一些久经磨难的老战士都出现了懈怠现象。格瓦拉在12月28日的日记中记载了一件小事："当我到营地的时候，就同马科斯和米格尔碰头了，原来他们是在一个峭壁上睡觉的，没能赶到营地来。"

格瓦拉继续做大家的工作，但作用不是很大。

12月31日，玻利维亚共产党总书记马里奥·蒙赫·莫利纳斯来到了卡拉米那农场，同格瓦拉进行了长达一天一夜的会谈。陪同他一起来的有塔妮亚、里卡多和一个玻利维亚人。但会谈的结果却是令人失望的，最后演变成针锋相对的局面。分歧的焦点在于革命的领导权问题。蒙赫主张整个玻利维亚解放运动的领导权理应全部归他；格瓦拉则认为，游击队才是整个运动的领导核心。蒙赫的顽固立场和强硬观点引起了包括玻利维亚人因蒂在内的人们的反感。因蒂说："蒙赫的话使我们十分恼火，特别是在他给切扣上'外国人'的帽子，从而愚蠢地否认了他的全大陆革命家身份的时候。"菲德尔后来也解释道："格瓦拉不愿'把游击核心的指挥权——这个核心将在它的最后阶段在南美进行如此大规模的战斗——交给一个毫无经验、充满狭隘的沙文主义观点、头脑空虚的人'。"

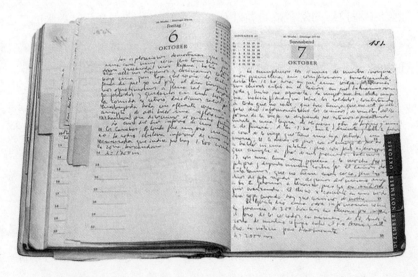

玻利维亚日记

  格瓦拉，格瓦拉

1967 年在争吵声中到来。格瓦拉在 1 月 1 日的日记中写道，蒙赫离去时"就像到断头台去的人似的"。他认为虽然得不到玻利维亚共产党支持"可能会推迟事情的进展"，但"也有好处，可以使我摆脱许多政治义务"。但他没有搞明白，有些"政治义务"是不可以摆脱的。出发点再好，在没有征得主人认可的情况下，一个外人确实没有权力或义务帮助主人家整理卧室。

阿加尼亚拉斯的窥视性行为日益引起格瓦拉的警觉，他指示游击队员"鹦鹉"："可以让他沾点边，但是不要答应很多东西，只是用钱买他用吉普车运来的一切物品，并要警告他说，如果出卖我们，就要他的命。"

或许是觉得自己不可能从"非法古柯碱生意"中获得任何好处，阿加尼亚拉斯已抢先向卡米里的警察当局报告了卡拉米那农场的非法经营了。1 月 19 日，一个名叫卡洛斯·费尔南德斯的警官带着 4 名便衣警察搜查了农场。格瓦拉在当天的日记中写道：

> 他们只检查了房屋，有几样奇怪的东西引起了他们的注意，如带来点灯用的还没有搬到洞里去的炭精。他们拿走了"鹦鹉"的手枪，但把毛瑟枪和 22 毫米口径步枪留给了他，他们还"装模作样"地要拿走阿加尼亚拉斯一支 22 毫米口径步枪，并给"鹦鹉"看，他们当时还警告说，他们了解一切，必须考虑到他们。

不幸中万幸的是，警察并没有接受农场中有武装人员的说法，检查一番后便扬长而去。然而，就在第二天，阿加尼亚拉斯家中出现了一个美国"朋友"，在他家一住就是 10 天，还用自带的 M-2 型步枪练习射击。为防节外生枝，格瓦拉只能取消了几次演练。

虽然不断发生险情，但情况也不是一团糟。基地同卡米里和拉巴斯的联系依然畅通，新生力量不断补充进来。1 月 21 日，有 3 名玻利维亚人加入到游击队中，其中包括 1 名高原印第安人。26 日，与格瓦拉同姓的玻利维亚矿工领袖莫伊塞斯·格瓦拉·罗德里格斯和女地下工作者洛约拉·古斯曼抵达基地。莫伊塞斯·格瓦拉提出，他将率领自己的约 20 名追随者参加格瓦拉的游击队。格瓦拉则提出，莫伊塞斯·格瓦拉的人马不得进行宗教仪式，并"应该避免就国际或国内分歧进行论战"。

在玻利维亚内部，莫伊塞斯·格瓦拉是与亲苏的蒙赫对立的。当听说两个格瓦拉走到了一起，蒙赫甚至劝阻 3 名从古巴游击训练营地归来的玻共青年不要加入格瓦拉游击队。

洛约拉的到来使格瓦拉十分高兴。格瓦拉发现，她是个信念坚定、充满自信的姑娘，堪当重任。于是，他派她到拉巴斯及其他城市去建立地下组织。洛约拉临走前，格瓦拉交给她一封"给城市干部"的指示信。

经过一系列艰难细致的工作，到 1967 年 1 月底做"本月小结"时，格瓦拉写道："现在开始典型的游击阶段，我们将使这支人马受到考验，时间将说明成果如何，玻利维亚革命的前景如何。"

至此，格瓦拉"游击中心论"关于开展游击活动三阶段的第二阶段开辟新的"游击中心"的任务已经完成，下面将要进行的是第三个阶段，即当游击中心发展到一定数量后，在第一个"中心"的统一领导下，同政府军开展一系列战斗，先占领村镇，开展城乡游击战，再由农村包围城市，彻底摧毁政府军，最后夺取政权的阶段。

进入第三个阶段的第一个步骤是进行行军训练，借以磨炼战士的意志、加深同当地居民的接触与沟通、扩大游击活动的区域。

他指派马科斯带领几位战士留守在卡拉米那农场，自己则带领 20 多人作为期 25 天的行军训练。游击队的情报工作由安东尼奥负责，后勤工作由庞博负责。

这是一条荆棘密布的征程，到处是毒蚊扁虱，时时有湍急的山涧和悬崖绝壁横亘眼前。由于所带的地图错误百出，他们经常走岔路，有时候简直就像是陷入了巨大的迷宫，找不到返程的路。

最大的问题是得不到农民的支持。虽然游击队员都临阵磨枪，学了几句凯楚阿语，但当地农民讲的主要是瓜拉尼语，所以遇到农民时，游击队员常常连一句话也不敢说，生怕暴露了身份。

行进途中出现了伤亡事件：一位名叫本哈明的队员在渡河时失足落水；另一名队员则因木筏翻身而夭亡。

士气进一步低落，队伍内部出现了磕磕绊绊的事。古巴人和玻利维亚人之间常常会闹一些矛盾；古巴人之间也龃龉不断。有时候，连格瓦拉自己也难免陷入身心俱疲的状态。他在这一阶段的日记中，不时提到"感到身体不舒服""我累极了""我感到极度衰弱"……

这是格瓦拉所面临的最严峻的挑战。当年，在登陆古巴和马埃斯

在玻利维亚丛林艰难地生存

特腊山的战斗中，虽然也遭遇到了各种各样的困难，但有身强力壮、意志坚定，人称"马"的菲德尔作依靠，他只要克服自身病痛就可以了。但这一次，他是游击队的灵魂，不仅要克服自身困难，还要以大无畏精神，调动队员们的斗争意志。他再没有可依靠的力量，自己才是那些身强力壮的队员们的靠山。

事实证明，格瓦拉确是一个铁汉子。在最严峻的考验面前，他只把难处留在心里，最多发泄在日记本上，在队员面前他表现得格外刚毅。他还乐观地认为，只有这样至艰至难的处境，才能培养出真正的英雄，去打败任何强敌。

然而，就在这个时候，一场噩运已降临到卡拉米那农场。留在农场的马科斯眼看格瓦拉一行在超过了约定的 25 天后还没有回来，不免有些着急，便带着几个队员去找格瓦拉。他们在一个加油站遇到了一个名叫埃皮法尼奥·巴尔加斯的农民。农民觉得这些人很可疑，又牢记着政府军关于与游击

第九章　血色星空　　283

队勾结或知情不报就要招致杀身之祸的警告，忙让妻子向卡米里的第四军区司令部报告。政府军立即派出巡逻队，一直追踪到游击队的大本营。

从 3 月 5 日起，卡拉米那农场热闹起来。德布雷、塔妮亚、"中国人"、莫伊塞斯·格瓦拉及其部属、阿根廷人布斯托斯 (外号"秃子") 等人先后赶到了基地。如此众多的游击队员集聚基地，而基地又被政府军发现，形势万分险恶。其间，莫伊塞斯·格瓦拉带来的玻利维亚人中，有 3 人开小差跑了，其中 1 人被政府军逮捕。通过他的口供，政府军进一步确认格瓦拉就在农场。

3 月 17 日，玻利维亚警察对农场进行了突击搜查，查获了一些政治书籍和其他可疑物品。之后，一支约 60 人的政府军开始在基地附近搜索。侦察机也开始在基地上空盘旋。这一切，让基地的近 30 名游击队员不知所措。

其实，政府军此次之所以能很快发现并确认卡拉米那农场潜伏着游击队，并不仅仅得益于马科斯的疏忽和告密者的报告，比这更"可靠"的消息来自于莫斯科安插在格瓦拉身边的"定时炸弹"塔妮亚。

塔妮亚在格瓦拉的游击队中发挥着双重作用：一方面，她凭借着在玻利维亚打下的坚实基础，以及莫斯科源源不断的资金支持，为游击队办了不少事。她还和游击队员们一起吃苦受罪，开展斗争，团结群众，被哈瓦那当作女英雄宣传，在当地民众中享有"一样背枪背行李的女游击队员"的美誉。她和格瓦拉之间的感情也不断深化。但另一方面，她毕竟是一名受过几个国家情报部门严格训练的间谍，关键时候可以变得铁石心肠。当她把格瓦拉在玻利维亚开展游击活动的情况报告给莫斯科时，克格勃敏感地意识到，"格瓦拉正在那里传播一种卡斯特罗牌号的马克思主义，这与布尔什维克坚持的马克思主义是不相容的。""如果格瓦拉在那里过于成功，玻利维亚就会落到卡斯特罗的手里。其结果，就会导致拉丁美洲其他国家也会进行格瓦拉式的革命。这样，这些国家最终就会纳入哈瓦那而不是莫斯科的轨道。"于是，他们向塔妮亚发出指示："你必须背叛你所爱的这个人，必须背叛你曾经为之付出了许多年华的这个事业。""这是革命的需要。"

这项任务对塔妮亚来说，确实是太残酷了。格瓦拉毕竟是她"所爱的这个人"，玻利维亚游击活动毕竟是她"曾经为之付出了许多年华的这个事业。"但她更不敢忘记自己是一名"布尔什维克"，不敢设想背叛莫斯科的结果。于是，她咬咬牙，向玻利维亚当局告了密，然后不顾格瓦拉的安排回到基地，以便进一步向政府军提供游击队的信息。

格瓦拉一行终于回到了基地。听了队员们关于近期发生的事情的汇报，他满心忧虑地在日记中写道："笼罩着溃败的气氛……一切都给人一种可怕的混乱印象；人们不知道该怎么办。"

话虽这么说，他还是以最快速度做出迅速撤离基地的决定。撤离之前，他抽空同"中国人""秃子"、塔妮亚和德布雷谈了话。

"中国人"刚从古巴回来，他对在秘鲁开展游击战充满信心。他说想带领15个人在阿亚库乔发动起义。

对于"秃子"，格瓦拉安排他到阿根廷北部领导斗争。对于德布雷想留下来充当游击队编年史专家的想法，格瓦拉没有同意。他只是个文人，不适宜在如此恶劣的环境里长期斗争。格瓦拉说服他回国，组织对游击队的援助工作。

格瓦拉批评了塔妮亚不守纪律，擅自回到基地的错误。但他绝对想不到，塔妮亚的此次回归给游击队带来了灾难。

看来，与政府军展开一场恶战是在所难免了。对此，格瓦拉并不惊慌。在他看来，经过了这么长时间的准备，游击队的实力也应该经受一次战斗的检验了。

战斗在3月20日打响。当天，"鹦鹉"打死了一名在卡拉米那农场附近搜索的政府军士兵。

3月23日，那支追踪马科斯的政府军巡逻军在尼阿卡瓦苏河谷陷入由罗兰多指挥的游击队的伏击圈，被击毙7人、打伤6人、俘虏14人，包括一名少校和一名上尉。

战斗结束后，格瓦拉下令对受伤的俘虏进行治疗，并向战俘讲话，进行政治教育。在那个寒冷的夜晚，游击队营地出现了感人的一幕。被俘少校桑切斯后来回忆道：

马科斯和我谈了很久，他叫人煮了一杯咖啡。我很想喝，但我想他是给自己煮的，因为当时大家都冻得发抖，没想到他很礼貌地端给了我。我感觉到了一种很高尚的人情味。我不想接受，但他不让，说那是给我煮的。我心里非常感激这事，以后也从没有忘记。

　　这就是格瓦拉的游击队独具的魅力，也是他们在绝对劣势下得以生存11个月的秘诀。要不是塔妮亚和当地农民的出卖，这支游击队肯定能存在更长时间。

　　此外，游击队在11个月里，用实际行动在当地人心中树立了良好形象，并得到了一部分人的支持，或至少是同情。

　　有一次，游击队来到了一户农家，格瓦拉很想亲一亲那家年仅2岁的小女孩。女孩哭着躲闪，格瓦拉就不勉强，还拿出两个杯子送给那家人。

　　在游击队向导、当地农民保林诺家里，帕乔将自己仅有的一条褥子送给了这家的孩子。格瓦拉表扬他说："你做得非常高尚。但我们必须通过斗争，让所有的孩子都能有褥子。"

　　有个当地男孩想加入游击队，格瓦拉劝他不要放弃学业，并给了他一些钱。这个男孩后来给游击队带了很长一段路，最终却被政府军当作游击队的同情者给杀了。

　　其实，农民不愿与游击队接触，更重要的原因是迫于政府军的压力。有不少农民仅仅因为同游击队说过话，就被抓去严刑拷打；为了不让游击队获得食物，政府军竟然烧毁了农民的庄稼；为了追捕游击队，政府军的飞机随意扔炸弹，往往造成民房被炸的惨案……有不少农民告密，往往是因为害怕不告密的后果……

　　久而久之，正邪之别，终于在人民心中昭然若揭。但不可否认，求生是人的本能，告密现象仍然存在。

　　第一仗的胜利并没有扭转整个局势，反而因为政府军的反扑，给游击队带来了新的困难。格瓦拉原先设想让游击队一直隐蔽到年底，那时，"中国人"和"秃头"在秘鲁普诺地区和阿根廷北部的"游击中心"已经建立起来了。三方联手，互相策应，有利于取得胜利。但这场提前打响的战斗却打乱了他的部署。政府军一经确定格瓦拉在这个地区，不敢怠慢，立刻派出飞机前来轰炸，对游击队员心理上造成了压力。格瓦拉在 3 月 24 日的日记中写道：

> "塌鼻子"和科科带了这一批累赘到上游去搞"辎重"，但是不得不把这些人送回来，因为他们不想走路。应该把他们打发走算了。

但不管怎么说，游击队的第一仗打胜了，为以后的发展开了一个好头。3月 25 日，格瓦拉召开了全体游击队员大会，决定为游击队取名为"玻利维亚民族解放军"。他还亲自撰写了 4 份关于游击队军事行动的战报，起草了《民族解放军告玻利维亚人民书》和《致玻利维亚矿工的信》。在《致玻利维亚矿工的信》中，格瓦拉指出：

> 在农业人口众多、土地辽阔的不发达国家，群众斗争必须由在人民中建立起来的小规模的流动先锋队——游击队来承担。这个组织将在杀伤敌军武装自己中壮大起来，并像催化剂一样激发群众的革命热情，直到造成这样一种革命形势，即在一个合适的时刻，只要猛力一击就能使国家政权土崩瓦解。

这几份材料是格瓦拉的民族解放军正式宣传自身信念的开始，并在玻利维亚产生了深远影响。发生于玻利维亚主要矿区二十世纪锡矿区的大罢工就是最典型的例子。

5 月初，格瓦拉起草的《致玻利维亚矿工的信》被几名同情解放军的记者刊登在报纸上，立即在二十世纪锡矿区等几个大的矿区引起了强烈反响。在工会的组织下，矿工们纷纷从微薄的收入中解囊，支援游击队。巴里恩托斯总统下令将矿工的工资削减一半，矿工们则举行大罢工。在传统的圣胡安节，也就是 6 月 24 日，政府军向矿工居住的棚户区进行扫射，残酷镇压了罢工。政府的倒行逆施引起全社会的强烈愤慨，大学生占领了校园，军队中的变革、反美力量也非常同情矿工的行动……格瓦拉的民族解放军最终点燃了这个国家反对现政府的熊熊烈火。

民族解放军与政府军交战的消息传遍了整个世界。这是整个拉丁美洲大陆重新燃起游击战战火的标志，不仅具有重大的军事意义，更具有重大的政治意义。

正当民族解放军的胜利使世界上许多人倍感欢欣鼓舞的同时，也有人对此惶惶不安。美国中央情报局很快派出了特种部队训练专家，对刚刚组建的玻利维亚政府军一个突击营进行反游击战战术训练。经过一段时间的训练，这支600 人的突击队果然战斗力大增，充当了绞杀民族解放军的急先锋。整个尼阿卡瓦苏河地区被他们团团包围起来。

与此同时，塔妮亚的情报也起了很大作用。游击队在城市中的地下组织遭到了严重破坏。在 3 月份的小结中，格瓦拉写道：

> 本月事情很多，但总的形势具有如下特点：……有把我们重重围困起来的趋势……虽然，我们必须在我预定的时间以前上路，我们要先走，留下一批人，以防万一，并且由他们带着那 4 个可能告密的嫌疑分子。形势不好。

4 月初，游击队又与政府军打了几仗，都取得了胜利。特别是 4 月 11 日，在伊里皮蒂村附近，他们不仅打败了政府军，还与当地农民取得了联络，搞到了一些食品。当然，游击队中也出现了伤亡，黄头发阵亡了。

随着战事的日益频繁与残酷，法国人德布雷和阿根廷人布斯托斯实在不适合继续留在游击队中。格瓦拉不忍心抛下他们，便决定送他们到古铁雷斯村，在那里找一辆吉普车，让他们驾车沿着通向圣克鲁斯的公路逃走。但此时政府军像是长了顺风耳，早得到消息，在路上拦截他们，他们只能无功而返。

于是，格瓦拉向两人提出三种选择：一是留在游击队中；二是伺机逃走；三是随游击队占领古铁雷斯村，然后打开缺口逃出去。两人选择了第三条路。

这期间，还出现了几件令人担忧的事。先是玻利维亚电台报道说，政府军在农场附近找到了一个山洞，发现了一张剃光了胡子、抽着烟斗的照片。经过仔细辨认，这正是格瓦拉。

队伍中的不团结现象继续滋生着。格瓦拉在 4 月 12 日的日记中写道：

> 我批判了先头队伍中出现的一种瞧不起古巴人的倾向。这种倾向，昨天充分暴露出来了。当时坎巴说他越来越不信任古巴人了。我再次号召大家团结起来。

艰苦的生活条件，使队员们不堪重负，一个个倒了下来。4 月 16 日，塔妮亚和亚历杭德罗发起了高烧，莫伊塞斯·格瓦拉胆绞痛发作。次日，格瓦拉断然决定，让塔妮亚、亚历杭德罗等 13 人留下，由华金统一指挥。自己率领队伍赶赴古铁雷斯村，把德布雷和布斯托斯送出重围。他计划用 3 天时间完成任务，然而回来与华金会合，撤离危机四伏的尼阿卡瓦苏河地区。

4 月 17 日，哈瓦那《格拉玛》报头版刊登了格瓦拉写给 1966 年 1 月在哈瓦那召开的三大洲会议的一封信。在那次会议上，古中两国就古巴夺取政权的道路问题展开了一系列论战。当时，格瓦拉正在坦桑尼亚首都达累斯萨拉姆，没有卷入双方的争论，而是给大会写了一封贺信，阐述了自己的世界革命的理念。

> 要到敌人正在打仗的地方去打仗；要打到他们的家里，打到他们寻欢作乐的地方，要全面地展开战斗。不能让他们有一分钟的安宁，不能让他们在兵营外面，甚至在兵营内部有一分钟的喘息时间。要从各个方面袭击他们，要让他们感到，他们所经过的每一个地方，都有猛兽在等

候着他们。

在这封信中，他提出了著名的"要创造两个、三个……乃至许多个越南"的口号。

菲德尔在此时发表格瓦拉的这封信，是因为古苏关系继导弹危机后再次出现危机。古巴决心号召拉美各地开展游击战争，而苏联却继续推行"和平共处"原则。格瓦拉这封代表了古巴一贯立场的信是对苏联人最有力的驳斥，同时也是对格瓦拉地位的再次认可，显示出自格瓦拉主动退出古巴政治舞台后，他在菲德尔心中的地位反而更加牢固了。

《格拉玛》报对格瓦拉在玻利维亚开展游击斗争的报道，点燃了拉丁美洲革命新的希望之火。在7月29日于哈瓦那召开的拉丁美洲团结组织成立大会上，会议主席根据代表们的建议，宣告象征性地成立"拉丁美洲国"，并宣布"敬爱的游击队员埃内斯托·切·格瓦拉少校为我们共同的祖国——拉丁美洲国——的荣誉公民"。

《格拉玛》报在刊登这篇文章时，还刊登了几张格瓦拉化装后的照片和在玻利维亚游击营地的照片。正如一年多前菲德尔公布格瓦拉的辞别信，致使格瓦拉遭到同伴的猜疑一样，菲德尔这一次公布格瓦拉《通过三大洲会议致世界人民的信》，也彻底暴露了格瓦拉的行踪。在4月份的本月小结中，格瓦拉写道："我的文章在哈瓦那发表后，我是否在这儿就毫无疑问了。"

从此，格瓦拉的民族解放军陷入了更大规模的围剿，并最终归于失败。

4月19日，民族解放军抓住了英国人乔治·鲁斯。这是位记者兼摄影师，专程从智利赶往玻利维亚采写关于民族解放军的独家报道。鲁斯透露，他曾从玻利维亚军队那里看过被查获的布劳略日记。在那本日记里，布劳略详细叙述了如何从古巴出发，最后来到玻利维亚的经过。格瓦拉非常生气，在日记中写道："还是老问题，处处都是不守纪律和不负责任。"由于布劳略日记中提到了格瓦拉使用"拉蒙"这个化名，格瓦拉决定改名"费尔南多"。

鲁斯的出现，给了德布雷很大希望。他建议格瓦拉向他提供一些游击队的情况，以此作为交换，让鲁斯帮助自己和布斯托斯逃出去。格瓦拉答应了德布雷的建议，鲁斯也只能接受这个任务。当天，3个人就离开了游击队。第二天，格瓦拉得到了他们被玻利维亚当局捕获的消息。他在日记中写道：

> 丹东（即德布雷）和卡洛斯（即布斯托斯）由于匆匆地、几乎不顾一切地要冲出去而陷入敌手，而我又未能坚持阻止他们的行动。这样，与古巴的联系中断了，也丧失了在阿根廷的活动方案。

德布雷被捕后，被关了几年监牢。在狱中，他总结了民族解放军的经验教训[①]，直到1971年才获释。布斯托斯则经不起威胁，成了叛徒。根据玻利维亚当局的命令，他先是凭着记忆画出了格瓦拉、贝尼尼奥和"中国人"的头像，后来又将所有游击队员的头像一一画出。

游击队艰苦地跋涉着，当地人还是不敢同他们接触，队伍不断在减员。罗兰多在战斗中不幸牺牲，玻利维亚人"鹦鹉"失踪了。格瓦拉后来才知道，他是被政府军抓住了，在受尽折磨后惨遭杀害。他的尸体被从直升机上扔进了丛林。在4月份的小结中，他写道：

> 我们仍然处于完全孤立的状态；疾病损坏了某些同志的健康，迫使我们分散力量，结果削弱了效能；目前我们还未能与华金取得联系；在农民中的基础仍然没有发展；不过，看来是可以通过计划的恐怖行动使大部分农民保持中立。将来他们会支持我们的。没有一个人参加游击队。

---

① 德布雷在玻利维亚监狱里认识到，在同盟军问题上，革命者有许多东西要向毛泽东学习。他说："在总体上把握住每一个形势、每一个历史关头的同时，还必须用二和三来进行分析：战略上的二和策略上的三。这里，我们发现了左倾主义的根本错误：见二不见三。因为如果只有两个阵营，那么自然就只有两个实体——劳工和资本，以及两个阶级——资产阶级和无产阶级之间的斗争，而没有介于两者之间的东西。不错，阵营是只有两个，但却存在着三种力量，如果革命阵营想取得胜利，那就必须扩大到能包括革命成败所系的关键力量，这种关键力量可能是农民，也可能是小资产阶级，也可能是农民加上小资产阶级。左倾主义者——他们是二元论者主摩尼主义者——无法实现成功的同盟军政策。制定正确政策的基础是：'发展进步势力，争取中间势力，孤立极端势力。'"

到了 5 月份的时候，民族解放军的处境更糟了。格瓦拉的日记本上越来越多地出现"我感到要昏厥过去了""我很不舒服，直到吐了后才好了""我肚子疼得很厉害，上吐下泻"……但在与政府军的几次交火中，民族解放军还是连连告捷，只是由于没有新的兵源补充，打起仗来日益感到捉襟见肘。

到了 6 月份，华金小组还没有出现。同时，与哈瓦那联系的发报机又坏了。民族解放军陷入与世隔绝的境地。

为与哈瓦那接上头，格瓦拉让跟随队伍已有一段时间的农民保林诺带着几份文件，到科恰班巴因蒂的妻子那里，让她把材料交给哈瓦那。保林诺在途中不幸被捕，材料全部落入政府军之手。

6 月 26 日，在与政府军的交火中，庞博负伤，图马牺牲。

7 月份起，政府军开始了大规模搜捕。民族解放军虽然每仗必胜，但人员伤亡不断增加，大量物品落入敌手，处境更加艰难。格瓦拉的哮喘病又发作了，由于药品被政府军搜走，他只能忍受着病痛的折磨。

到 8 月份，一种莫名的悲观心理开始浮上格瓦拉心头，与高昂的战斗精神交替着控制他的意志。在 8 月 8 日的日记中，他似乎还充满了信心，"这种形式的斗争使我们有机会变成革命者。这是人类攀登的最高一级阶梯，能使我们受到最好的锻炼"。

可是不久，悲观情绪就笼罩了他整个的身心。队员们随着环境的不断恶化，出现了严重的涣散心理。而他自己，也被哮喘折磨得苦不堪言。终于有一次，当他的坐骑因疲劳和饥饿而不肯挪步时，他控制不住情绪，"用刀对着它的脖颈直刺进去，并且割开了一个大伤口"。当那匹牲口痛苦地哀哀嘶叫时，他终于冷静下来。他感到自己已"成了废物"。

对于格瓦拉来说，他能够忍受如此恶劣的环境直到此时，已属不易。他本来就是一个诗人，是那种比常人更易激动，更喜欢直抒胸臆的人。但近一年来，他却因为肩负的重任，忍受了各种常人难以想象的困难。即使到了精神崩溃的边缘，他也只是默默地跟那匹和他一样忍辱负重的牲口较劲。何况，他已

39 岁了，中年人力不从心的困窘不可能不在他身上体现。

在民族解放军陷入山穷水尽的时候，格瓦拉心里还存有一线希望：希望能与华金小组会师，一起回到原先藏药品和物品的山洞，得到补给。他没想到的是这小小的希望已完全破灭了。

由于布斯托斯的出卖，8 月 15 日，就在格瓦拉快赶到基地时，政府军抢先一步赶到，找到了基地附近 4 个储藏物品的秘密山洞。他们不仅搜走了所有的药品和生活用品，还找到了格瓦拉拍摄的几个胶卷。照片冲印出来后被美洲国家组织陈列，并被《生活》杂志转载，传遍全世界。敌对国家终于握有确切的证据，证明玻利维亚发生了"不容置疑的外国干预事件"。

令格瓦拉连做梦都想不到的是，华金小组遭受了覆亡的命运。由于塔妮亚的告密，华金小组的活动完全暴露在政府军眼皮底下。他们派出了由罗克·特兰和森特罗·安纳亚两位上校率领的一支队伍，前去围剿华金小组。一开始，这支十几个人的小组进行了有效抵抗，但到了 8 月底，队伍已减到 10 人。8 月 30 日，小组转移到格朗德河畔的瓦尔德耶索。这时，早就被格瓦拉认为有"潜在危险"的农民奥托·罗哈斯出现了。华金小组由于急需得到帮助，便忽略了格瓦拉的警告。8 月 31 日罗哈斯将华金小组引到政府军设伏的耶索渡口。经过一番激战，华金小组被歼灭了。

1967 年 8 月，游击队遭遇到了最艰难的一个月

塔妮亚"幸免于难"。她把自己的一个女亲信当作替死鬼打死后，在她衣服里放进自己的证件，然后悄悄回到莫斯科。玻利维亚当局找到那具女尸，认定这就是塔妮亚。哈瓦那当局追认塔妮亚为女英雄。后来，随着往事的不断解密，塔妮亚的真实身份终于被澄清。从此，哈瓦那媒体上再也没有出现过这位曾经名震一时的游击女英雄。

华金小组被消灭的第二天，也就是9月1日，格瓦拉也赶到了罗哈斯家。罗哈斯已经畏罪潜逃了，格瓦拉一行没有发现异常情况，在他家吃了一顿丰盛的晚饭，然后继续上路。

9月2日晚，格瓦拉从美国之音听到了华金小组被歼灭的消息。但战争期间往往真假消息满天飞，他并没太在意。直到9月底，玻利维亚电台也广播了这则消息，格瓦拉才引起重视。但他仍然抱着侥幸心理："也可能还有一小股在四处流动，避免同政府军接触，因为有关7人被打死的消息似乎是假的，至少也是夸大的"。

凭着钢铁般的意志和一顿饱饭、几天休整之功，9月份，格瓦拉本人的身体状况和情绪都有了好转，但队员们却再也受不了了。格瓦拉在9月10日的日记中记录下：安东尼奥神经有点不正常，和查帕科吵了一架；达里奥也出现了神经不正常的症状；欧斯塔基因为"塌鼻子"多吃了一点东西而对他进行了揭发；贝尼尼奥受到一点批评竟大哭了一场……

格瓦拉感到，必须让这些神经过分紧张的队员感受一下正常生活，以使他们放松下来。这是必须做的，冒点危险也值得。于是，他带领队员们有意识地往人烟稠密的地方活动。但农民依然不敢接近他们，更别说为他们提供帮助了。

9月22日，格瓦拉一行来到了印第安人聚居的阿依托赛科村。他在村里的学校召开了群众大会，向群众分析了他们遭受苦难命运的原因。然后，他讲了下面这段话：

> 你们会看到，我们来过以后，当局将破天荒第一次想到你们。他

们会答应给你们建造医院或别的什么。他们所以会许下诺言，唯一原因，就是我们在这个地区活动。如果诺言变成了事实，那么你们就会体会到，游击运动给你们带来了什么好处，虽然这种好处不是游击队直接给你们的。

这是格瓦拉最后一次在民众面前讲话。这段话也是对他和他的事业的最好注解。但农民们还是没有改变。在 9 月的小结中，他无奈地写道："农民群众一点也不帮助我们，而且变成了告密者。"

9 月 26 日，当民族解放军到达海拔 2280 米的拉依格拉村时，他们遭到了政府军的伏击。有 3 名队员牺牲、2 人受伤，另有 2 个玻利维亚人逃跑。其他人好不容易才摆脱了危险。但这时他们已陷入了政府军的重重包围之中，突围的可能性几乎为零。

政府军的包围圈越收越小，格瓦拉率领着队伍尽量避免与他们接触，小心翼翼地前进，努力寻找着可乘之隙。10 月 7 日，他们进入了树木稀少、灌木丛生的尤罗峡谷。当天，他在日记本上写道："我们的游击战生涯已经整整 11 个月了，没有发生什么复杂情况⋯⋯"

谁想到，这句谶语式的话竟预示着他最后的命运，这天的日记也成为他的玻利维亚日记中的最后一个篇章。

10 月 8 日清晨，格瓦拉一行 7 人从谷底一个土豆种植场边走过，被一个农民发现了。这个农民叫他的儿子火速赶往几里外的政府军营告密。很快，一支由加里·普拉多·萨尔蒙率领的数百人的政府军向格瓦拉他们围了上来⋯⋯

上午 8 点左右，格瓦拉将队伍隐蔽在峡谷一侧，布置好战斗位置。当时，格瓦拉抱有这样的希望：如果可以在下午三点以后开始战斗，甚至开始得越晚，那么游击队获胜的机会就比较大。因为黑夜是游击队的天然同盟。

然而，战斗却在中午 12 点之前打响。一位游击队员率先突击，被政府军一枪打死。政府军控制了局势，格瓦拉决定分散部队。

正当格瓦拉掩护病号时，突然，一颗子弹击中了他的右腿。他倒下了。他身旁的一名队员西梅翁·古巴马上背起受伤和哮喘病发作的他，拼死逃跑，但终因寡不敌众，与"中国人"一同落入敌手。

在这最后的战斗中，民族解放军几乎全军覆灭，只有贝尼尼奥、因蒂和达里奥3人冲出包围圈，成为仅存的硕果。

当政府军士兵持枪瞄准格瓦拉等3人时，突然有了喊了一句："他妈的，他是格瓦拉司令，他应该受到尊重！"

政府军上尉普拉多一见到格瓦拉，竟大喊一声"上帝！"跪在地上，兴奋得差点晕过去。

幸存者之一贝尼尼奥后来出版了《切·格瓦拉队伍里的幸存者》一书，描述了格瓦拉在最后一役中的情况。

对我来说，尤罗峡谷之战是我游击战生涯中最艰险的一战。我们双方的兵力相差太远，他们派出五个营的兵力来对付我们。而且，这些士兵并非无名之辈，他们可都是敢死队员。他们中有些异常英勇的人，即使负伤，也坚持作战。而我方17个游击队员中仅有9人能有效地抗击敌人。

当时，贝尼尼奥与因蒂、达里奥一起为切·格瓦拉及其战友探寻走出尤罗峡谷的通道，格瓦拉被捕时没有和他在一起。他回忆说，第二天天亮时分，他们一行6人（加上后来遇到的3名游击队员）步行来到拉依格拉村。

可我们怎么会知道？我们从未想到我们的少校现在已成了阶下囚，更没想到他就被关押在村子里！如果我们知道的话，一定会采取特别行动来营救他或者是战死在他身旁。但是我们六个人却都对彼时彼刻正在发生的事情一无所知。我们隐蔽好后看到他们陆续搬运出一些尸体来。

这些都是后话。再说普拉多确认抓到格瓦拉后，迅速向他的上司、驻扎在瓦耶格朗德的第八师指挥官作了汇报，同时押解格瓦拉向 2 公里之外的拉依格拉村进发。

一路上，格瓦拉不断看到战死的游击队员的尸体，心情极其沉痛。尤其让他痛心的是，有几百名当地居民也站在路边，兴奋地看着他从面前走过，指指点点。这就是他所要解放的玻利维亚人，格瓦拉感到自己真的是失败了。

到达拉依格拉村，他被关进了一间小学教室。政府军上校安德雷斯·塞利奇闻讯后第一个赶来。一路上，他兴奋地狂灌白兰地，赶到拉依格拉村时，已酒气熏天。他原想奚落格瓦拉一番，不料反被格瓦拉一巴掌打翻在地。于是，他恼羞成怒地殴打了格瓦拉。

10 月 9 日，第八师师长约圭恩·詹蒂诺上校和美国中央情报局特工菲力克斯·罗德里格斯坐着直升机，迅速赶到了拉依格拉村。罗德里格斯一眼就认出眼前这位的确是格瓦拉。

他们为格瓦拉拍了 3 张照片。在这些照片上，格瓦拉蓬头垢面、衣衫褴褛、眼窝深陷，像是在苦苦思索，却找不到答案。这也是他生前的最后几张照片。

同时，在拉巴斯的玻利维亚三军统帅部里，正在进行着一场密谋。玻利维亚最高当局为如何处置格瓦拉伤透脑筋。

当时，玻利维亚没有死刑制度，也不可能长期关押格瓦拉，必须找到另外一种办法处置他。

"审判格瓦拉不现实，"巴里恩托斯总统说，"舆论只会对大名鼎鼎的游击战专家有利。而如果我们把格瓦拉关在玻利维亚，无论如何，古巴政府一定会想尽办法使格瓦拉获释，或用人质来交换格瓦拉。"

"把格瓦拉交给美国人也不行，"三军总司令奥万多将军和三军总参谋长胡安·何塞·托雷斯将军持相同观点，"这样一来的话，会给人一种印象：玻利维亚与美国沆瀣一气。"

……

英雄末路：格瓦拉生前最后的照片

最终，意见趋于一致：迅速就地处死格瓦拉。

据美国中情局特工罗德里格斯回忆，被捕之初，格瓦拉显出很愉快的样子，甚至同意与押解他的人合影。接着，罗德里格斯接到了令所有人都震惊的电话：

> 当我接到电话时，他们给我的密码是"500、600"。那时我们之间有一套简单的密码，"500"指的是切·格瓦拉，"600"意味着死，"700"意味着活。因为电话里有很多噪音，我又问了一遍，他们证实，命令是500和600。
>
> ……
>
> 我走进他的房间，站在他面前对他说，"格瓦拉指挥官，很抱歉，我已经尽力了。但这是玻利维亚最高指挥官下的命令"。他完全明白我说的是什么，他说，"这样也好，我根本就不该被活捉"。

当然，这只是格瓦拉死前对话的众多版本之一。但从他的性格来看，这种说法比较可信。

他了解玻利维亚的法律，他或许是想接受一场对自己的审判，然后像菲德尔当年发表《历史将宣判我无罪》一样，进行一场正义与邪恶的辩论……但卑怯的对手根本不给他这个机会。

第十章 从英雄到符号

切·格瓦拉的形象有可能被人有意地进行了封锁，也有可能被人当作商品进行买卖，或者是被人歪曲篡改。但是，它是世界革命的一个部分，而且在任何时候它都能够恢复其原来的意义。

——摘自埃德蒙多·德斯诺科的
《切的形象及其思想》

一、死亡之美

在人类纪元的起点上，一位年轻的拿撒勒人——耶稣基督——走向了死刑台。他遭到了捉拿他的士兵的戏弄，被戴荆冠、吐唾沫、用苇子打，但他却走得那样安详。

1967年10月9日，在即将被处以极刑时，格瓦拉面对美国特工的提问"此时此刻，你在想什么？"时，安详地回答道："我在想，革命是不朽的。"他还向刽子手说："你是来杀人的。开枪呀！胆小鬼！"在他的鼓励下，那位靠着酒精壮胆的政府军少尉马里奥·特兰往他身上打了9发子弹……

格瓦拉死后，他的遗体被包裹起来，捆在直升机下面的滑橇上，运到瓦耶格朗德，在当地的马尔塔圣心医院冲洗、剪发、整容后，被注射了甲醛，向公众展示。一些政府军官兵麇集在他的尸体边上，兴奋而又紧张地用手指戳戳这位怒目圆睁的少校司令的肋骨，以证明他真的死了。照相机记录下了这一切。之后，他的双手被砍下来，秘密地运走了。

摄影师弗雷迪·阿尔波塔有幸拍摄了格瓦拉的死状。人们惊异地发现，他所拍摄的几张照片，竟像极了曼泰尼亚所绘的《基督透视图》、小霍尔拜因的《基督蒙难图》，与伦勃朗的《蒂尔普医生的解剖课》也有异曲同工之妙。于是，人们自然而然地将格瓦拉与耶稣基督联系起来。

阿尔波塔的这组照片绝非处心积虑、哗众取宠之作，哗众取宠之作也不可能达到如此神似的境地。阿尔波塔回忆说：

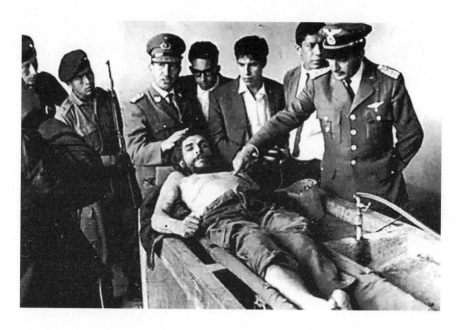

阿尔波塔拍摄的格瓦拉遗容

　　我当时并没有想到把他的形象拍成像上帝基督那样的救世场面，我只是拍摄了当时的气氛。不过，在格瓦拉的遗体周围，确有一种神圣和神话般的气氛。

　　英国评论家约翰·伯杰在比较了阿尔波塔的照片和上述几幅名画后分析道：

　　有时候，一个人的死亡悲剧使他的一生更加完美，并使之成为人间的楷模。画家笔下的基督圣像就是这样。我相信，格瓦拉也是这样的人，他们有着相同程度的感人事迹。

　　如果确如他所说，那么，格瓦拉与耶稣基督到底在哪些方面达到了"相同程度"呢？

耶稣说过："你们不要想，我来是要叫地上太平；我来并不是叫地上太平，乃是叫地上动刀兵。"格瓦拉的"游击中心论""全洲革命""世界革命"，不也是通过"叫地上动刀兵"，达到"叫地上太平"的目的吗？

耶稣出现在两千年前，格瓦拉出现在二十世纪后半叶，他们皆因为穷苦人而死，死后成为穷苦人心中的"神"。

何塞·莱萨马·利马在《我们的少校格瓦拉》中写道："他是新的救世主，人们所有的希望都寄托于他。现在人们都在等待着，梦想成真的奇迹到来。"

如果说，格瓦拉生前是世界上最潇洒的政治领导人之一的话，那么，他死后无疑还是世界上最神圣的死难英雄。从他死的那一刻起，对他的崇拜，甚至神化就已经开始了。没有人会对民众下这样一道号令，但冥冥中自有一道无形的号令引领人们这么做。

在格瓦拉被杀害时，拉依格拉村附近有一位神甫，急匆匆地赶往村中，他想对格瓦拉说一句"上帝一直相信您"。可在半路上，他就得到了格瓦拉的死讯。于是，他赶往当作刑场的那间沾满英雄鲜血的小学教室，默默擦干净地上的血。

那些曾对格瓦拉的游击队报以冷漠、敌视，甚至出卖过他们的村民，似乎被几声枪响、一地鲜血从梦中惊醒了。他们默默排着队，从格瓦拉的尸体旁走过，神情无限景仰。一位妇女剪下了格瓦拉的一绺带血的头发，想用它们做一个圣盒。不久，她的女友取走了头发，设法交给了古巴革命博物馆。

展示格瓦拉遗体的地方，每一件物品都变成了极其珍贵的纪念品。冲洗过格瓦拉遗体的洗衣池，后来成为举行洗礼仪式的洗礼池；洗衣房则成为圣殿，贴满了悼念格瓦拉的悼词。

曾经冷漠的玻利维亚人，在若干年后渐渐明白了格瓦拉是干什么来的。一位当年游击队的内线说：

今天我不再害怕对别人说我为游击队做过事了，我甚至对军人也这

样说。有一个受过美国人反游击战训练的家伙还这样对我说："他妈的，你要被载入历史啦，我祝贺你。"

一个曾被政府军俘虏过的游击队员因为格瓦拉的玻利维亚日记才洗脱叛徒的罪名。他说：

多年来，我一直把切的日记当成我的《圣经》，切不会说假话。在这些日记发表之前，我在道义上已经是个死人；在此之后，我才得到了再生。

切在 1967 年 4 月 17 日的日记中提到了一个名叫西蒙的农民，若干年后，这位农民这样说道：

我没有加入任何政党，无论是右派还是左派。今天，在玻利维亚，我搞不清谁是右派，谁是左派，人们已经失去了信任感。我喜欢切格瓦拉，他就是我的政党。

二、他的事业

1967 年 10 月 10 日，格瓦拉遇害的消息传到古巴。古巴新闻媒体转载了这则消息，但没有发表任何评论。因为还没有确切的消息来源。

15 日，菲德尔终于出现在电视荧屏上，向全国人民宣布：伟大的革命家格瓦拉已经献身。他愤怒抨击了美国和玻利维亚反动势力的血腥暴行，同时宣布，古巴将表彰格瓦拉一生的辉煌业绩。

全国治丧委员会和纪念委员会随即成立，负责人是格瓦拉生前好友胡安·阿尔梅达。同时，古巴政府宣布格瓦拉被俘的 10 月 8 日为"英雄的游击队员纪念日"，宣布全国为格瓦拉致哀 30 天。

18 日晚 8 时，古巴举行了全国追悼大会。全国的汽笛同时长时间鸣响；哈瓦那广场 39 响礼炮齐放，以纪念格瓦拉 39 岁英年早逝；几十万哈瓦那市民在革命广场集会，手持蜡烛；格瓦拉的家人全部出席追悼会。

在这个追悼会上，菲德尔致了《悼念切》的长篇悼词，对格瓦拉一生的业绩作了总结。

我们今天举行的大会，从某种意义来说，是要表达我们对他——一个最亲密、最可爱，毫无疑问，也是我们最杰出的革命同志——的感情，表达我们对他以及同他一起战斗和牺牲的英雄们，以及对他的那支为革命谱写了光辉的和绝对不能抹杀的历史诗篇的国际主义队伍的感情。

切——他的朴直、他的性格、他的纯真、他的同志般的态度、他的个性、他的独创精神——使人们甚至在还不了解他的其他一些特有的和无与伦比的优点时，就感到他是那种能够立即受人喜爱的人。

……

像切这样的人，不需要听长篇大论的雄辩。他只要知道有人肯拿起武器决心与这种情况作斗争，就够了；只要知道这些人是受真正革命和爱国的理想所鼓舞，就够了。知道了这些，就绰绰有余了。

在1956年11月底的一天，他与我们一起出发远征古巴。我记得那次旅行对他是很艰苦的。……从那次以后，他崭露头角，成了一个能干的和英勇的领袖，成了碰到困难任务有待解决时，不等人向他提出就去执行的那种人。

他的一个主要特点就是他乐意立即主动承担最危险的任务。对于一个不是出生此地而与我们并肩作战的战士，一个思想远大的人，一个心里有着要在这个大陆的其他地区进行战斗的理想而又能如此专门利人、如此公正无私、永远愿意做最艰巨的事和经常甘冒生命危险的人，当然引起人们的钦佩，并且是加倍于寻常的钦佩。

这就是他获得少校军衔，以及获得马埃斯特腊山区成立的第二纵队领导人地位的经过。他的威信从此提高了；他逐渐博得了一个伟大战士的盛名，登上了战争时期的最高职位。

切是一个无与伦比的战士。切是一个无与伦比的领导人。从军事观点来说，切是一个非常能干的人，非常勇敢，有超人的闯劲。作为一个游击队员，如果有致命的缺点的话，那就是他具有超人闯劲的性格，具有绝对藐视危险的性格。

要找到一个像他那样具备一切优点的人是不容易的。一个人也不是轻易就能自发地形成他那样的品格。我要说他是一个很难有人能与之匹敌的人，事实也不可能有人超过他。但是我也要说，有了他这样的榜样，就能促使具有他那样才干的人的出现。

对于切，我们不只是把他当作战士、当作能立下丰功伟绩的人来钦佩。……

如果我们探讨一下历史的纪事，可能再也找不到这样的实例：一个领导人，带领为数这样有限的人，进行一项如此重要的工作；一个领导人，带领为数这样有限的人，去同如此庞大的部队作战。他的这种自信的证据，这种信任人民的证据，这种相信人民的战斗能力的证据，历史的纪事中是找得到的——但是类似的情况永远也找不到。

他牺牲了。

敌人以为可以打败了他的思想、他的游击思想、他的革命武装斗争的观点。但是，他们达到的，只是凭一时侥幸，在肉体上消灭他罢了——他们达到的，只是任何敌人都可能在战争中获得的一次偶然的便宜。

切的牺牲是对革命运动的一大打击，毫无疑问，它使革命运动失去了一个最有经验和最能干的领导人。

可是，那些夸耀胜利的人想错了。他们错就错在以为他一死，他的思想就此结束，他的战略就此结束，他的游击思想就此结束，他的主义也就此结束。……死者是具有种种革命美德的一个十全十美的榜样。

他还具有另外一种品质，不是智力也不是意志的品质，不是来于经验、来于斗争的品质，而是一种心地上的品质：他是一个非常通情达理的人，一个非常敏感的人。

在他为我们的国家效劳的年代里，这个不知疲倦的工作者一天也没有休息过……他的多方面的才智使他完全能够愉快地胜任任何种类的每一项工作。……

他留给我们的是他的革命思想，他的革命美德——他留给我们的是他的性格、他的意志、他的坚强、他的工作精神。一句话，他留给我们的是他的榜样！切的榜样是我们人民的典范——切的榜样是我们人民的理想的典范！

……

这确实是菲德尔和古巴最高领导层的共识。格瓦拉对古巴革命和世界革命所做的一切，以及他在恰当的时候自动退出古巴，使他无愧于这种褒奖，但这并非意味着他的奋斗目标将永远成为古巴人的奋斗目标。

1967年，拉丁美洲国家组织会议期间，美国《华盛顿邮报》曾报道：古巴情报总局"现在每月花费110万美元支援加紧进行的拉美游击战""大部分经费训练暴动者，自从卡斯特罗上台以来，大约有3000名拉美人已经在哈瓦那接受了训练，并且已回到了自己的国家。"这时期，格瓦拉尚健在。

格瓦拉死后，也正是从被称为"英雄的游击队员年"的1968年开始，一方面由于菲德尔不想加深同苏联的矛盾，从而失去苏联的经济和军事援助；另一方面也因为格瓦拉已不再说话，古巴"输出革命"的态度渐渐有所改变。德布雷的《革命的革命?》受到了批评，德布雷本人也在玻利维亚监狱中进行了反思；古巴赞同1968年苏联对捷克的入侵，古苏关系出现转机。

在以后的岁月中，古巴虽然还是支援了一些国家，但总的趋势是越来越少了。格瓦拉所极力倡导的事业，不可避免地萎缩了。

从此，格瓦拉更多的是作为古巴革命的象征，而非某项政策的代表，在这个国家的精神领域，占据着重要的位置。

古巴的学校教育把格瓦拉当作爱国主义教育的典范，当时小学四年级到七年级的少先队员们的口号就是：我们要像"切"少校一样，做共产主义的先锋。

雷娜·玛丽亚·罗德里格斯在诗作《快门的声响》中写道：

> 我不敢把这位传奇英雄的照片挂在墙上。
> 一粒红色的小灯在闪亮，
> 启动了快门的"咔嚓"声响。
> 银色的种子萌发出嫩芽，
> 宏伟的事业后浪推前浪。

这张照片虽已饱受光线的照射，

而且还会受到海水潮气和时光流逝的侵蚀，

但是我们了解他，敬仰他，并在内心不断地说，

我们要活得像他一样。

在古巴艺术家笔下，有关格瓦拉的题材代表的是高贵的品质和伟大的事业。格瓦拉的巨幅画像和他的名言"向着胜利，直到永远！"则常年挂在哈瓦那革命广场内政部大楼外，其他种类的艺术作品中也屡屡能见到格瓦拉的身影。

在一般古巴民众心中，格瓦拉是一种崇高品质的化身。他们说："对格瓦拉最好的纪念，就是时刻努力奋斗。"至今，古巴电视台还经常插播格瓦拉推着小车义务劳动的场景。

格瓦拉已深入到古巴生活的方方面面，他的形象已成为革命的象征，甚

古巴内政部大楼

  格瓦拉，格瓦拉

至成为最普遍的商品符号。凡有古巴人的地方，必有格瓦拉的画像。

民族解放军的失败和格瓦拉的牺牲，使玻利维亚的斗争形势陷入了低谷，但同时也激励了该国革命斗争的热情。民族解放军5位幸存者中的因蒂·佩雷多和达里奥在玻利维亚共产党的帮助下逃往智利，受到了参议员萨尔瓦多·阿连德的保护。不久，因蒂东山再起，重新组建民族解放军，自任领袖。因蒂自豪地自称为"拉丁美洲最伟大的革命天才最后也是最宝贵的教导的意外继承人"。他写文章宣称："玻利维亚的游击战没有结束，而是刚刚开始。"在那篇文章里，他倡议建立一个"广泛的反帝阵线"，并说：

> 我们并不为了实现改良或达到其他目的而反对人民的斗争。但我们深深感到，当他们反对的是一个已经被游击中心搞得惊慌失措、受到削弱的政府时，斗争一定更有成效。
>
> 这个游击中心将向人民——用事实——证明，对付帝国主义及其傀儡政权是可能的，不仅可能，而且还能战胜它[1]。

1969年9月，因蒂在一次战斗中牺牲，民族解放军由豪尔赫·鲁伊斯·帕斯和奥斯瓦尔多·查托·佩雷多领导[2]。

1970年10月7日，玻利维亚发生了军事政变，胡安·何塞·托雷斯将军上台执政。民族解放军发表声明，军方不可能对玻利维亚结构进行真正的改革。1971年8月22日，又发生了右派军事政变，民族解放军参加了反帝革命阵线。1974年2月，民族解放军成为由南美南部4个游击队共同成立的革命协调委员会成员。

1975年6月11日，革命协调委员会在巴黎的拉美通讯社宣布：民族解放

---

[1] 引自因蒂的《玻利维亚的游击战没有结束，而是刚刚开始》。该文刊于《三大洲公报》（哈瓦那），1968年的一期增刊上。

[2] 奥斯瓦尔多·查托·佩雷多是因蒂·佩雷多、科科·佩雷多的兄弟。他们兄弟三人都是玻利维亚民族解放军的著名人物。他们还有一个弟弟安东尼奥·佩雷多，1975年年末在科恰班巴被捕，罪名是进行颠覆活动。

军建立了玻利维亚工人革命党；民族解放军不会消失，而会成为在马列主义政党领导下的"工人阶级或玻利维亚人民的军事力量"。

民族解放军后来虽然承认格瓦拉在 1966 年到 1967 年间犯了"策略上的错误"，但他们却没有动摇格瓦拉的信念：革命必须以武装斗争形式进行，必须是全大陆范围的[①]。

在玻利维亚丛林，格瓦拉积极培养阿根廷人西罗·罗伯托·布斯托斯（外号"秃子"），但后者不仅没能实现他的厚望，反而在与德布雷一起被捕后出卖了格瓦拉。

格瓦拉对自己的祖国阿根廷一往情深，一直想把他的事业推行到祖国的土地上。他生前为此做了不少工作，却无不以失败告终。然而，在他死后的 1970 年 7 月 29 日，他的这个夙愿好像有了实现的可能。根据 1969 年第四国际世界大会（联合书记处）的指示，这一天，阿根廷托洛茨基主义革命工人党多数派的一个武装分支组织，在托洛茨基主义革命工人党第五次大会上，宣布建立阿根廷人民革命军，由马里奥·罗伯托·桑图乔领导。人民革命军从一开始就深受古巴革命影响，在政治、思想、组织上严格坚持马列主义原则。

1973 年，桑图乔接受一位智利记者采访时说："阿根廷工人夺取政权的道路是坚持长期革命斗争。"他还说，人民革命军认为，只有阿根廷的革命成为大陆革命的一部分，阿根廷的革命才会成功。他指出，这说明人民革命军完全同意切·格瓦拉关于革命发展的战略思想；创造两个、三个……乃至许多个越南。而其中，将有一个或几个在拉丁美洲[②]。

在阿根廷图库曼省，桑图乔同时在农村和城市开展活动，并提出了一个广泛的"民主反帝"的纲领。然而在战术上，人民革命军却错误连连。1973 年 10 月中旬，庇隆再次就任总统前数周，该组织就被宣布为非法。而 1974 年庇隆的第二任妻子伊莎贝尔·庇隆就任总统后，他们更是积极采取反政府的

---

① 见民族解放军发表于《三大洲公报》（哈瓦那）第 57 期（1970 年 12 月）的声明。

② 引自桑图乔的谈话录《为了阿根廷，胜利毋宁死》，载于《今日智利报》（圣地亚哥），1973 年 5 月 11－17 日。

行动。他们所采取的斗争形式，也多是诸如抢劫、绑架、勒索、暗杀等，因而，离自己的初衷越来越远。

1976 年 3 月，以豪尔赫·魏地拉为首的军人政变推翻了庇隆政府，并开始了血腥屠杀。4 个月后，桑图乔战死；1977 年，人民革命军因战败而解散，大批革命者被杀害。

阿根廷再次让格瓦拉失望。

格瓦拉对六七十年代的拉丁美洲的影响是极其深远的。除了上述国家外，在其他一些国家，他的影响也是有目共睹的。

在格瓦拉曾为之斗争过的危地马拉，1967 年 10 月，起义军领导人蒙特斯和容·索萨签署了一份联合公报。

> 格瓦拉少校之死，正如我们都知道的，对整个拉美大陆运动来说，是一个无可挽回的损失，它是战斗的呼唤，是战争的宣言——用他自己的话来说——我们所有拿起武器、随时准备把这种呼唤变成嘹亮的胜利号角的人必须重视。这种呼唤迫使我们明确立场，摒弃一切模棱两可的态度，摒弃一切犹豫和动摇。

50 年代，格瓦拉曾是尼加拉瓜反美英雄奥古斯托·塞萨尔·桑地诺的崇拜者。而在格瓦拉牺牲后，桑地诺阵线反过来把他的名字和桑地诺并列，写进了宣誓词中。

> 在奥古斯托·塞萨尔·桑地诺和埃内斯托·切·格瓦拉像前，在尼加拉瓜、拉丁美洲和全世界英雄和烈士的英灵面前，在历史的面前，我将我的手放在红、黑两色象征着誓死解放祖国的旗帜上。

格瓦拉曾是秘鲁的女婿 ①，在玻利维亚山区，他又曾支持过秘鲁人"中国

---

① 伊尔达是秘鲁人。

人"在秘鲁开展游击活动，可惜没有成功。然而，到了 80 年代，秘鲁阿亚库乔大学诞生了一支名为"光明道路"的游击队。这支游击队自称是毛泽东主义、马克思主义和格瓦拉主义三位一体的游击队。另外，秘鲁还有一个"图帕克·阿马鲁革命运动"的组织。该组织是一支正统的格瓦拉主义游击队，1997 年曾组织过占领日本驻秘鲁大使馆并劫持大量人质的活动。

三、安　息

1967 年 10 月 10 日，格瓦拉遇难的第二天，他的弟弟罗伯托就赶到了玻利维亚瓦耶格朗德，要求领回哥哥的遗体。但玻利维亚当局告诉他，格瓦拉的尸体已被火化，无法辨认了。罗伯托明知其中有诈，但也无可奈何。

其实，围绕如何处理格瓦拉尸体，玻利维亚当局曾进行过激烈的争论。争论的结果是：格瓦拉的遗体不能葬在公共墓地，更不能归还古巴政府。比较一致的看法是予以火化。但是后来据阿尔纳多·桑塞多将军回忆，由于存在一定的困难，格瓦拉的尸体最终没有被火化，而是与其他游击队员的尸体一起被合葬了。在埋葬格瓦拉之前，玻利维亚当局割下了他的双手。

一时间，格瓦拉的尸体在玻利维亚失踪了。世人纷纷猜测，莫衷一是。玻利维亚当局为了迷惑民众，故意发表一些自相矛盾的说法，一会儿说格瓦拉已被火化，一会儿又说没有火化，而是埋葬了，让人摸不着头脑。

正当世人如坠五里雾中之时，事情出现了转机。1968 年 7 月 3 日，菲德尔突然出现在哈瓦那电视台的早间新闻节目中，宣布格瓦拉在玻利维亚的日记和被俘时被搜去的文件已回到了古巴。

7 月 19 日，巴里恩托斯总统的亲信、玻利维亚内政部部长安东尼奥·阿格达斯从玻利维亚逃到智利，承认自己是美国中央情报局安插在玻利维亚的间谍。当政府军围剿格瓦拉的民族解放军时，中央情报局特种部队和玻利维亚突击营的联合司令部就设在他的内政部。格瓦拉牺牲后，他的日记和文件就放在内政部存档。正是他，把这些东西交给了古巴政府。

在拉巴斯受审时，阿格达斯说出了将日记交给古巴政府的原因：

> 我同不少美国官员交谈过，得悉美国政府首先打算激起人们对埃内斯托·格瓦拉少校的军中日记的强烈兴趣，然后，将他们自己的说法塞进日记中去，对日记原文进行大幅度的篡改……也就是说，他们阴谋要出版一部伪造的，或者与原文有很大出入的日记。

受正义感驱使，阿格达斯决定将格瓦拉的日记交还给古巴政府，这样，历史上才少了一桩颠倒黑白的公案。

或许是考虑到阿格达斯的特殊身份，对他的审判对谁都没有好处，拉巴斯法庭不久就释放了他。但他却遭到了身份不明的人的机枪扫射，被打伤。伤愈后，阿格达斯去墨西哥大使馆避难，1969年9月，玻利维亚政府允许他举家迁往墨西哥。之后，阿格达斯一家又来到哈瓦那，从此在古巴定居。

谁都没想到，第二次离开玻利维亚时，阿格达斯竟带走了两样比日记更为重要的东西：格瓦拉遇难时的面膜和被割下的双手。

1970年7月26日，菲德尔再次向古巴人民宣告：格瓦拉的面膜和双手回到了古巴。菲德尔在群众大会上宣布了这一震惊世界的消息：

> 我们已制成切的石膏面膜的复制品，我们照此办法大量复制切的石膏面膜，而将原来的石膏面膜妥善地保存起来。把切的双手也同样妥善地保存起来，安放在一个玻璃容器中，每年到了切的遇难日，就把这个玻璃容器移放到这儿来，移放到马蒂的雕像旁边来，或者某个礼堂里去。切曾经用这双手紧握武器，进行解放斗争，曾经用这双手撰写文章，表达他的光辉思想，曾经用这双手在甘蔗种植场、港口和建筑工地上劳动。我们还可以建立一个切的博物馆之类的场所……总之，在今年切·格瓦拉遇难的周年纪念日那天，我们将开放陈列着切的石膏面膜和双手的场

所，人民可以自由地进去瞻仰它们。

至此，关于格瓦拉最后的命运已取得了公认。

但格瓦拉的遗骸却依然是个谜。

这个谜，让世人猜了近30年。

1995年，玻利维亚的马里奥·瓦尔加斯·萨利纳斯将军终于打破沉默，宣称格瓦拉的遗骸被埋在瓦耶格朗德机场一带。世界再次为之震动。古巴和阿根廷专家迅速组成小组，赶赴机场进行挖掘工作。由于时间过去了30年，参与埋葬格瓦拉的当事人和目击者都记不清具体的位置，而且来自玻利维亚各方的干扰因素不断，因而挖掘工作一度无法取得突破。

直到1997年6月，格瓦拉遇难30周年来临前，挖掘工作才重新进入紧张阶段。到了7月份，埋葬格瓦拉遗骸的墓坑终于被发现了。由于这个墓坑是个多人合葬墓，所以，要辨认每具骸骨的归属是非常困难的。

经过一个多星期的工作，挖掘小组终于将目标锁定在一具被切去双手的

圣克拉腊：切·格瓦拉塑像

遗骸上。通过对骸骨前额颅骨及臼齿的认真辨认，挖掘小组断定，这正是格瓦拉的遗骸。

玻利维亚瓦耶格朗德居民希望格瓦拉的遗骸能留下来，他们将为他建造一座烈士陵园。但古巴不同意。最后，当年曾追随过格瓦拉的女游击队员洛约拉·古斯曼用筛子从泥土中筛出一小块格瓦拉的脚骨，将其保留在了瓦耶格朗德。

7月12日，格瓦拉的遗骸运回了古巴。古巴主要领导人全体出动，前往机场，以军人的最高礼仪迎接了他。古巴政府宣布，格瓦拉的灵柩将于10月份被安放在圣克拉拉专门为他建造的陵墓。

圣克拉拉是格瓦拉建立赫赫战功的城市，是格瓦拉的妻子阿莱达的故乡，也是格瓦拉的第二故乡。

在陵园内，矗立着格瓦拉持枪挺立的雕像。

格瓦拉终于可以安息了。

四、从偶像到符号

很少有哪位英雄，能跨越信仰、意识形态、种族、文化等等的鸿沟，在全世界人民，特别是青年人心中赢得普遍的崇高地位。如果有，切·格瓦拉无疑是其中的典范。对他的世界性崇拜首先发生于"反叛的 60 年代"。

1968 年，素以花团锦簇、人文荟萃著称于世的法国巴黎，突然爆发了一场震惊世界、进而影响人类历史进程的文化运动。史称"五月风暴"。这场"风暴"的源头，是巴黎南特莱学院学生的一次抗议集会。

当年 3 月 22 日，巴黎大学人文学院南特莱学院的学生在学生领袖、23 岁的达尼埃尔·科恩—邦迪（人称"红色达尼埃尔"）等人的领导下，举行集会，抗议当局逮捕因反对越战而向美国企业扔炸弹的学生。他们的行动，受到了素以激进为特点的巴黎大学左翼学生的支持，引发了一连串的学潮。

为了更好地领导学潮，达尼埃尔等人还仿效古巴"7·26 运动"组织形式，成立了"3·22 运动"组织。该组织认为现代社会高度的组织化、理性化窒息了人的自由，带来了人的异化，必须予以坚决抵制，并实行直接民主的理念。可见，这是一次由文化批判为起点的抗议运动。

5 月 2 日，"3·22 运动"的 300 名学生占领教室，赶走教授，放映一部反映格瓦拉生活的影片。次日凌晨，传来邦迪等 5 名学生被召到巴黎大学索邦本部，接受巴黎大学纪律委员会调查的消息。于是，学生们赶往索邦本部进行抗议。

5月3日，"3·22运动"学生与赶来的右翼学生组织"西方"成员在索邦本部对峙。为避免局势失控，巴黎大学校长被迫向警方求援。但是，这一做法违反了法国社会公认的武装力量不能进入巴黎大学的传统，于是，学生和警察发生武装冲突，几千名学生参加了搏斗，几百人受伤，600多人被捕。大学教师全国联合会举行抗议罢工。

随后，学生走上街头，高呼口号，向警察投掷石块。警察则还之以警棍、高压水枪、催泪弹。规模巨大的群众自发走上街头，模仿1789年大革命，尽情宣泄对现实的不满，享受"革命"的激情与快乐。为了表达"革命"的决心，青年学生仿效历史上数次起义，搭起了街垒。

从5月13日到6月16日，巴黎大学成为学生运动的中心，学生们要创建20世纪最后一个集体乌托邦。他们贴出告示：

> 刚刚开始的革命，不仅仅是对资本主义的质疑，而且是对整个工业社会的质疑。消费社会必须在暴力中毁灭，社会不公一定要从历史中抹去，我们正在开创一个新的世界，一切权力归于想象！

法国五月风暴

  格瓦拉，格瓦拉

索邦本部成为标语的海洋：

> 宁跟萨特错，不跟阿隆[①]对！
> 一想到革命，我就要做爱！
> 消费社会不得好死，异化社会不得好死！
> 禁止一切禁止！
> 在用最后一个资本家的肠子勒死最后一个官僚
> 之前，人是不自由的！
> ……

游行中，学生们还高喊："切！切！切！"

学生和工人还在大规模游行示威中高举格瓦拉头像，高呼口号，其中有一首名为《街垒》的诗歌。

> 街　垒
> 如果我战死，我亲爱的同志
> 格瓦拉
> 请把我腕上手表交给
> 我家乡的妻子
> ……

这里讲的是格瓦拉在玻利维亚打游击时的事情。当时游击队中有条规矩，每当战友牺牲，都要把手表交给格瓦拉，托他带给家乡的妻子。1968年的巴

---

① 雷蒙·阿隆(1905-1985)，法国思想家，强调宗教和传统道德对社会秩序的稳定作用，反对激进的反传统主义。著有《知识分子的鸦片》(1957)等。

黎学生渴望成为跟随格瓦拉打游击并且英勇战死的游击英雄。

其实，古巴革命和菲德尔、格瓦拉在西方青年学生中的巨大影响力早已有之。在这场从发达资本主义社会内部自发产生的针对异化现象的文化抗议活动中，学生们之所以会喊出"切！切！切！"的口号，是因为两者虽然在本质上有着巨大的差异，但在某个层面上却是契合的，那就是对资本主义社会的反抗。格瓦拉一生反抗资本主义的经历使他们产生了共鸣；格瓦拉反抗的决绝更令他们着迷。

这就可以解释，为什么1956年在布拉格时，格瓦拉会被甲壳虫的摇滚乐所吸引，而格瓦拉又吸引了1968年五月风暴中的法国青年的心。

如果说，五月风暴开启了历史上一个新的阶段的话，那么，毫不夸张地说，也开启了全世界青年对格瓦拉狂热崇拜的历史。

但是，我们绝不能因此而忽略两者之间的差异：

格瓦拉是资本主义不共戴天的仇人和决不妥协的死敌，他的唯一使命就是埋葬资本主义制度与生活方式；而激进的西方青年学生是资本主义的嫡子，他们反抗资本主义，犹如长子反抗父亲，无论是要求父亲变得通情达理一些，或者干脆要求家中的经济权，最终目的是要改良家庭，而不是毁灭家庭。

格瓦拉与资本主义的斗争是不同意识形态间殊死的搏斗；而西方青年学生虽然以意识形态为口号，其本意却是要获得主流社会的认同，乃至取代老一辈，开创新的社会潮流。

一度，格瓦拉式的革命和西方青年学生的革命形成合流，剧烈地冲击着资本主义的根基。然而，其最终结果却是促使资本主义不断自我改良，重新焕发出惊人的统治力。当今时代，消费社会不仅没有在历史洪流的冲刷下荡然无存，反而成为人类普遍的生活哲学，创造着一个前所未有的繁荣景象，同时也将社会不断推向加速到来的危机。那些昔日高呼"切！切！切！"，发誓"用最后一个资本家的肠子勒死最后一个官僚"的西方青年学生早已成为这个消费社会的胜利者和领导者，他们中很多人都当上了资本家和官僚。

这是一股不可阻遏的历史洪流。甚至连资本主义的仇敌切·格瓦拉也难

  格瓦拉，格瓦拉

逃被商品化、恶俗化的命运。世界各地千姿百态、琳琅满目的切·格瓦拉商品——从旅行包到指甲钳，从 T 恤衫到女式内裤——所代表的绝不是格瓦拉革命理念的普适化，而是消费社会的时尚符号。

从这个意义上，我们还能掩耳盗铃地否认，切·格瓦拉的事业没有失败吗？

如果说，他的精神留给世人永恒的价值，那就是永不熄灭的理想主义、英雄主义、浪漫主义三位一体的青春激情。

30 年弹指一挥。世界已变得与格瓦拉时代相比，面目全非了。格瓦拉孜孜以求，并为之付出了生命的事业，就如同这世上任何一样东西，终难逃脱湮没于时间长河的命运。

切·格瓦拉——世人还能向他汲取什么？

1967 年 9 月 22 日，他对玻利维亚阿依托赛科村村民说：

> 你们会看到，我们来过以后，当局将破天荒第一次想到你们。他们会答应给你们建造医院或别的什么。他们所以会许下诺言，唯一原因，就是我们在这个地区活动。如果诺言变成了事实，那么你们就会体会到，游击运动给你们带来了什么好处，虽然这种好处不是游击队直接给你们的。

格瓦拉们来过了，世界变成了今天这个样子，不是最好，也不是最坏。这就是答案。

改定于 2008 年 6 月 25 日凌晨